중세교회사

후스토 L. 곤잘레스 지음
엄성옥 옮김

중세교회사
THE STORY OF CHRISTIANITY

개정증보판발행	2012년 3월 10일
지은이	후스토 L. 곤잘레스
옮긴이	엄성옥
발행처	은성출판사
등록	1974년 12월 9일 제9-66호

ⓒ 1987년 도서출판 은성

주소	서울시 강동구 성내동 538-9
전화	070) 8274-4404
팩스	02) 477-4405
홈페이지	http://www.eunsungpub.co.kr
전자우편	esp4404@nate.com

이 책의 한국어판 저작권은 EYA(Eric Yang Agency)를 통한 HarperOne사와의 독점 계약으로 한국어 판권을 "은성출판사"가 소유합니다.
저작권법에 의하여 한국 내에서 보호를 받는 제작물이므로 무단전제와 복제를 금합니다.

The Story of Christianity. Revised and Updated. Copyright ⓒ 2010 by Justo L. Gonzalez. Published by arrangement with HarperOne, and imprint of HarperCollis Publishers All rights reserved. Korean translation copyright ⓒ 2012 by Eunsung Publications. Korean translation rights arranged with HarperOne, through EYA(Eric Yang Agency)

Printed in Korea
ISBN: 978-89-7236-403-0 33230

THE STORY OF CHRISTIANITY

by
JUSTO L. GONZALEZ

서 문

⚓

　내가 어떤 의미에서 이 책을 자서전이라 생각하고 있음을 알면 독자들은 놀랄 것이다. 내가 그렇게 생각하는 이유는 오르테가 가세트(Ortega Gasset)가 말한 바와 같이 각 세대는 마치 거대한 인간 피라미드에서처럼 이전 세대들의 어깨 위에 서 있는 곡예사들과 같기 때문이다. 따라서 우리의 선배들과 선조들의 이야기를 한다는 것은 곧 우리 자신의 생애에 관한 전기에 긴 서문을 쓰는 것과 같다.

　이 책은 또 다른 의미의 자서전일 수도 있다. 왜냐하면 내가 30년 동안 함께 해온 친구들과 동지들을 다루고 있기 때문이다. 나는 처음 이레네우스(Irenaeus), 아타나시우스(Athanasius), 그리고 그 외의 여러 사람들을 만나고 그들의 저술을 읽고 생각하면서 점차 역사를 보는 눈에 익숙해져 왔다. 이들은 현재 내 친구들과 마찬가지로 많은 기쁨을 주었고, 어떤 때에는 당혹을, 드물게는 분노까지 가져다주었다. 그러나 이들은 나의 일부분이 되었으며, 나는 지금 이들에 관해 글을 쓰면서 이들과 함께 나의 생애에 관해 쓰고 있음을 자각하지 않을 수 없다.

　서문을 쓸 때에는 그 책을 저술하는 데 도움을 준 사람들을 언급하기 마련이지만, 나에게는 이것이 불가능하다. 왜냐하면 현재 살아있거나 이미 작고한 많은 학자들을 열거해야 하기 때문이다. 오리겐, 유세비우스, 잉카 가르실라소(Inca Garcilaso), 하르닉(Harnack), 그리고 사본들을 베끼고 다시 베꼈던 이름 없는 여러 수도사들도 이에 포함될 것이다.

그러나 나와 동시대인들 중 두 사람을 꼭 언급해야 한다. 우선 나의 아내이며 콜롬비아 신학교(Columbia Theological Seminary)의 교회사 교수인 캐서린 군살루스 곤잘레스(Catherine Gunsalus Gonzalez)이다. 그녀는 내가 지난 10년 동안 고대사를 연구하는 데 끊임없는 도움이 되었으며, 책의 교정쇄를 읽고 비평을 해주었다.

두 번째로 언급되는 이름은 이 시대를 잘 반영하는 것이다. 왜냐하면 이는 나와 함께 6년 동안 일해 온 비서이기 때문이다. 즉 내가 처음 이 책의 원본을 쓰는 데 사용한 워드 프로세서이다. 서문에서 흔히 타이피스트들에게 바쳐지는 헌사를 나의 워드 프로세서에게 바쳐야 한다. 그는 항상 참을성 있고 조심스럽고 불평 없이 나를 섬겨왔기 때문이다. 실제로 이 비서는 불평 없이 나의 사본을 몇 번이고 고쳐 쓰곤 했다. 그러나 지금 이 책을 마감하여 서문을 쓰는 데 있어서 나는 스스로도 알 수 없는 충동에 임하여 펜을 사용하고 있다. 이는 나에게 우리가 오리겐과 유세비우스의 시대로부터 그리 멀리 떨어져 살고 있지 않음을 다시 상기시켜 주는 것이다.

이 책을 세상에 내놓으면서 마지막으로 바라는 것은 내가 이 책을 읽으면서 즐겼던 만큼 다른 이들이 이 책을 즐겨 읽어주는 것이다.

개정증보판 서문

역사를 다시 논의하고 개정하고 재서술해야 할 필요가 있다는 것이 이상한 일처럼 보일 수 있지만, 실제로 그리 할 필요가 있다. 왜냐하면 역사는 단순히 실제로 발생한 적나라한 과거가 아니라 현존하는 전거들을 꼼꼼히 읽고 무수히 많은 세대의 역사가들에 의해 선별되고 우리의 현재와 우리가 바라는 미래에 비추어 해석된 과거이기 때문이다. 따라서 나는 약 25년 전에 저술한 본서를 읽으면서 재확인해야 할 것들과 개정해야 할 것이 많음을 발견한다. 이 책의 초판이 출판되고 나서 몇 년 후에 소련이 붕괴되었다. 그 후 이슬람이 부활했는데, 모든 대륙에서 극단적이고 광신적인 무슬림들이 테러를 계획하고 자행함으로써 세계는 이슬람의 부활을 의식하게 되었다. 기독교 내에서는 전통적인 기독교 지역을 비롯한 다양한 지역에서 성장한 오순절운동 및 그와 유사한 운동들이 각광을 받았다. 이 지역들 중 여러 지역에서 신흥종교들이 발생했는데, 그 중 다수는 기독교에서 비롯되었거나 기독교의 요소들을 취한 것들이다. 전례 없는 환경 재앙이 발생할 수도 있다는 예측이 여러 국가들 및 지도자들의 관심을 획득했다. 급진적인 이론적 지도자들뿐만 아니라 존경받는 경제학자들도 세계 경제 질서의 지속 가능성에 심각한 의심을 표했다. 커뮤니케이션 기술이 폭발적으로 발달했다. 이것들 및 다른 많은 발달 현상들이 과거와 미래를 보는 우리의 시각을 형성해왔다. 이것이 이 책의 개정판이 필요한 이유이다.

개정판이 필요한 또 하나의 이유는 그 동안 나에게 주어진 많은 논평들과 제안들을 반영하고픈 소원이다. 그러한 제안과 논평들 중에는 영어로 이 책을 읽고 사용한 동료들의 것들이 있고, 여러 국가의 언어로 번역되는 과정에서 원어에서는 즉시 눈에 뜨이지 않는 애매한 점들이 드러난 데 따른 결과들도 있다. 일본, 브라질, 러시아, 한국 등 다양한 문화권에서 이 책을 읽은 독자들은 이 책에 포함되어야 할 것의 범위를 넓혀 주었다. 이 개정판에 그들이 제안한 것들을 모두 반영하지는 않았다(특정 주제에 대해 더 많은 것을 추가해줄 것을 원하는 사람들과 축소해줄 것을 원하는 사람들 모두를 만족시킨다는 것은 불가능한 일이기 때문이다). 그러나 나는 그들 모두, 특히 특정 주제가 분명하지 않다거나 이해하는 데 더 도움이 되는 것을 발견했다는 것 등을 말해준 학생들에게 고마움을 표한다. 소중한 제안을 해준 동료 교수들 중에 내 아내 캐서린을 빠뜨릴 수 없다. 아내는 인내심을 가지고 원고를 여러 번 읽고 현명하게 조언해 주었다. 샌디에고에 소재한 베델신학교의 제임스 스미스 교수에게도 감사를 표한다. 그의 상세한 제안들은 개정판 출판에 큰 도움이 되었다.

이 개정판을 출판하면서 장차 이것도 개정되어야 할 것임을 의식한다. 즉 세대가 바뀜에 따라 역사서는 거듭 재서술 되어야 할 것이다. 장차 역사의 핵심인 과거와 현재 사이의 매력적인 대화—현재의 질문들에 관해 과거가 말해주는 대화—를 시작하는 사람들에게 이 개정판이 자극이 되기를 바란다.

차례

서문 _4
개정증보판 서문 _6

제1부 중세 기독교

제1장 새로운 질서 _15
    게르만족 왕국들 _15
    베네딕트 수도원운동 _27
    교황제도 _34
    아랍의 정복 _46

제2장 동방 기독교 _53
    칼케돈 공의회까지의 기독론 논쟁 _54
    그 외의 신학 논쟁들 _65
    동방의 분파 교회들 _72
    아랍 정복 이후의 동방 정교회 _76

제3장 제국의 부활과 계속되는 부패 _83
    샤를마뉴 대제의 통치 _83
    신학 활동 _88
    새로운 침입자들 _93

교황제도의 부패 _96

제4장 부흥운동 _101
수도원 개혁 _102
교황제도와 교회법의 개혁 _112
교황청과 제국의 정면 대결 _118

제5장 이슬람에 대한 공격 _129
제1차 십자군 원정 _130
후기 십자군 원정 _135
스페인 국토회복운동 _139
이슬람 공격의 결과 _141

제6장 중세 기독교의 황금시대 _147
탁발수도회 _147
한 목자 아래의 한 양떼 _157
신학 활동: 스콜라철학 _166
선교 사역 _183
증언하는 돌들: 건축물 _185

제7장 몰락 _193
새로운 상황 _194
프랑스 그늘 아래의 교황청 _202

　　　　서방 교회의 대분열　_215

제8장 개혁의 갈망　_223
　　　　공의회 운동　_224
　　　　존 위클리프　_229
　　　　존 후스　_236
　　　　지롤라모 사보나롤라　_246
　　　　신비주의　_251
　　　　대중 운동　_257

제9장 르네상스와 인문주의　_263
　　　　스콜라 신학의 후기 양상　_263
　　　　고전학문의 부흥　_269
　　　　실재에 대한 새로운 시각　_275
　　　　르네상스 시대의 교황들　_277

제2부 식민지 기독교의 시작

제10장 스페인과 신세계　_287
　　　　스페인 정복의 본질　_288
　　　　저항　_291

카리브 지방 _294
멕시코 _296
황금의 카스티야 _303
플로리다 _305
콜롬비아와 베네수엘라 _307
4방위의 나라: 잉카 제국 _313
라 플라타 _318

제11장 포르투갈의 진출 _325
아프리카 _325
해 돋는 곳을 향하여 _330
브라질 _339

제12장 신세계와 옛 세계 _345

연대표 I _350
연대표 II _358
에큐메니칼 공의회들 _360
참고문헌 _362
색인 _365

제1부 · 중세기독교

제1장
새로운 질서

> 만약 야만족이 로마 국경을 넘어 침입한 것이…이러한 목적을 위해서, 즉 그리스도의 교회가 훈족과 수에비족, 그리고 반달족과 부트군트족 등 많은 종족들로 채워지도록 하기 위해서라면… 이러한 과정이 우리의 멸망을 통해 이루어졌다 할지라도 사랑의 자비를 찬양할지어다.
>
> – 파울루스 오로시우스 –

서로마제국이 멸망하면서 많은 독립 왕국들이 건설되었는데, 이 왕국들은 그 후 각 지역의 교회 역사에 중요한 영향을 미쳤다. 또 이 현상은 그 전부터 발달하기 시작했던 두 개의 큰 제도, 즉 수도원주의와 교황제도에 새로운 기능과 권력을 부여했다. 마지막으로 다시 남동쪽에서부터 시작된 새로운 침략들은 기독교에 서로운 도전을 안겨 주었다. 이러한 발달 현상들에 관하여 살펴보자.

게르만족 왕국들

로마인들은 "야만족들"(barbarians)을 파괴를 일삼는 약탈자로 여겼으나, 이들의 대부분은 실상 로마제국 안에 정착하여 멀리서 앙모해 왔던 문명의 혜택을 누리기 원했다. 따라서 이 침입자들은 방랑생활이 끝

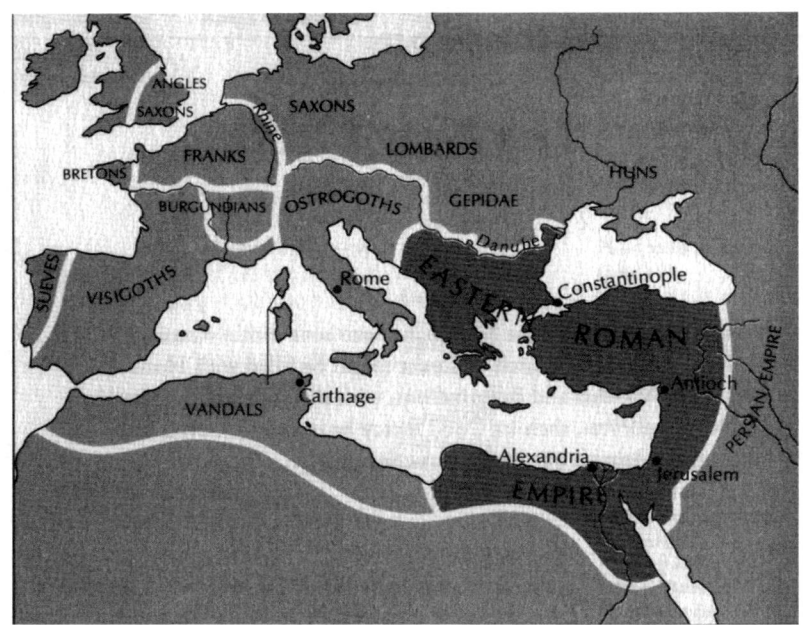

수차례의 침략 후의 유럽

나자 대부분 제국의 여러 지역에 정착했다. 이들 중 일부는 자기들이 원하던 지역을 정복했으나, 어떤 경우에는 다른 침입자들에게 밀려나 자신의 뜻과는 상관없는 지역에 자리 잡을 수밖에 없었다.

이 장에서 각각의 게르만족 집단의 방랑 및 정착을 다룰 필요가 없다. 그러니 그들의 방랑 및 게르만족이 토마제국의 여러 지역에 미친 영향을 파악하려면 그 중 규모가 크고 영향력이 강했던 부족들에 대해 고려해야 할 듯하다.

407년 라인 강을 건넌 반달족은 프랑스와 스페인 일대를 방랑하다가 429년 지브롤터(Gibraltar) 해역을 건넜고 439년에 카르타고를 함락시켰다. 이때 이들은 이미 지브롤터 해역에서부터 이집트 경계에 이르는 북아프리카 해안 지방을 실질적으로 정복하고 있었다. 그 후 다시 바다를 건너 시실리(Sicily), 코르시카(Corsica), 사르디니아(Sardinia) 등을 점령했다. 455년에 로마 시를 약탈했는데, 당시의 참상은 45년 전 고트족의 침입 때보다 혹심했다. 이들의 북아프리카 통치는 교회에 처참한 결과를 가져왔다. 이들은 예수의 신성을 부인한 아리우스파였으므로 가톨릭 신자들과 도나투스주의자들을 계속 박해했다.

약 1세기 동안의 반달족의 통치가 끝난 후 이 지역은 비잔틴 제국의 벨리사리우스(Belisarius) 장군에 의해 평정되었다. 콘스탄티노플에 수도를 두었던 이 제국은 유스티니아누스(Justinian) 황제의 영도 아래 잠시 부흥하고 있었다. 유스티니아누스는 제국의 옛 영화를 회복하려는 꿈을 가지고 있었다. 북아프리카인들이 "헬라인들"(Greeks)이라 불렸던 동방의 침입자들은 또 다른 형태의 기독교를 도입했다. 이들은 교리에 있어서 서방 가톨릭교회와 일치했으나 문화와 일상생활은 현격한 차이를 지니고 있었다. 그 결과 7세기 말 무슬림이 북아프리카를 점령했을 때 기독교는 심각하게 분열되어 있었으며, 결국에는 사라졌다.

또 다른 게르만족 집단이며 고트 족의 두 주요 분파 중 하나인 서고트 족(Visigoth)은 378년 아드리아노플(Adrianople)에서 로마인들을 패퇴시키고, 발칸 반도를 휩쓴 후 410년에 로마를 점령했다. 그들은 415년에 스페인에 침입하여 8세기 초 무슬림들에게 정복되기까지 그곳을 통치했다. 그 왕국의 정치적 역사는 혼란과 투쟁으로 가득 찬 것이었다. 모두 34명의 왕들 중 15명만 자연사하거나 전사했고, 나머지는 암살 혹은 퇴위의 운명을 맞았다. 이들 역시 아리우스 파였으나 반달족만큼 자기들 영내의 정통주의자들을 박해하지는 않았다. 정복 후 2세기가 지나서야 피정복민들, 즉 정통신앙을 계승한 후예들만이 고대 문화를 수호할 수 있는 계층이라는 것이 분명해졌으므로 제국의 안정을 도모하기 위해 이들을 중앙 정치에 참여시킬 수밖에 없었다. 그리하여 서고트의 왕 레카레드(Recared, 586-601)가 A.D 589년 톨레도에 회의를 소집하고 니케아 정통 신앙을 받아들였다. 왕의 뒤를 이어 귀족들의 대부분이 가톨릭(이는 로마 가톨릭, 즉 천주교가 아니라 보편 정통 신앙을 의미한다)으로 개종했으며, 얼마 후 아리우스주의는 사라졌다.

서고트 왕국의 역사에서 가장 뛰어난 기독교 지도자는 세비야(Seville)의 이시도르(Isidore)이다. 그는 가능한 한 고대 문화를 계승·보존하려 했던 학자이다. 그가 저술한 『어원학』(*Etymologies*)은 당시의 지식수준을 보여주는 백과사전으로서 종교 분야뿐만 아니라 천문학, 의학, 농업 등 거의 모든 지식 분야를 섭렵하고 있다. 이 작품이 당대에 가장 뛰어난 것이라고 하지만, 이시도르는 과거의 지식과 지혜들을 수집하여 분류하는 데 전념했으므로 독창성이 결여되어 있다. 그러나 이시도르와 같은 학자들의 작업을 통해 중세인들은 고대의 영광과 지혜를 볼 수 있게 되었다.

레카레드의 개종 후 교회는 서고트 왕국의 입법자의 역할을 했다. 이를 통해 질서의 척도를 마련했다. 그러나 현대인들은 당시에 횡행한 불의와 불평들을 반영하는 공의회의 포고문들을 읽을 때 전율하지 않을 수 없다. 예를 들어 633년에 소집된 톨레도 공의회는 사제들이 감독의 허락 아래서만 결혼할 수 있다고 규정했다. 이에 불순종할 경우에 해당 사제는 "상당 기간의 고행"에 처해지는 반면, 그의 아내는 감독이 취하여 노예로 팔게 된다.

유대인들에 관한 입법 역시 비슷했다. 이 공의회의 의장은 당대에 가장 뛰어난 지식인이었던 세비야의 이시도르였다. 공의회에서는 유대인들을 강제로 기독교에 개종시키지 말도록 포고했다. 그러나 이미 강제로 개종한 자들은 다시 유대교로 돌아갈 수 없다고 규정했다. 왜냐하면 이는 신성모독이라는 것이다. 이러한 유대인 개종자들은 가까운 친지와 친구들이라도 유대교를 신봉하는 유대인들과 접촉할 수 없었다. 또 이들이 유대교의 전통적 의식, 특히 "가증스러운 할례"를 행할 경우 자녀들을 강제로 빼앗아갔다. 그뿐 아니라 기독교인 여성과 결혼한 유대인은 기독교로 개종하거나 아내와 자녀들에게서 떠나야 했다. 그 반대의 경우, 즉 유대인 아내가 개종을 거부할 경우에 그들의 결혼은 무효였으며, 그녀는 남편과 자녀들에게서 떠나야 했다.

레카레드의 개종 이후 교회의 노력에도 불구하고 서고트 왕국은 정치적으로 불안했으며 폭력과 압제가 성행했다. 예를 들어 레세스빈스

게르만족의 전통과 기독교의 전통이 혼합되었다. 이 돈궤에는 게르만족의 영웅 Wieland와 마술사들의 모습이 조각되어 있다.

(Recesvinth, 649-672) 왕은 자기의 적 700명을 살해하고 그들의 아내와 자녀들을 친구들에게 분배해 주었다. 결국 로데릭(Roderick, 710-711) 왕 때에 무슬림들이 스페인에 침입하여 서고트 왕국을 멸망시켰다. 그러나 이때쯤 기독교가 왕국에 자리 잡았으므로 교회를 중심으로 반도의 재탈환 투쟁이 시작되었다.

5세기 대부분 동안 고울(Gaul) 지방은 아리우스파인 부르군트족과 아직 이교 신자들이던 프랑크족에 의해 양분되어 있었다. 북아프리카의 반달족들과는 달리 부르군트족은 정통 신자들을 핍박하지 않았다. 이들은 오히려 원주민들의 전통을 모방했으며, 곧 많은 부르군트족 사람들은 자기들이 정복한 가톨릭 백성들의 니케아 신앙을 받아들였다. 516년 지기스문트(Sigismund) 왕은 정통 삼위일체 교리로 개종했으며, 곧 나머지 국민들도 그의 뒤를 따랐다.

프랑크족(이들로부터 프랑스라는 이름이 유래되었다)은 원래 독립 부족들의 엉성한 동맹이었다. 그러다가 메로베우스(Meroveus)가 창시한 메로빙거 왕조에 의해 어느 정도 통일을 이루었다. 메로베우스의 손자이며 메로빙거 왕조가 낳은 최고의 영웅 클로비스(Clovis)는 기독교 신자인 부르군트족의 공주와 결혼했는데, 전쟁터로 가기 전날 밤에 만약 자기 아내가 믿는 하나님이 승리를 허락한다면 개종하겠다고 약속했다. 그 결과 A.D 496년 크리스마스 날 그는 귀족들과 함께 세례를 받았다. 얼마 후 대부분의 부족이 세례를 받았다.

534년에 부르군트족이 프랑크족에게 정복됨으로써 전 지역이 통일되었다. 그러나 그 후 메로빙거 왕조는 계속 나약한 왕들을 배출하여 7세기경에는 현대의 수상(首相)에 해당하는 "궁재"(宮宰: 궁내장관)들이 실권을 장악했다. 이 궁재들 중 하나인 카를 마르텔(Charles Martel, "망치"라는 의미)이 프랑크족 군대를 이끌고 당시 스페인을 점령한 후 피레네 산맥을 넘어 유럽의 심장부를 위협하는 무슬림들을 대패시켰다. 그는 732년 프랑크족 병사들을 거느리고 투르(또는 푸와티에) 전투에서 이들을 격퇴했다. 당시 그는 이미 실질적으로 왕의 권세를 장악하고 있었으나, 국왕의 칭호를 요구하지 않았다. 그러나 그의 아들 피핀 단구왕(Pepin the Short)은 "바보"(The Stupid)라고 알려진 칠더릭 3세(Childeric III)를 제거하기로 결정했다. 그는 교황 자카리아스(Zacharias)의 동의 하에 칠데릭을 폐위시켜 수도원에 유폐했다. 그 후 피핀은 교황의 지시에 따라 행동한 보니파시오(Boniface) 주교에 의해 국왕에 임명되었다. 이 사건은 그 후의 역사에서 중요한 의미를 지닌다. 왜냐하면 피핀의 아들 샤를마뉴는 중세 초기의 가장 뛰어난 통치자로 등장하여 교회의 개혁을 시도했을 뿐 아니라, 교황에 의해 황제에 임명된 인물이기 때문이다.

이 과정에서 교회는 제대로 역할을 발휘하지 못했다. 클로비스처럼 강력한 왕 시대에는 교회 지도자들이 통치자들에게 순종했다. 그리하여 왕들이 주교들을 임명하는 것이 전통처럼 되었다. 이는 이해할 만한 일이다. 왜냐하면 주교의 직분과 함께 막대한 토지가 부여되었으므로 주교은 대 영주였기 때문이다. 피핀을 왕에 임명하기 얼마 전 보니파시오는 프랑크 왕국 내의 교회들이 실질적으로 평신도 영주들에게 장악되어 있으며, 주교들은 목회자가 아닌 영주처럼 행동할 뿐 아니라, 교회 생활의 질서와 부흥을 도모하기 위해 감독들의 회의가 소집되는 것을 프랑크 왕국에서 찾아볼 수 없다고 교황에게 보고했다. 샤를마뉴 시대까지 이러한 상황은 계속된다.

대영제국(Great Britain)은 로마제국의 통치에 완전히 예속된 적이 없었다. 하드리안 황제는 섬을 남북으로 양분하는 성벽을 건축했는데, 그 남쪽은 로마제국의 일부였으며, 북쪽에는 픽트(Pict)족과 스코트(Scot)족이 독립을 유지하고 있었다. 대륙에서 로마제국의 영역이 위협을 받자 브리튼에 주둔하던 군단들이 철수했는데, 많은 주민들이 함께 이동했다. 남아 있던 자들은 곧 앵글족(Angle)과 색슨(Saxon)족에 의해 정복되었는데, 앵글인들과 색슨인들은 그 후 켄트(Kent), 에섹스(Essex), 서섹스(Sussex), 동 앵글리아(East Anglia), 웨섹스(Wessex), 노섬브리아(Northumbria), 머시아(Mercia) 등 일곱 왕국을 설립했다. 로마제국 시대의 기독교 신앙을 유지해온 주민들이 있었으나 이 침입자들은 모두 이교도였다.

게르만족의 침입이 거듭되는 동안 아일랜드 교회는 성장하고 있었다. 이 교회가 과거의 믿음과 문화를 보유하고 있었으므로 아일랜드는 곧 다른 국가들, 특히 스코틀랜드로 선교사들을 파송하기 시작했다. 가장

아이오나 섬에서 파송된 선교사들은 스코틀랜드 전역과 그 너머까지 진출했다.

유명한 선교사는 콜룸바(Columba)였는데, 그는 563년에 열두 명의 동료들과 함께 아이오나(Iona)라는 작은 섬에 정착했다. 그들이 그곳에 세운 수도원은 스코틀랜드 선교의 중심이 되었다. 곧 스코틀랜드에는 아이오나 수도원을 모방한 몇 개의 수도원이 생겼다. 마침내 이들의 선교는 남쪽으로, 즉 앵글족과 색슨족의 영역으로 옮겨갔다.

아일랜드 기독교가 유럽의 다른 지역에 영향을 미침으로써 초래한 중요하고 지속적인 결과는 사제에게 행하는 죄고백이었다. 그것은 원래 아일랜드에서 발달되었고 종종 고해신부가 지침서를 사용하기도 했다. "내 맘의 주여 소망되소서"(Be Thou My Vision, 새찬송가 484장)는 두루이드 교도들(Druids)의 악한 영향력을 저지하기 위한 켈트족의 기도문(*Rob tu mo bhoile*)을 번역한 것이다.

지금까지도 확실히 규명되지 않은 이유들로 인하여 스코틀랜드-아일랜드 기독교와 로마제국의 영토에서 발달한 기독교 사이에는 많은 차이점이 있었다. 스코틀랜드-아일랜드 교회는 주교들의 다스림을 받은 것이 아니라 수도 공동체의 원장들에 의해 다스려졌다. 부활절 날짜와 몇 가지 교회 의식을 거행하는 양식에도 차이가 있었다. 스코틀랜드-아일랜드 수도사들이 정수리가 아니라 이마를 삭발한 것은 이들의 저항을 보여주는 예이다. 결국 이 관습은 불법으로 규정되었다.

유럽의 다른 지역의 관습을 반영하고 따르는 기독교가 대영제국의 로마 시대의 전통들을 보존하는 사람들 사회에 항상 존속했는데, 그것은 대륙의 기독교인들이 대영제국에 관심을 갖기 시작하면서 크게 부각되었다. 대 그레고리(Gregory the Great)의 전기(傳記) 작가에 의하면, 로마에서 수도사 생활을 하던 젊은 그레고리는 노예 시장에서 금발의 젊은 청년들을 보고 물었다.

"이 청년들의 국적은 어디입니까?"

"그들은 앵글인(Angles)들입니다."

"얼굴 생김을 보니 참으로 천사(Angels)들이 틀림없군요. 이들의 고국은 어디입니까?"

"데이리(Deiri)입니다."

"참으로 데 이라(De ira: 분노를 모면했다는 의미)군요. 왜냐하면 이들은 진노에서 하나님의 자비로 옮겨졌기 때문이다. 그들의 왕은 누구입니까?"

"아엘라(Aella)입니다."

"알렐루야(Alleluia)! 그 나라에서 하나님의 성호가 찬양될지어다."

실제로 이 대화가 이루어지지 않았을 수도 있다. 그러나 그레고리는 앵글족의 나라에 관심을 가졌으며 그곳에 선교사로 가려 했을 수도 있다. 그는 590년에 교황이 되었다. 9년 후 그레고리는 자신이 속했던 수도원 출신의 수도사인 어거스틴(Augustine)의 지도 아래 선교사들을 앵글족에게 파견했다. 어거스틴과 그 동료들이 갖은 난관에 봉착하여 이 임무를 포기하려 했을 때에도 그레고리는 선교를 계속하도록 명령했다. 마침내 그들이 켄트 왕국에 도착했고, 그곳의 국왕 에델베르트(Ethelbert)는 기독교 신자와 결혼했다. 처음에는 별 성과를 거두지 못했지만 결국 에델베르트도 개종했으며 점차 많은 국민들이 그 뒤를 따랐다. 어거스틴은 캔터베리(켄트의 수도)의 초대 대주교가 되었다. 여러 왕국들도 차례로 기독교 국가가 되었으며, 캔터베리는 잉글랜드의 종교적 수도가 되었다.

그러나 얼마 후 이러한 형태의 기독교를 따르는 자들과 원래부터 스코틀랜드-아일랜드 전통에 속해 있는 자들 사이의 갈등이 표면화되었다. 당시의 기록에 의하면 노섬브리아 왕국의 상태는 심각했다. 왜냐하면 국왕은 스코틀랜드-아일랜드 전통을 따랐고, 왕후는 로마 전통을 따랐기 때문이다. 특히 부활절 날짜가 서로 달랐으므로 한 편에서 금식하고 있는 동안 다른 한 쪽에서는 잔치를 벌였다. 이 문제들을 해결하기 위해 663년에 휘트비(Whitby)에 종교회의가 소집되었다. 스코틀랜드-아일랜드 계는 콜룸바(Columba)로부터 전수되었다는 전통을 고수했다. 그러나 로마로부터 파견된 선교사들과 그 추종자들은 천국의 열쇠를 받은 베드로의 전통이 콜룸바의 전통보다 우선한다고 주장했다. 당시 기록에 의하면 이 말을 들은 왕은 스코틀랜드-아일랜드 교회의 입장을 주장하는 사람들에게 "당신의 반대자들이 주장하는 대로 베드로가 천국의 열쇠를 가지고 있다는 것이 사실인가?"라고 질문했다. 그들은 "물론입니다"라고 대답했다. 왕은 "그렇다면 더 이상 논쟁할 필요가 없다. 나는 베드로에게 순종하겠다. 그렇지 않으면 내가 천국에 도착했을 때 그가 대문을 걸어 잠그고 나를 쫓아낼지도 모르지 않느냐?"라고 말했다.

그 결과 휘트비 종교회의는 스코틀랜드-아일랜드 전통을 반대하고 유럽 대륙의 전통을 따르기로 결정했다. 브리튼 제도 전역에서 비슷한 결정들이 내려졌다. 이러한 현상은 휘트비 사건들이 보여주는 것처럼 단지 통치자들의 순진성에만 기인한 것이 아니었다. 이는 교회 전체에 걸친 통일성을 추구한 서방 기독교권의 특권과 압력이 초래한 불가피한 결과였다.

　게르만족의 침입은 이탈리아의 혼란상태를 초래했다. 명목상으로는 476년까지 로마에 황제들이 존재했으나, 이들은 여러 게르만족 장군들의 꼭두각시에 불과했다. 476년 헤룰리 족(Heruli)의 지도자인 오도아케르(Odoacer)가 최후의 황제 로물루스 아우구스툴루스(Romulus Augustulus)를 폐위시킨 후 콘스탄티노플의 황제 제노(Zeno)에게 제국이 통일되었음을 통지했다. 이 소식을 들은 제노는 처음에는 기뻐하면서 오도아케르에게 "애국자"라는 칭호를 하사했다. 그러나 곧 양자 사이에 갈등이 발생했으므로 황제는 헤룰리 족을 제거하기 위해 동고트(Ostrogoth)족에게 이탈리아를 침공하도록 회유했다. 그 결과 이탈리아는 한동안 동고트족의 치하에 놓였다.

　동고트족은 아리우스 파였으므로, 니케아 신앙 혹은 가톨릭 신앙을 따른 이탈리아 주민들은 콘스탄티노플에 도움을 청했다. 그리하여 동고트 족 통치자들은 주민들이 반역을 꾀한다고 의심했다. 이러한 이유 때문에 정통 신앙을 유지하려 했던 주민들은 주로 종교적 이유가 아니라 반역 혐의로 박해를 받았다. 당대의 뛰어난 지식인 보에티우스(Boethius)가 테오도릭(Theodoric) 왕에 의해 투옥되었다. 그는 옥에 갇혀 있는 동안 그의 가장 유명한 저술 『철학의 위안에 관하여』(On the Consolation of Philosophy)를 남겼다. 이 책에서는 예정과 자유의지, 그리고 선한 사람들이 망하고 악한 사람들이 흥하는 이유를 다루었다. 그는 524년에 장인 심마쿠스(Symmachus)와 함께 처형되었다. 2년 후 교황 요한도 감옥에서 사망했다. 그 때부터 보에티우스, 심마쿠스, 요한 등은 로마교회의 순교자로 간주되었으며, 원주민들과 동고트족 사이의 갈등은 심화되었다.

결국 유스티니아누스 황제 치하에서 잠시 중흥을 맞은 비잔틴 제국은 유스티니아누스 휘하의 장군 벨리사리우스(Belisarius)를 보내어 이탈리아를 평정하려 했으며, 20년간의 군사원정을 통하여 동고트 왕국을 멸망시켰다.

그러나 568년 북쪽의 롬바르드 족이 이탈리아를 침략했다. 유스티니아누스 치하에서 강성했던 콘스탄티노플의 세력이 약화되기 시작했으므로, 롬바르드족이 반도를 유린할 위험이 컸다. 그리하여 콘스탄티노플의 도움을 기대할 수 없게 된 교황들은 8세기 중반부터 북쪽에 도움을 청했다. 이에 따라 교황청과 프랑크 왕국 사이의 동맹이 발전되었으며, 결국 샤를마뉴가 서로마제국의 황제에 임명되었다.

요약한다면 5세기부터 8세기까지 서유럽은 일련의 침략에 시달렸으며, 이 때문에 혼란 상태가 초래되었고 고대 학문이 대부분 파괴되었다. 침략자들은 과거의 사건들로 취급되었던 두 가지 문제를 다시 제시했으니, 곧 이교(Paganism)와 아리우스주의(Arianism)였다. 결국 이교도들과 아리우스주의자들은 개종하여 자기들이 정복한 민족의 신앙을 받아들였다. 이 신앙이 곧 니케아 신앙, 혹은 "정통"신앙, 혹은 "가톨릭"신앙이다. 이러한 개종의 과정과 고대의 지혜와 지식을 보존하려는 노력 속에서 두 개의 제도가 중요한 역할을 담당하여 중요한 의미를 지니게 되었다. 이 두 제도는 곧 수도원주의와 교황제도였다.

베네딕트 수도원운동

이미 살펴본 바처럼, 교회가 제국과 유착하여 세력 있는 자들의 교회로 화하자, 많은 이들이 초기 시대에 요구되었던 완전한 헌신을 실천하는 방법으로서 수도생활을 택했다. 이 운동이 이집트와 동방 제국의 여러 지역에서 특히 강성했으나 서방 제국에도 추종자들이 있었다. 그러나 서방 수도원운동은 세 가지 면에서 동방의 그것과 달랐다. 첫째로 서방 수도원운동은 보다 실질적인 경향을 띠었다. 이들은 자기부인이라는 전제 하에서 육체를 징벌하는 대신, 세상에서의 선교를 위해 영혼과 아울러 육체를 훈련하고자 했다. 콜룸바와 캔터베리의 어거스틴은 서방 수도원 운동의 실질적인 경향을 모습을 보여주는 본보기라 할 수 있다. 두 번째로 서방 수도원운동은 동방처럼 독수도생활을 이상적인 것으로 여기지 않았다. 처음부터 서방 수도원운동은 공동체 내에서의 생활을 추구했다. 마지막으로 서방 수도원운동은 동방의 수도원운동처럼 교회의 지배층과 계속적인 갈등을 겪지 않았다. 기존 성직 계급이 극도로 부패했을 때를 제외하고 서방의 수도원운동은 교황들, 주교들, 그밖에 다른 교회 지도자들의 오른팔 역할을 수행했다.

서방 수도원 운동의 형성기에 가장 중요한 인물, 여러 가지 의미로 볼 때에 그 설립자라 할 수 있는 인물은 A.D 480년경 이탈리아의 누르시아(Nursia)라는 작은 마을에서 태어난 베네딕트(Benedict)이다. 그는 동고트족의 지배 아래서 성장했다. 그의 가족은 고대 로마 귀족 계급에 속해 있었으므로, 그는 어려서부터 정통주의와 아리우스파 사이의 갈등을 알고 있었으며, 이로 인해 받아야 했던 박해도 경험했다. 그는 20세쯤 되었을 때에 은자(隱者)가 되기를 결심하고 동굴에서 살기 시작했다. 그는 육체의 유혹을 극복하기 위해 극단적인 금욕생활을 시작했다. 얼마 후 그의 명성이 높아지기 시작했으며, 이집트에서 존경받는 수도사들의 경우처럼 주위에 제자들이 모여들기 시작했다. 그리하여 수도생활을 위한 장소가 좁아졌으므로, 베네딕트는 자기를 중심으로 한 작은 공동체를 몬테카시노(Monte Cassino)로 이전했다. 몬테카시노는 한적한 지역으로서 그곳 주민들은 이교를 숭상하고 있었다. 베네딕트와 추종자들은 나무들을 베고 이교도들의 제단을 뒤엎은 후 이곳에 수도원의 기초를 닦기 시작했다. 얼마 후 그의 누이 스콜라스티카(Scholastica)도 근처에 여인들을 위해 비슷한 공동체를 설립했다. 베네딕트의 명성은 매우 높아 동고트족의 왕이 그를 방문할 정도였다. 그러나 베네딕트는 자신이 폭군으로 간주한 왕에게 독설과 저주를 서슴지 않았다.

베네딕트의 위대성은 그가 공동체를 위해 작성한 『규율집』(Rules)에 있다. 이 문서는 단순하고 소박했지만, 그 후 수세기 동안 서방교회 수도원운동의 기본적 모습을 결정하게 된다. 베네딕트의 『규율집』은 극단적 금욕주의 대신에 비록 엄격하기는 하지만 지나치지 않은 질서와 규범을 통한 지혜로운 수도 생활을 추구한다. 사막에 살던 많은 수도사들이 빵, 소금 그리고 물만 먹고 생활했는데, 베네딕트는 자기의 수도사들이 하루에 두 끼씩 올바른 식사를 하게 했고, 두 가지 이상의 조리된 음식을 공급했다. 이따금 싱싱한 과일과 채소도 공급했다. 또 수도사들은 매일 적당한 양의 포도주를 공급받았다. 그뿐 아니라 수도사들은 침대와 요, 그리고 베개를 소유했다. 물론 이러한 물건들은 경제적으로 여유가 있을 때만 공급되었으며 물자가 부족할 때에는 수중에 있는 것으로 만족해야 했다.

베네딕트는 수도생활에서 두 가지 요소, 즉 정주(定住)와 순명(順命)을 가장 중요시했다. 정주는 수도사들이 마음대로 수도원을 옮길 수 없음을 의미한다. 수도사들은 다른 곳으로의 이전 명령을 받지 않는 한 처음

가입한 수도원에서 종신(終身)해야 했다. 베네딕트회 수도자들의 정주는 혼란한 시대에 수도원제도를 안정시키는 데 큰 역할을 했다.

두 번째로 『규율집』(Rules)은 순명을 강조한다. 이것은 무엇보다도 규율 자체에 대한 순종을 의미했다. 수도원장에 대한 순종 역시 "지체 없이" 행해져야 했다. 이는 명령이 떨어지는 즉시 행해야 할 뿐만 아니라 기꺼이 마음에서 우러나 순종할 수 있도록 노력해야 한다는 것이다. 명령을 행하는 것이 불가능하다면, 수드사는 수도원장에게 그 이유를 설명해야 한다. 그러나 설명 후에도 상급자가 계속 고집한다면, 이를 가능

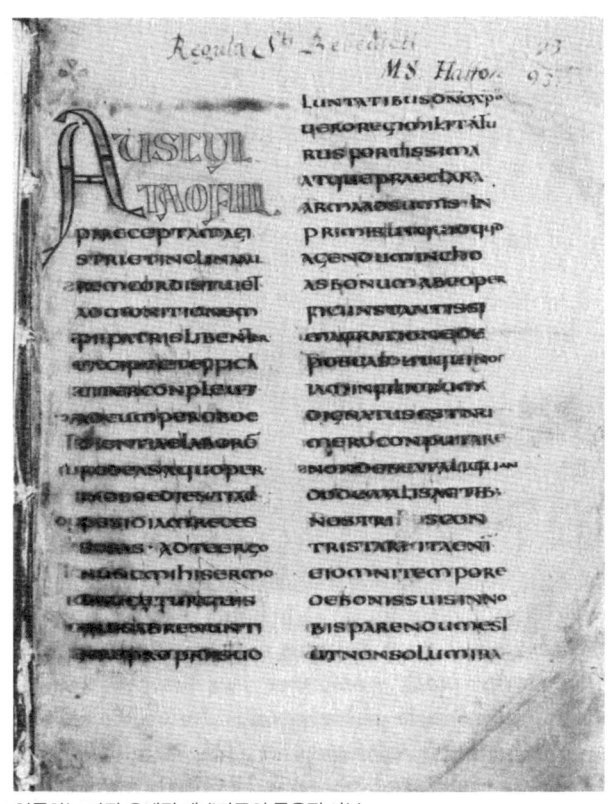

현존하는 가장 오래된 베네딕트의 규율집 사본

한 것으로 간주하고 순종해야 한다. 그러나 수도원장은 독재할 수 없으며 스스로도 하나님과 『규율집』에 따라야 한다. "수도원장"(abbot)은 원래 "아버지"(father)라는 의미이므로 그는 자유로운 아버지로서 행동해야 했다.

잘못을 저지른 수도사에게는 은밀하게 권면해야 한다. 그러나 두 차례 권면을 받은 후에도 뉘우치지 않으면 공동체 앞에서 문책한다. 그 다음 단계는 파문(excommunication)인데, 이는 성찬뿐만 아니라 모든 수도사들과의 접촉이 금지되며 공동식사에 참여할 수 없음을 의미한다. 그래도 회개하지 않으면 채찍으로 체벌을 가한다. 이 처벌도 효력이 없을 경우에는 공동체에서 추방한다. 그러나 그 후 그가 회개하면 다시 받아들여야 한다. 이러한 과정을 세 번까지 허용하며, 세 번째 추방된 사람을 다시 받아들일 수 없다. 이러한 점에서 볼 때 베네딕트의 『규율집』은 사막의 위대한 영웅들과 같은 성자들을 위해서가 아니라 흠과 실수가 많은 보통 사람들을 위해 기록되었음을 알 수 있다. 이것이 성공의 비밀인 듯하다.

베네딕트의 『규율집』은 수도사들에게 육체노동을 요구한다. 병에 걸렸거나 특별한 재능이 있는 사람의 경우를 제외하고는, 모든 이들이 순번제로 노동에 참여해야 한다. 예를 들어 매주 취사 당번들을 바꾸는데, 이 작업이 하찮은 것이 아님을 강조하기 위해 예배 시간에 취사 당번들을 바꾼다. 각종 노동과 작업의 배분에 있어서 병자와 노인과 어린아이들에게는 특별한 조처를 해주어야 한다. 부유한 집안 출신이라고 해서 특별대우를 받을 수 없다. 어떤 이유로든지 수도원 내에서 우선순위를 결정해야 할 필요가 있을 때에는 공동체에 머문 기간에 따라 결정한다.

그리하여 이전의 수도원운동에서는 가난이 개인적인 자기포기의 형태였는데 반해, 베네딕트는 이를 통해 공동체 내의 새로운 질서를 마련하고자 했다. 수도사는 가난을 통하여 공동체에 더욱 강하게 접착되며, 모든 이들은 평등하게 가난하므로 서로를 의존하지 않고는 살아나갈 수 없다.

베네딕트는 수도생활의 핵심을 기도라고 생각했다. 매일 개인 기도를 위한 시간들이 배정되었다. 대부분의 성무일과는 예배당에서 행해졌다. 시편 119편 62절, 164절에 따라 수도사들은 낮에 일곱 번과 밤에 한 번, 모두 여덟 번 모여 예배했다.

첫 기도는 새벽에 행해지며, 그 후 일곱 번의 기도모임이 있다. 중세시대의 수도원들이 엄격하게 지킨 이 시간들은 각각 조과(朝課), 찬과(讚課), 제1시경, 제3시경, 제6시경, 제9시경, 만과(晩課) 그리고 종도(終禱) 등으로 불렸다. 이 집회 시간의 대부분은 시편의 낭송과 성경 강독으로 이루어졌다. 시편은 한 주간에 전체를 한 번씩 낭송할 수 있도록 배정되었다. 다른 성경 강독은 시간과 요일과 교회력에 따라 결정되었다. 그 결과 대부분의 수도사들은 시편 전체와 성경의 여러 부분들을 암기할 수 있을 정도가 되었다. 마찬가지로 여가가 있는 평신도들도 이와 비슷한 경건 시간을 가졌으므로 각각의 기도 시간에 읽어야 할 성경을 정리해놓은 『성무일도서』(*Breviaries*)에 정해진 대로 성경에 익숙하게 되었다. 이 여덟 가지 시간의 기도들은 그 후 정시과(定時課, canonical hours)라 불렸으며, 이를 행하는 것을 성무일과(聖務日課)라고 불렀다.

베네딕트는 학문에 관해서는 거의 언급하지 않았으나, 얼마 안 되어 이것이 베네딕트회 수도사들의 주된 일과가 되었다. 성무일과를 행하기

수도원은 학문의 중심지였을 뿐만 아니라 의료 서비스를 제공하여 약을 만들고 처방하며 병자들을 돌보았다.

위해서는 서적들이 필요했다. 그리하여 수도사들은 성경 및 기타 서적들을 필사(筆寫)하는 데 익숙해졌으며, 이것들은 후대를 위해 보존되었다. 또한 수도원들은 교육의 중심지가 되었는데, 특히 수도사 교육을 받기 위해 맡겨진 어린이들을 가르치게 되었다. 수도원들은 병원이나 약국, 혹은 지친 나그네들을 위한 여관의 기능도 담당했다.

수도원은 경제적으로도 큰 영향을 미쳤다. 왜냐하면 많은 수도원들이 수도사들의 노동에 의해 개간된 불모지에 설립되었기 때문이다. 그리하여 유럽의 농경지 면적이 급격히 증가했다. 또 부유층이 육체노동을 천한 것이라고 멸시했던 사회에서 수도원은 뛰어난 지성과 영적 작업이 고된 육체노동과 결합될 수 있음을 보여주었다.

베네딕트의 시대 이전에도 서유럽에서 수도원운동에 참여한 이들은 많았으나, 가장 널리 영향을 미친 것은 베네딕트의 『규율집』이었다. 589년 베네딕트가 몬테카시노에 설립한 수도원이 롬바르드족에게 약탈당하고 방화되었고, 대부분의 수도사들은 그의 『규율집』을 가지고 로마로 도피했다. 그곳에서 후일 교황이 된 그레고리가 『규율집』의 존재를 알게 되었다. 얼마 후 많은 로마 시민이 이 규율을 따르게 되었다. 영국으로 파견된 선교사 어거스틴도 베네딕트의 『규율집』을 지니고 있었다. 교황청의 지원 아래 베네딕트의 규율은 서방 교회 전체에 전파되었다. 공식적인 "수도회"로 조직되지 않은 수도원들이 이 규율을 채택함으로써 공동의 관습들과 이상에 의해 연합했다.

교황제도

수도원운동과 아울러 중세시대에 통일성과 지속성을 제공한 것은 교황제도였다. "교황"(Pope)이라는 단어는 "아버지"(Father)를 의미하는 것으로서, 초기에는 중요하고 존경받는 감독을 가리키는 용어로 사용되었다. 따라서 카르타고의 "키프리안 교황"이나 혹은 알렉산드리아의 "아타나시우스 교황" 등을 언급한 문서들을 볼 수 있다. 서방에서는 로마의 감독들을 지칭하는 데 국한되었으나 동방에서는 더 자유로이 사용되었다. 중요한 것은 "교황"이라는 칭호의 기원이 아니라, 어떻게 하여 로마 감독이 중세시대부터 시작하여 오늘날 가톨릭교회에 이르기까지 그러한 권위를 누리게 되었는가 하는 문제이다.

로마의 감독제도의 기원은 명백하게 밝혀지고 있지 않다. 학자들은 대부분 베드로가 로마를 방문했을 뿐만 아니라 그곳에서 사망했을 가능성이 높다는 데 의견을 같이한다. 그러나 대부분 2세기 말 이후에 기록된 것으로 보이는 로마 초기 감독들의 명단들이 서로 일치하지 않는다. 일부는 클레멘트를 베드로의 후계자로 주장하지만, 어떤 기록은 베드로가 죽은 후 3대 감독이라고 주장한다. 이 때문에 일부 학자들은 로마 교회가 애초에 한 명의 감독을 둔 것이 아니라 합동하여 교회를 지도하는 감독들로 이루어진 "집단감독제도"(collegiate episcopacy)였을 것이라고 추정한다. 이 이론은 논란의 여지가 있으나, 기독교 초기 시대의 수적 성장이 주로 헬라어를 사용하는 동방에서 이루어졌으므로 안디옥이나 알렉산드리아의 교회들이 로마의 교회보다 중요한 위치를 점하고 있었을 것이다. 서방에서도 교회의 신학적 지도력은 터툴리안, 키프리안, 어거스틴 등의 인물들을 배출한 북아프리카에서 누리고 있었다.

게르만족의 침입으로 말미암아 교황의 권위가 크게 고양되었다. 동방의 제국은 그 후 1,000년쯤 지속했다. 그러나 서방에서는 법과 질서뿐만 아니라 고대 문명의 유산을 보호하는 역할을 교회가 맡았다. 그리하여 침략자들에 의해 와해된 통일성을 회복하는 데 있어서 서방에서 가장 우월한 위치에 있었던 감독, 즉 로마의 감독이 핵심이 되었다.

이러한 모습을 보여주는 전형적인 예가 "대 레오"(Leo the Great)이다. 그는 현대적인 의미에서 최초로 "교황"이라고 불린 인물이다. 그는 당시의 신학적 논쟁, 특히 그리스도 안의 인성과 신성의 관계에 관한 논쟁에 참여했다. 레오의 의견이 받아들여진 것은 그가 로마의 감독이었기 때문만이 아니라 당시의 정치적 상황에 크게 힘입고 있었음을 알 수 있다. 레오가 주로 동방에서 발생한 논쟁에 개입했으므로, 비잔틴 황제들과 동방의 주교들은 그것을 로마의 감독이 자신의 권위 영역을 확장하려한 부적절한 시도로 여겼다. 우호적인 황제들이 득세하면서 비로소 레오의 주장들이 일반적으로 받아들여졌고, 그것은 교황제도의 특권 성장이라는 결과를 낳았다.

서방에서는 상황이 달랐다. 452년 이탈리아는 동유럽 출신의 이교도들인 아틸라가 이끄는 훈족의 침입을 받았다. 그들은 먼저 콘스탄티노플을 점령하려 했었지만, 비잔틴당국자들은 황금을 제공함으로써 그들로 하여금 서방제국을 향하게 했다. 그들은 아퀼레이아(Aquileia)시를 점령하고 약탈했다. 아킬레이아와 로마 사이에 군대가 없었으므로 로마는 무방비상태였다. 서방의 황제는 성품과 병력에 있어서 약했으며, 동방제국은 이에 개입하려 하지 않았다. 그리하여 레오는 로마를 출발하여 "하나님의 채찍"이라 불린 아틸라를 만나러 갔다. 회담의 구체적인 내용은 알려져 있지 않다. 전설에 의하면 아틸라가 교황과 동행하여 자기를 향해 오는 베드로와 바울을 보았다고 한다. 구체적인 이유야 어쨌든 아틸라는 로마를 침입하지 않기로 결정하고 방향을 돌려 북으로 진군했는데, 얼마 후에 사망했다.

레오가 로마의 감독이던 455년에 반달족이 로마를 약탈했다. 당시 그는 침입자들을 저지할 수 없었다. 그러나 그는 로마가 방화(防火)되는 것을 막기 위하여 반달족의 지도자 게이세리쿠스(Genseric)와 협상했다.

이러한 사건들로 말미암아 레오는 로마 시에서 강한 권력을 행사할 수 있게 되었다. 이러한 능력을 발휘할 수 있었던 것은 그의 개인적인 재능 때문이기도 했으나 세속 관리들의 능력이 거의 마비된 상태였기 때문이기도 하다. 그러나 레오는 보다 깊은 이유가 있다고 생각했다. 그는 예수께서 베드로와 그의 후계자들을 교회 건축의 기초로 삼으셨으므로 베드로의 직계 후계자인 로마의 감독이 교회의 머리라고 확신했다. 우리는 레오의 기록에서 그 후 교황이 절대적 권위를 수호하기 위해 사용한 전통적 이론들을 발견할 수 있다.

레오는 461년에 사망했다. 그의 뒤를 이은 힐라리우스는 레오의 절친한 친구로서 그의 정책을 답습했다. 다음 교황 심플리키우스(Simplicius) 때에 상황이 변했다. 476년 오도아케르가 다지막 서방 황제를 퇴위시킴으로써 이탈리아에 장기간의 정치적 혼란 상태가 시작되었다. 이론적으로 볼 때 이탈리아는 동로마제국의 일부였다. 그러나 일련의 신학적 논쟁들로 인하여 교황들과 동로마제국의 황제들 사이에는 긴장상태가 항존했다. 이 때문에 초래된 동방과 서방 사이의 분열을 치유하는 데 여러 해가 걸렸다. 이 분열은 동고트족의 이탈리아 침입으로 심화되었다. 이들은 아리우스파였으므로 이들과 원주민들 사이의 긴장 상태를 피할 수 없었다. 이 때문에 498년에는 두 명의 대립 교황에 존재했는데, 한 사람은 동고트족의 지지를 받고, 나머지 한 사람은 콘스탄티노플의 지지를 받았다. 서로 다른 교황을 추종하는 주민들 사이의 대결로 로마 거리에 소동이 그치지 않았다. 결국 여러 차례의 공의회 후에 이러한 갈등은 해소되었다.

새 교황은 호르미스다스(Hormisdas, 514-523)로서 그의 주도로 이루어진 일련의 협상을 통하여 콘스탄티노플과의 분열이 종식되었다. 한편 동로마제국은 유스티니아누스의 영도 아래 잠시 중흥을 맞았다. 이때 벨리사리우스 장군이 이탈리아에 침입하여 동고트 왕국을 멸망시켰다. 그러나 이 때문에 이탈리아 교회의 지위가 개선된 것은 아니었다. 왜냐하면 황제와 그의 신하들이 교회가 거의 완전히 국가의 권력 아래 종속되어 있던 동로마제국에서와 비슷한 굴종을 강요했기 때문이다. 이러한 이유 때문에 그 후 몇 명의 교황들은 유스티니아누스와 그의 아내 테오도라(Theodora)의 허수아비에 불과했다. 독자적 정책을 따른 인물들은 황실의 분노 아래 몰락했다.

이 비잔틴제국의 부흥으로 유스티니아누스는 콘스탄티노플에 신성한 지혜이신 그리스도에게 헌정된 성 소피아(Hagia Sophia) 성당을 재건했다. 건축이 완성되었을 때 그는 "오! 솔로몬이여! 나, 그대에게 이겼노라!"고 부르짖었다고 한다. 이 건물은 현재 이슬람의 특징인 첨탑들로 둘러싸여 있다.

비잔틴 제국의 이탈리아 지배는 오래 계속되지 않았다. 동고트족의 마지막 요새가 정복된 지 6년 만에 롬바르드족이 이곳을 침입했다. 만약 이들이 통일된 세력이었다면, 이탈리아 반도 전체를 정복할 수 있었을 것이다. 그러나 이들은 처음 승리를 거둔 후 몇 개의 분파로 분열되었기

성 소피아 성당 내부의 이 모자이크는 콘스탄틴(오른쪽)이 그 도시를 예수와 성모 마리아에게 바치고 있고, 유스티니아누스(왼쪽)가 소피아 성당을 바치고 있는 모습을 보여준다.

때문에, 진격이 지연될 수밖에 없었다. 565년에 유스티니아누스가 사망한 후 비잔틴제국의 세력은 약화되기 시작했고, 콘스탄티노플 정부는 이탈리아에 대군을 주둔시킬 능력을 상실했다. 그리하여 롬바르드족에게 정복되지 않은 주민들은 비록 형식적으로는 동로마제국에 속해 있었으나 스스로를 방어할 수밖에 없었다. 로마에서는 교황들이 롬바르드족의 위협에 대항하여 도시를 보존할 책임을 지게 되었다. 571년 교황 베네딕트 1세(Benedict I)가 사망했을 때 롬바르드족이 로마시를 포위하고 있었다. 그를 계승한 펠라기우스 2세(Pelagius II)는 이들에게 뇌물을 주어 도시를 구했다. 콘스탄티노플의 원조를 기대할 수 없게 된 그는 프랑크족에게 북쪽의 배후에서 롬바르드족을 물리치도록 요청했다. 당시의 협상은 결실을 맺지 못했으나, 이것은 그 후 프랑크족이 교황들을 지지하는 가장 큰 세력이 될 미래를 가리켜준다.

그 다음 교황 그레고리는 역사상 가장 유능한 교황들 중 하나였다. 그는 영국 선교를 위해 어거스틴과 동료들을 파견했던 사람이다. 그는 540년경 로마의 옛 귀족 가문에서 태어났다. 당시 콘스탄티노플은 유스티니아누스가 지배하고 있었으며, 그의 장군들은 이탈리아에서 동고트족을 상대로 싸움을 벌이고 있었다. 유스티니아누스의 휘하에서 가장 뛰어난 벨리사리우스 장군이 로마로 귀환했으므로 전쟁은 계속 지연되었다. 동고트의 왕 토틸라(Totila)가 일시적 공세를 취했다. 그는 545년에 로마를 포위했고, 그 다음 해에 함락시켰다. 당시 부주교였던 펠라기우스(Pelagius: 후일 교황 펠라기우스 2세가 되었다)는 토틸라를 만나 담판을 벌여 어느 정도 양보를 얻었다. 그레고리는 당시 로마에 거주하면서 포위 당시의 참경과 도시를 위해 동분서주하는 펠라기우스의 모습을 목격했을 것이다. 어쨌든 그레고리가 본 로마의 모습은 제국의 옛 영화와는 동떨어진 것이었다. 토틸라가 승리한 직후 벨리사리우스와 비잔틴인들이 도시를 탈환했으나 다시 상실했다. 계속된 전투와 포위의 와중에 도시는 혼란과 무질서의 극치에 달했다. 파괴된 성벽을 보수할 석재를 공급하기 위하여 고대 기념물들과 건축물들이 파괴되었다. 송수로와 배수 시설이 파괴되어 질병이 창궐했다.

이 포위된 도시에서 성장한 그레고리의 유년 시절은 거의 알려져 있지 않다. 그는 태생이 귀족이었으며 고귀 관리가 되도록 교육을 받았으므로, 로마의 고위 관리였을 수 있다. 그가 베네딕트회 수도사가 된 후 교황 베네딕트는 그레고리를 행정위원회의 일원인 부제에 임명했다. 다음 교황 펠라기우스 2세는 그레고리를 대사로 임명하여 콘스탄티노플 궁정에 파견했다. 그레고리는 이곳에서 6년 동안 지내면서 끊임없는 신학적 논쟁들과 정치적 음모들에 말려들기도 했다. 586년 펠라기우스가 후임자를 파송했으므로 그레고리는 로마의 수도원으로 돌아와 원장이 되었다.

당시 로마의 상황은 심각했다. 롬바르드족은 마침내 통일을 이룩하여 전체 이탈리아를 정복하려 했다. 콘스탄티노플이 계속 로마의 방어를 위해 물자를 공급하고 프랑크족이 롬바르드족의 배후를 위협했음에도 불구하고, 도시는 함락될 위기에 처해 있었다.

설상가상으로 로마에 전염병이 발생했다. 그 직전에 발생한 홍수 때문에 비축된 식량 대부분이 유실되었었다. 병자들 중에 헛것을 보는 자들이 많았으므로 이상한 소문들이 나돌았다. 어떤 이들은 티베르 강에서 거대한 용이 나타나는 것을 보았다고 했고, 어떤 이들은 죽음의 사자들이 로마 시가를 공격하는 것을 보았다고 했다. 하늘에서 불의 비가 쏟아질 것이라는 예언도 돌았다. 이러한 상황에서 그레고리를 비롯한 수도사들의 도움을 받아 도시의 위생 시설을 개선하고 시체들을 매장하고 굶주린 주민들에게 양식을 배급하던 펠라기우스 교황이 병에 걸려 사망

누가를 상징하는 날개달린 황소를 그려 넣은 복음서 설명도. 이것은 그레고리가 영국에 보낸 복음서 사본에서 발췌한 것인 듯하다.

했다.

　이러한 상황에서 교황의 자리를 원하는 이들은 많지 않았다. 그레고리는 교황이 될 마음이 전혀 없었으나 성직자들과 시민들이 그를 교황으로 선출했다. 그는 황제에게 편지를 보내어 자기의 선출을 승인하지 말라고 부탁함으로써 자신의 교황선출을 무효화 하려 했다. 당시에는 중요한 교구의 감독을 임명하기 전에 콘스탄티노플의 승인을 얻는 것이 관례였다. 그러나 그레고리의 편지는 도중에서 가로채어졌다. 결국 그는 마지못해 로마 감독직에 올랐다.

　그레고리는 정력적으로 임무를 행했다. 도시 행정을 맡을 인물이 없었으므로, 그는 빈민들에게 양식을 배급하고 시실리 섬으로부터 식량이 계속 공급되도록 조처했다. 또 도시의 방어를 위해 상수도를 재건하고, 수비대를 훈련시켜 사기를 앙양했다. 콘스탄티노플의 도움을 기대할 수 없었으므로 롬바르드족과 직접 협상하여 평화를 보장받았다. 그리하여 교황은 자연스럽게 로마 시 및 그 일대의 통치자 역할을 했고, 이 지역은 얼마 후 "성 베드로의 유산"이라 불리게 되었다. 오랜 세월이 지난 후인 8세기에 어떤 사람이 『콘스탄틴의 기증 문서』(*Donation of Constantine*)라는 서류를 위조하여 황제가 이 일대의 지역을 베드로의 후계자들에게 하사했다고 주장했다.

　그러나 그레고리는 스스로를 종교 지도자로 생각했다. 그는 로마의 여러 교회에서 계속 설교를 행하며 신자들의 회개를 촉구했다. 그는 이탈리아 전역에서 서서히 규범이 되고 있었지만 많은 사람들이 그것을 따른다고 주장하면서도 실질적으로 실천하지 않고 있었던 성직자 독신제도를 촉진하기 위한 조처를 취했다. 로마의 감독 그레고리는 자신을 서방 교회 총대추교로 생각했다. 그가 이전의 레오처럼 보편적 권위를 주장하지는 않았지만 보다 실질적인 조처들을 취했는데, 이 때문에 서방 교회에서의 그의 권위가 고양되었다. 그는 스페인에서 서고트족이 니케아 정통 신앙으로 개종하는 데 큰 역할을 했다. 또 잉글랜드에 어거스틴을 파송하여 선교를 시작함으로써 결국 로마 교회의 권위가 브리튼 제도에 미치게 되었다. 한편 그가 도나투스파의 분열을 해결하기 위해 아프리카에 보낸 서신들은 현지 감독들로부터 큰 환영을 받지 못했다. 왜냐하면 그들은 자신들의 독립성을 유지하는 데 큰 관심을 가지고 있었기 때문이다. 그는 또한 교회의 독립과 자즈성을 고양하기 위해 프랑크족의 영역에서 벌어진 여러 사건들에 개입했다. 그러나 교회를 통치하려 했던 프랑크족의 지배자들은 교황의 호소에 승복하지 않았다.

　이러한 이유들만으로 그레고리가 "대 그레고리"(Gregory the Great)라고 불린 것이 아니다. 그는 중세시대 내내 영향을 미친 많은 저술들을 배출한 다작 작가로 중세였다. 그가 이러한 저술들 속에서 창조적 재능을 발휘하지는 않았다. 그는 오히려 위대한 선배들, 특히 성 어거스틴이 가르치지 않은 내용을 주장하지 않는다는 것을 자랑으로 생각했다. 그는 스스로를 위대한 힙포의 감독의 제자로 생각하는 데 만족했다. 이러한 그의 소원에도 불구하고, 그레고리와 그가 존경한 어거스틴 사이에는 상당한 차이가 있다. 그레고리는 미신과 맹신과 무지의 시대에 살았으므로, 어느 정도는 이러한 상황을 삶에 반영할 수밖에 없었다. 그는 우선 어거스틴을 무오(無誤)한 스승으로 만듦으로써 오히려 이 스승의 정신에 모순되고 있었다. 어거스틴의 천재성은 끊임없는 탐구열과 모험 정신에서 찾아볼 수 있다. 그런데 어거스틴이 상상하고 추론했던 문제들을 그레고리는 확정된 진리로 받아들였다. 예를 들어 어거스틴은 죄 중에 사망한 사람들이 천국에 들어가기 전에 죄를 정화하기 위한 장소가 있을 가능성이 있다고 제안했다. 그레고리는 이러한 어거스틴의 추측을 기초로 하여 이러한 장소가 존재한다고 단정함으로써 후일 연옥 교리가 발전될 계기를 마련했다.

특히 구원 교리에 있어서 그레고리는 어거스틴의 가르침을 변질시켰다. 그레고리는 어거스틴이 주장했던 예정과 저항할 수 없는 은혜의 교리를 도외시하고, 어떻게 하면 우리가 지은 죄에 대해 하나님이 만족하실 만한 대가를 지불할 수 있는가에 관심을 두었다. 이는 보속을 통해 수행되었는데, 보속은 통회(contrition), 죄고백(confession), 그리고 실제의 처벌 혹은 보상으로 구성되어 있었다. 여기에 사제의 사죄가 첨가되어야 하는데, 이는 하나님에 의해 허락된 용서를 추인(追認)하는 행위이다. 교회와 계속 교제하는 중에 죽은 신앙인이 자기가 지은 모든 죄에 관한 보속을 제공하지 못했을 때에는 최종 구원을 얻기 전에 연옥으로 가게 된다. 살아 있는 이들은 연옥에 있는 사자(死者)들을 위해 미사를 올림으로써 그들을 도울 수 있다.

그레고리는 미사 혹은 성찬식에서 그리스도가 새롭게 희생된다고 믿었다(그가 미사를 드리는 도중 십자가에 달린 예수님이 나타나셨다는 전설도 있다.). 이 같은 희생으로서의 미사라는 개념은 그 후 서방 교회의 표준 교리로 정립되었다가 16세기에 프로테스탄트들에 의해 부인되었다.

그레고리는 죄 중에 죽은 수도사의 이야기를 기록했다. 수도원장-그레고리 자신-은 그를 위하여 매일 미사를 드리도록 명령했다. 30일 후에 죽은 수도사의 영혼이 다른 수도사에게 나타나 자기가 연옥에서 해방되어 천국으로 들어갔다고 전했다. 이 이야기 혹은 이와 비슷한 전설들은 그레고리가 조작한 것이 아니다. 그것들은 당시의 분위기와 일반적 신념들의 일부였다. 그러나 이전의 기독교 교사들이 대중적인 미신을 제거하고 순수한 기독교 신앙을 보존하기 위해 노력했던 데 반해, 그레고리는 당시에 널리 유포되던 전설들을 기독교 신앙을 반영하고 인정하는 현상으로 받아들였다.

그레고리의 후계자들 시대에 교황청은 불운했다. 콘스탄티노플은 로마 교회에 권위를 행사하려 했다. 당시 동방 교회는 기독론 논쟁에 의해 분열되어 있었으므로, 황제들은 자기들의 신학적 입장을 지지하도록 교황들에게 강요했다. 이를 거부하는 자들은 핍박을 받았다. 그리하여 교황 호노리우스(Honorius, 625-638)는 자신이 그리스도 단의론자(Monothelite) - 예수 그리스도에게 두 본성이 있지만 의지는 하나뿐이라고 주장하는 기독론적 이단을 따르는 사람 - 라고 인정하는 데까지 이르렀다. 몇 년 후 이단적인 그리스도 단의설에 대한 토론을 금지하는 황제의 명령에 불응한 교황 마르틴 1세가 납치되어 콘스탄티노플로 이송되었다. 그의 가장 강력한 지지자였던 수도사 막시무스(Maximus)는 황제의 명령에 의하여 혀와 오른팔이 잘린 후 유배되었다. 다음 장에서 살펴 볼 모든 신학적 논쟁들은 그 때부터 콘스탄티노플 황제들의 압도적 권력에서 벗어날 수 없었던 로마에 큰 해를 끼쳤다. 이때부터 그레고리 3세(Gregory III, 731-741) 때에 이르기까지 교황이 선출되어 로마 감독으로 임명되기 전에 콘스탄티노플의 재가를 받아야 했다.

이탈리아에서 비잔틴 세력이 쇠퇴하기 시작함에 따라 항존하고 있는 롬바르드족의 위협에 대처하기 위해 다른 지역에 지원을 구해야 했던 교황들은 프랑크족에게 지원을 청했다. 이러한 이유 때문에 자카리아스 교황은 "바보"(The Stupid)라고 불린 칠데릭 3세의 폐위에 동의하고 피핀을 황제로 앉혔다. 자카리아스는 피핀이 등극하던 해(752년)에 사망했다. 그의 후계자인 스테파누스 2세(Stephen II)는 피핀이 교황청에 진 빚을 받아냈다. 롬바르드족의 위협이 재개되자 스테파누스는 피핀에게 구원을 청했다. 피핀은 두 차례에 걸쳐 이탈리아를 침공하고 롬바르드족에게서 탈환한 여러 도시를 교황에게 양도했다. 콘스탄티노플 정부는 항의했으나 아무도 귀를 기울이지 않았다. 그리하여 교황들은 막대한 영토를 소유하는 통치자가 되었다. 그 때부터 프랑크족과 교황들의 동맹 관계가 밀접해졌으며, A.D 800년 성탄절에 교황 레오 3세는 샤를마뉴를 서방 제국의 황제에 임명했다.

아랍의 정복

7세기 초에 거의 대부분의 옛 로마제국에 질서가 회복되는 듯했다. 아리우스파였던 침입자들은 니케아 정통 신앙을 받아들였다. 처음부터 니케아 신앙을 따른 프랑크족은 고울 지방에서 통일되기 시작했다. 브리튼제도에서는 어거스틴 선교의 열매를 거두기 시작했다. 비잔틴 제국은 여러 지역에서, 특히 반달 왕국이 사라진 북아프리카에서 유스티니아누스의 정복의 결과들을 누리고 있었다.

그때 예기치 못했던 일이 발생했다. 로마제국과 페르시아 제국이 일반적으로 무시해왔던 아라비아로부터 전 세계를 집어삼킬 듯한 정복의 물결이 쏟아져 나오기 시작했다. 몇 년 후 페르시아 제국이 사라졌으며, 옛 로마제국 영토의 대부분이 아랍의 수중에 들어갔다.

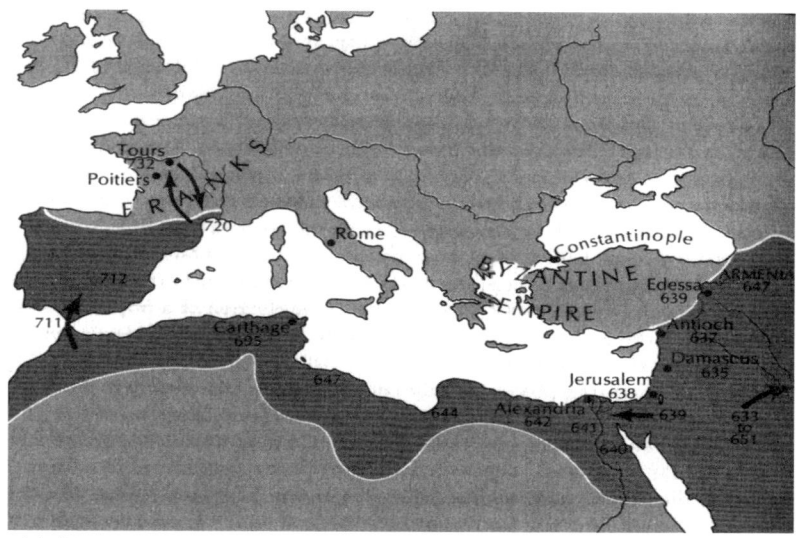

아랍정복

　이 엄청난 사태를 가능하게 만든 배후의 추진력은 모하메드의 가르침이었다. 그는 아랍의 상인으로서 깊은 종교적 관심을 가졌고 아라비아에 존재하고 있던 유대교와 각종 기독교 분파-그것들 중 일부는 비정통적인 분파였다-와의 접촉 경험이 있었다. 매우 종교적이었던 그는 여러 번 꿈과 환상 속에서 선지자의 임무와 선포할 메시지를 받았다. 그가 가브리엘에게서 받았다고 주장한 이 메시지는 세상 만물을 통치할 뿐 아니라 만물로부터의 복종을 요구하는 정의롭고 자비로운 유일신의 메시지였다. 그것은 고대 히브리 선지자들의 메시지처럼 암송하기 쉽고 운율적인 것이었다. 모하메드는 처음 환상에서 "온 세상의 주인의 이름으로 암송하라"는 명령을 받았다. "코란"이라는 단어는 "암송"을 의미한다. 모하메드는 자기가 새 종교를 시작하는 것이 아니라, 하나님이 히브리 선지자들과 예수를 통해 계시하셨던 내용의 완성을 전하는 것이라고 했다. 그는 예수를 위대한 선지자로서 인정했으나, 기독교인들의 주장처럼 신은 아니라고 주장했다.

이 종교에는 다섯 가지 의무(Five Pillars of Islam)가 있다. 첫째는 근본적인 유일신 신앙인데, 모하메드의 역할은 신의 지시에 따라 그것을 전파하는 것이다: "알라 외에 신은 없으며 무함마드는 알라의 예언자이다." 둘째는 의무화된 다섯 차례의 예배이다. 셋째는 소득의 2.5%를 납부하는 희사(zakat)로서 일반적으로 부자들의 재산이 가난한 사람들에게 분배된다. 이것은 가장 논란이 많았고 여러 이슬람 공동체 내에서 수정되어온 의무이다. 넷째는 이슬람력 9월(라마단) 한 달 동안 일출부터 일몰까지 음식 및 음료의 섭취와 성행위를 금하는 것이다. 다섯째는 경제적·신체적으로 능력이 있는 모든 무슬림이 평생에 한 번은 메카 성지순례(hajj)를 행하는 것이다.

당시 메카의 상인들은 사업에 영향을 미칠까 두려워 모하메드의 가르침에 반대했다. 모하메드는 근처의 오아시스로 피신했는데, 이 메디나(Medina)는 큰 도시로 성장했다. 모하메드가 메디나로 도주한 A.D 622년을 이슬람교의 원년으로 계산한다. 그는 이곳에서 예배 및 종교 의식뿐만 아니라 정치제도와 세속생활까지도 그가 마련한 지침을 따르는 무슬림 공동체를 창립했다. 그와 추종자들은 이곳으로부터 군사적·정치적 원정을 시작하여 메카를 정복했다. 모하메드는 그 때부터 일체의 우상들을 폐지한 후 이전의 자기 적들을 용서했다. 그가 632년 사망할 당시에는 아라비아의 대부분이 무슬림의 수중에 있었다.

그 후 통치권은 칼리프(caliph)들에게 전해졌다. "칼리프"는 "계승자" 혹은 "후계자"라는 의미의 아랍어다. 아부 바크르(Abu Bakr, 632-634) 때

아라비아 전역이 통일되었으며, 무슬림들은 최초로 비잔틴 제국군에 대항해 승리를 거두었다. 오마르(Omar, 634-644)의 영도 아래 아랍인들은 시리아에 침입했다. 635년에 다마스쿠스를 정복했고, 638년에 예루살렘을 정복했다. 2년 후 그들은 이곳 일대의 지배자로 군림했다. 또 다른 무슬림 일파는 이집트에 침입하여 후일 카이로(Cairo)로 알려질 도시를 건설했고, 642년에 알렉산드리아를 함락시켰다. 647년에는 제3대 칼리프인 오트만(Otman, 644-656)의 주도로 아프리카 북부 해안을 따라 서쪽으로 진격했다. 한편 또 다른 무슬림 군이 페르시아 제국에 침입했으며, 페르시아의 마지막 왕은 651년 사망했다. 그 후 무슬림들은 지구상에 등장한 가장 강력한 왕국들 중의 하나인 페르시아 제국을 정복했다.

7세기 후반에 무슬림의 진군은 초기 이슬람 현상인 내부 분열 때문에 약간 주춤했다. 초기의 네 명의 칼리프들 중 세 명이 암살되었다. 제4대 칼리프 알리(Ali ibn Abi Talib, 656-661)와 경쟁자들의 투쟁으로 말미암은 대분열—시아파는 알리를 지지했고, 수니파는 경쟁자들을 지지했다—은 수세기 동안 지속되었다. 신학적인 견해 차이는 크지 않았지만, 의식에 관련된 문제들, 그리고 특히 모하메드의 직계 후손들이 후계자가 될 수 있는지의 여부와 관련하여 그들은 의견을 달리했다. 시아파는 그것을 지지했고 수니파는 반대했다.

내부의 갈등으로 분열되었음에도 불구하고 이슬람은 계속 진군했다. 695년에 카르타고가 함락되었고 가톨릭, 도나투스파, 아리우스파, 그리고 비잔틴파 등의 기독교 분파에 시달리던 북아프리카 주민들은 이슬람을 받아들였다. 711년에는 타리크(Tariq)가 소수의 병사들을 거느리고 지브롤터 해협을 건너 약할 대로 약해진 상태에 있던 서고트 왕국을 휩쓸었다. 얼마 후 일부 북부 지역을 제외하고 스페인 전역이 무슬림의 지배 아래 놓였다. 그들은 이곳에서 피레네 산맥을 넘어 서유럽의 심장부를 위협했다. 이들은 732년 투르(Tours) 전투에서 카를 마르텔에게 패배했으니, 이로 인하여 무슬림의 제1차 확장이 종식되었다.

이 엄청난 확장은 비잔틴제국과 페트시아 제국에 예속된 백성들의 불만 덕분에 가능했다. 비잔틴 제국의 경우에 그러한 불만이 시리아와 이집트에서 단성론이 성장하는 데 기여했다. 이제 무슬림 통치가 비잔틴 압제를 대신하면서, 종교적인 이유로 불평해온 사람들의 견해와 행복을 존중할 것을 약속했다. 비록 그 후 예루살렘에서의 종교적인 관계의 역사에 기인한 특별한 관심에서 비롯된 것이었지만, 예루살렘 정복 때의 선언이 그 전형적인 예이다. 그 선언에서는 유대인들과 기독교인들의 재산과 관습을 존중하겠지만 "다른 도시들의 주민들처럼" 경의를 표해야 한다고 약속했다. 기독교인들의 교회와 십자가를 존중할 것, 그리고 "종교 문제에 관한 압박이나 강압"이 없을 것을 약속했다. "헬라인"들-비잔틴 사람들-에게는 안전을 보장하면서 예루살렘을 떠날 것을 요구했다.

이 침략들은 기독교에 막대한 영향을 미쳤다. 특히 기독교의 옛 중심지들-예루살렘, 안디옥, 다마스쿠스, 알렉산드리아, 그리고 카르타고-이 무슬림의 지배를 받게 되었다. 이 지역의 기독교인들은 박해를 받지는 않았지만 심각한 불이익을 당했다. 기독교로 개종하는 사람들은 심한 벌을 받았다. 이 지역의 교회에서 많은 변증가들이 배출되었지만, 기독교를 옹호하는 것은 모하메드에 대한 범죄로서 사형에 처할 수 있다고 간주되었다. 카르타고 및 인근 지역에서는 기독교가 완전히 사라졌다. 그 외의 방대한 아랍 정복 지역의 기독교는 성장이 중지되고 정체 상태에 빠졌다.

근동 지방 및 아프리카 북부해안 지방에 광대한 영토를 소유했던 비잔틴 제국은 겨우 현재의 터키 및 일부 유럽 영토를 유지했다. 제국의 정책에 반대했던 많은 주민들이 무슬림의 통치 아래 놓였으므로 비잔틴 황제들이 그들의 견해를 참작할 필요가 없게 되었으므로, 이제 비잔틴 정통신앙은 단성론파와 네스토리우스파의 반대를 무시할 수 있었다.

게다가 기독교의 지리적 형태가 변화되었다. 그 때까지 기독교는 지중해 연안을 따라 발전해왔었다. 그러나 이제 그 중심축이 북에서 남으로, 브리튼제도와 프랑크 왕국과 이탈리아를 포함하여 성립되었다. 콘스탄티노플은 그 축에서 크게 소외되었다. 따라서 아랍의 정복 몇 년 후인 A.D 800년에 교황이 샤를마뉴를 서방 황제에 임명한 것은 우연한 일이 아니다. 교황과 샤를마뉴 모두 콘스탄티노플의 항변을 묵시할 준비가 되어 있었다.

무엇보다 무슬림 침략 및 그에 대한 기독고의 반작용이 오랫동안 발전해온 기독교의 군사화 과정을 지속시키고 가속화했다. 최초의 기독교인들은 예수님의 가르침을 따라 엄격한 평화주의자들이었다. 그러나 기독교가 군대에 진출하면서 서서히 평화주의를 포기하기 시작했다. 콘스탄틴의 개종 이전에도 일부 기독교 저술가들은 수도원운동에만 엄격한 평화주의가 필요하다고 주장했다. 콘스탄틴 이후 국가의 안녕과 질서에 대한 책임을 느낀 기독교인들은 정전론(Just War Theory)을 발달시켰는데, 이 이론으로 말미암아 기독교인들이 특정 상황에서 폭력을 사용할 수 있게 되었다. 그 때 북쪽에서 게르만 족이 칠입했고 남쪽에서 무슬림이 침입했다. 게르만 족은 기독교인들과 동화되었는데, 그 과정에서 교회는 게르만족의 호전적 관습들을 채택했다. 동쪽과 남쪽에서 이슬람은 군사력에 의해 저지되어야 할 위협으로 항존했으므로 기독교는 급격히 군대화 되었다. 몇 세기 후에는 이슬람에 대한 공격, 즉 십자군 원정을 행하게 되는데, 이들은 과거 무슬림 침입자들 못지않은 폭력과 잔인함을 자행했다. 그리하여 형성된 폭력과 의심의 분위기가 지속되어 오백년 후에 쓰라린 열매를 맺게 된다.

제2장
동방 기독교

> 내 수중에 서적이 없을 때나 생각들이 가시처럼 나를 괴롭혀 독서를 즐길 수 없을 때에 영혼의 모든 질병을 치유해 주는 교회로 간다. 이곳에 자리 잡은 활력 넘치는 여러 현상들은 내 주의를 집중시키고 시선을 사로잡아…내 영혼을 잠잠히 하나님을 향한 찬양으로 이끌어 간다.
>
> — 다마스쿠스의 존 —

전 장에서는 서방 기독교를 집중적으로 다루었으나, 교회의 동방 지파가 있음을 잊어서는 안 된다. 동·서방을 막론하고 당시 기독교 신자들의 마음속의 교회는 하나였다. 그러나 역사가들은 이미 중세 초부터 이러한 교회의 양 지파가 점차 멀어지고 있었으며, 1054년에 발생한 최종적 결렬이 오랜 과정의 결실임을 알 수 있다. 서방에서는 라틴어를, 그리고 동방에서는 헬라어를 사용했다는 큰 문화적 차이뿐만 아니라 양자 간의 판이한 정치적 발전 과정 역시 이 두 교회들을 위하여 완전히 다른 상황을 제공했다. 서방의 경우에는 제국의 멸망과 함께 발생한 정치적 권력의 공백을 교회가 채워야 했으므로 종교 지도자들, 특히 교황들은 종교뿐 아니라 정치적 권력을 행사해야 했다. 동방에서는 제국이 그 후에도 1,000년 동안 존속했다. 외투로부터의 침략과 내부에서의 분열이 있었으나, 어쨌든 계속 생존했다. 또한 막대한 권력을 가진 독재적 황제들은 종교 지도자들을 엄격하게 통제했다. 따라서 종교 문제, 특히 신학적 논쟁에 있어서도 세속 권력자의 영향을 받을 수밖에 없었다. 신학적 논쟁의 와중에서 학자들은 황제의 비호를 받기 위해 안달이었으므로, 논증만을 통해서는 논적들을 굴복시킬 수 없다는 생각이 깊이 자리 잡았다. 많은 황제들이 정치적 입장에 따라 신학적 결정을 단행했으므로 더 큰 혼란과 무질서가 야기될 수밖에 없었다. 이러한 이유들 때문에 거의 중세 시대 내내 동방 기독교의 특징들 중 하나는 끊임없는 신학 논쟁이라 할 수 있다.

이것은 신학적 논쟁이 중요치 않다는 의미는 아니다. 많은 경우 신학 논쟁들은 복음의 핵심을 다루고 있었다. 그뿐 아니라 당시의 기독교인들은 동·서방을 막론하고 하나의 교회에 속한다는 확신을 가지고 있었으므로, 서방 교회의 참여 없이 동방에서 이루어진 결정들도 동·서방 양쪽 교회의 규범으로 간주되었다. 결국 이러한 논쟁들의 와중에 기독교 내에서 발생한 최초의 영속적 분열이 오늘날까지 그 모습을 보여주고 있다.

칼케돈 공의회에 이르는 기독론 논쟁

삼위일체의 제2위격과 성령의 신성(神性)에 관한 문제는 니케아 공의회(325년)와 콘스탄티노플 공의회(381년)에 의해 해결되었다. 제국 국경 너머에서 아리우스주의로 개종한 일부 게르만족이 서유럽에 침입함으로써 잠시 아리우스파가 부흥했으나 결국 사라졌고, 기독교인들은 삼위일체 교리에 관한 기본적 합의에 도달했다. 그러나 심각한 신학적 불일치를 초래할 수 있는 또 다른 문제들이 존재했다. 그중 가장 중요한 것은 어떻게 예수 그리스도 안에 신성과 인성이 연합되어 있는가 하는 문제였다. 이것이 근본적인 기독론의 문제이다.

이 문제에 관하여 동방 교회 내에는 두 개의 서로 다른 사상의 흐름이 있었다. 역사가들은 이들을 각각 "안디옥 학파"(Antiochene), 그리고 "알렉산드리아 학파"(Alexandrine)라 이름 붙였다. 물론 알렉산드리아 학파에 속한 모든 인물들이 알렉산드리아에서, 그리고 안디옥 학파에 속한 모든 인물들이 안디옥에서 출생하거나 교육받은 것은 아니었다. 양측은 신성이 불변하며 영원하다는 데 합의했다. 문제는 불변하고 영원하신 하나님이 어떻게 가변적이며 역사적인 인간과 연합하실 수 있었는가 하는 것이었다. 이 문제와 관련하여 양 학파는 서로 다른 길을 따랐다. 알렉산드리아 학파는 수세기 전에 존재했던 클레멘트나 오리겐처럼 신적 진리의 교사로서의 예수님의 중요성을 강조했다. 이를 위해서는 구세주가 신성의 완전하고도 분명한 계시여야 했다. 그의 인성(人性)이 가려지거나 약화되더라도 신성을 더 강조하고 중요시해야 한다는 것이었다. 반면 안디옥 학파에서는 예수께서 인간의 구세주가 되기 위해서는 완전한 인간이어야 한다고 생각했다. 물론 그의 속에는 신격(Godhead)이 존재하지만, 이 때문에 그의 인성이 감소되거나 가려진다는 식으로 이해되어서는 안 될 것이었다. 양 학파 모두 예수가 신이신 동시에 인간이라는 데 동의했다. 문제는 이 연합을 어떻게 이해하는가 하는 것이었다.

그 문제가 제기된 방식이 대답을 불가능하게 한 듯하다. 대체로 고대 헬라 철학의 가르침을 따랐던 이전 세대의 기독교 신학자들은 인간적인 한계들과 대조하여 하나님을 정의해왔다. 하나님은 불변하시고, 인간은 항상 변한다. 하나님은 영원하시고 편재하시며, 인간은 한 번에 한 장소에만 존재할 수 있다. 이런 식으로 신성과 인성을 정의할 때, 예수 그리스도 안에서의 하나님의 성육신-신적인 것과 인간적인 것의 완전한 결합과 현존-은 모순이 된다. (나는 이것이 마치 누군가에게 뜨거운 아이스크림을 만들라고 요청하는 것과 같다고 말한 적이 있었다. 우리는 아이스크림을 녹일 수 있고 재료들을 혼합할 수 있고 하나의 그릇에 아이스크림과 뜨거운 것을 담을 수 있지만, 뜨거운 아이스크림을 만들 수 없다. 뜨겁게 만들면 아이스크림이 존재하지 않게 되기 때문이다.) 이 곤경을 해결하는 방법은 안디옥 학파의 방식처럼 신성과 인성이 실제로 하나로 결합되지 않았다고 선언하거나, 아니면 알렉산드리아 학파의 주장처럼 신성이 인성을 압도하여 본성적인 제한들을 극복했다고 선언하는 것이다. 서방 교회에서는 이러한 문제들이 그러한 혼란을 초래하지 않았다. 그 이유들 중 하나는 게르만족의 침입 후 관심을 두어야 할 시급한 문제들이 있었기 때문이다. 또 다른 이유는 서방 교회가 그리스도 안에서 두 본성이 한 위격 안에서 연합했다는 터툴리안의 공식을 답습하는 데 만족했기 때문이다. 그리하여 서방 교회는 동방의 두 분파들 사이에 균형을 유지하는 역할을 담당하게 되었고, 이러한 이유 때문에 명예롭게 논쟁에서 빠져나왔다.

논쟁의 첫 단계는 삼위일체 논쟁이 해결되기 전에 시작되었다. 니케아 입장을 수호했던 이들 중 라오디게아의 아폴리나리스(Apollinaris)는 하나님의 영원한 말씀이 어떻게 예수 안에 성육할 수 있는가를 설명함으로써 니케아파의 주장을 더 잘 납득시킬 수 있다고 생각했다. 그는 예수 안에서 하나님의 말씀, 즉 삼위일체의 제2위격이 이성적 영(rational soul)의 자리를 대체했다고 주장했다. 모든 인간들과 마찬가지로 예수는 육체를 가지고 계셨으며, 이 부분은 다른 모든 인간들에게 생명을 주는 것과 동일한 원칙을 통해 이루어졌다. 그러나 그는 인간의 지성(知性)을 소유하지 않았다. 왜냐하면 그분 안에 있는 하나님의 말씀이 인간의 지성 혹은 "이성적 영"의 기능을 담당했기 때문이었다.

아폴리나리스는 이 설명에 만족했으나, 곧 많은 이들은 이 이론에서 결점들을 발견하기 시작했다. 완전히 신적 지성만 소유한 인간의 육체는 진정한 인간이 될 수 없다. 그러나 알렉산드리아 학파의 입장에서는 이를 충분히 받아들일 수 있었다. 왜냐하면 그들의 견해에 의하면 예수께서 실제로는 하나님으로서 말씀하셨으며 우리와의 의사소통을 위한 필요성 때문에 육체를 가지셨기 때문이다. 그러나 안디옥파에서는 이것이 충분하지 못하다고 주장했다. 예수는 진정한 인간이셔야 한다. 예수는 인류를 구원하기 위하여 인성을 취하셨으므로, 특별히 이 문제가 중요하다. 그분은 진실로 인간이 되셨을 때에만 우리를 구원하실 수 있다. 만약 인간을 구성하는 그 어느 부분이라도 그분에 의하여 취함을 받지 못했다면 그 부분은 그에 의하여 구원될 수 없다. 카파도키아 교부들 중 한 사람인 나지안주스의 그레고리는 이를 다음과 같이 표현했다.

"예수 그리스도가 인간 지성을 소유하지 않은 인간이었다고 믿는 사람들은 지성이 없는 자들로서 구원 받을 가치가 없다. 왜냐하면 그분은 자신이 취하시지 않은 것을 구원하시지 않으셨기 때문이다. 그분은 자신의 신성에 연합한 것을 구원하셨다. 만약 아담의 절반만 타락했다면, 그리스도가 절반만 취하시고 절반만 구원하는 것이 가능하셨을 것이다. 그러나 만약 전체 인간의 본성이 타락했다면, 전체로서 구원받기 위해서는 그 전부가 말

제3차 보편공의회(431)가 개최된 에베소. 이곳은 449년 강도들의 회의가 개최된 곳이기도 하다.

씀에 연합되어야 한다."[1]

약간의 논쟁이 있은 후 아폴리나리스의 이론들은 많은 지도적 감독들 및 그들이 소집한 지방 종교회의에서 배격되었으며, 결국 381년의 콘스탄티노플 공의회-아리우스주의에 대항하여 니케아회의의 결정들을 재확인했던 회의-에 의해 부인되었다.

기독론 논쟁의 다음 단계는 안디옥 학파의 대표자로서 428년 콘스탄티노플 총대주교가 된 네스토리우스(Nestouius)에 의해 전개되었다. 콘스탄티노플 총대주교좌는 안디옥 및 알렉산드리아 총대주교들과의 경쟁

---

1) Gregory of Nazianzus, I 101.

관계에 있었으므로 정치적 음모에 말려들기 마련이었다. 콘스탄티노플 공의회에서는 서방교회의 로마 감독과 마찬가지로 동방교회에서는 콘스탄티노플 감독이 가장 우월한 권위를 지녀야 한다고 선언한 바 있었다. 이것은 당시 콘스탄티노플이 동방제국의 수도였으므로 이미 존재했던 정치적 현실을 승인한 데 불과했다. 그러나 안디옥과 알렉산드리아의 유서 깊은 교회의 감독들은 낮은 위치로 밀려나는 데 대해 불만을 나타냈다. 그리하여 그들은 자기들의 지지자를 콘스탄티노플의 감독에 앉히는 데 총력을 기울였다. 이러한 경쟁에서 알렉산드리아보다 안디옥이 성공했으므로 대부분의 콘스탄티노플 총대주교들이 안디옥파였으며, 그렇기 때문에 알렉산드리아 대주교들은 그들을 적으로 간주했다. 이 과정에 대해서는 크리소스톰의 생애를 다루면서 살펴보았다. 이러한 이유들 때문에 네스토리우스의 입장은 안전하지 못했으며, 알렉산드리아인들은 그가 실수를 저지르기만 기다리고 있었다.

네스토리우스가 마리아를 "테오토코스"(theotokos), 즉 하나님의 잉태자가 아니라 "크리스토토코스"(Christotokos), 그리스도의 잉태자라고 불러야 한다고 선포했을 때 기회가 찾아왔다. 프로테스탄트들은 이것이 왜 중요한 문제였는지 이해하기 어렵다. 왜냐하면 우리는 마리아가 "하나님의 어머니"(Mother of God)라는 개념을 배척하도록 배웠기 때문이다. 언뜻 보기에는 이러한 문제가 여기에 결부된 것처럼 보인다. 그러나 실제로 이 논쟁은 마리아보다는 예수님에 관한 것이었다. 즉 문제는 마리아에게 어떤 명예를 부여할 것인가 하는 것이 아니라, 예수님의 탄생을 어떻게 이해할 것인가 하는 것이었다. 네스토리우스가 마리아는 그리스도의 잉태자이지 하나님의 잉태자가 아니라고 선언한 것은 곧 성육하신 주님에 관해 말할 때에 그의 인성과 신성을 구별해야 하며, 그에 관한 표현들 중 일부는 인성에, 그리고 또 다른 부분들은 그의 신성에 적용되어야 한다는 주장이었다. 이러한 표현은 인성과 신성을 뚜렷하게 구별함으로써 예수의 완전한 인성을 보존하고자 했던 안디옥 학파의 전형적인 입장을 보여준다. 네스토리우스 및 안디옥 사람들은 이 두 가지 본성이 지나치게 밀접하게 연결될 때에는 신성이 인성을 압도하여 진정한 인간으로서의 예수에 관해 말할 수 없게 될지도 모른다는 점을 우려하고 있었다.

이러한 입장을 설명하기 위해 네스토리우스는 예수 안에 "두 개의 본성과 두 개의 위격", 즉 신적인 것과 인간적인 것이 존재한다고 선언했다. 즉 인간적인 본성과 위격은 마리아를 통해 잉태되었으나 신적인 것은 그렇지 않다는 것이다. 그가 이러한 표현을 통해 무엇을 의미하고자 했는지는 확실치 않다. 왜냐하면 "위격"과 "본성"은 서로 다른 의미를 가지고 사용될 수 있기 때문이다. 그러나 그의 적들은 그의 주장 속에서 구세주를 두 개의 존재로 "분리시키는" 위험을 감지했다. 왜냐하면 구세주의 통일성은 진정한 연합이 아니라 합일로서 구성되어 있기 때문이다. 얼마 후 또 다른 많은 이들이 네스토리우스의 교리들이 위험하다고 확신하게 되었다.

예상할 수 있듯이 네스토리우스에 대한 반대의 중심지는 알렉산드리아였으며, 이곳의 감독 키릴(Cyril)은 네스토리우스보다 훨씬 뛰어난 정치가요 신학자였다. 키릴은 우선 그리스도 안에 두 위격이 존재한다는 교리를 이단으로 규정하고 있었던 서방 교회의 지지와 테오도시우스 2세 및 발렌티니아누스 3세의 지지를 획득했고, 이 황제들은 431년 6월 에베소에 보편공의회를 소집했다.

　에베소 공의회에 네스토리우스의 중요한 지지자들인 안디옥의 존과 그 일행의 도착이 지연되었다. 약 2주 동안 이들을 기다린 후 황제의 사절 및 수십 명의 감독들의 반대에도 불구하고 회의가 시작되었다. 이들은 네스토리우스가 자신을 변론하는 것을 허락하지 않은 채 그의 문제를 안건으로 상정하여 토의한 후 그를 이단으로 선언하고 감독직을 박탈했다.

　며칠 후에 도착한 안디옥의 존과 그 일행은 키릴이 주도한 회의보다 규모가 작은 또 다른 회의를 개최하여 키릴을 이단으로 규정하고 네스토리우스를 복직시켰다. 이에 대한 보복으로 키릴의 회의는 네스토리우스에 대한 정죄를 재확인하고, 안디옥의 존을 비롯하여 그에게 가담한 모든 인사들의 이름을 추가했다. 마침내 테오도시우스 2세가 개입하여 키릴과 존을 체포한 뒤 양측의 회의가 모두 무효라고 선언했다. 그 후 양측의 협상이 계속되어, 433년에 키릴과 존은 합의에 도달했다. 또 네스토리우스를 대적했던 키릴의 공의회 결정이 유효한 것으로 결정되었다. 이에 따라 네스토리우스는 여생을 유배지에서 보내게 되었는데, 처음에는 안디옥의 어느 수도원으로 보내졌고, 다시 안디옥의 친구들에게서마저 버림을 당한 채 페트라라는 한적한 도시로 이송되었다.

　그리하여 기독론 논쟁의 두 번째 사건은 알렉산드리아의 승리로 끝났으나, 두 파의 휴전상태는 오래 지속되지 못했다. 444년에 디오스코루스(Dioscorus)가 키릴의 뒤를 이어 알렉산드리아 총대주교가 되었는데, 그는 극단적인 알렉산드리아 학파의 입장의 옹호자요 책략가였으므로 보다 격렬한 세 번째 대결이 예고되었다.

폭풍의 눈은 신학적으로 그다지 뛰어나지 못했던 콘스탄티노플의 수도사 유티케스(Eutyches)의 가르침이었다. 유티케스는 구세주가 "성부와 동일한 본질"(homoousios)이시지만 "우리와는 동일한 본질이 아니다"라고 주장했다. 그는 "연합 이전에는 두 개의 본성, 그러나 연합 후에는 하나의 본성"이라고까지 표현했던 것으로 보인다. 이것이 어떠한 의미인지는 분명치 않다. 어쨌든 안디옥 학파의 전통을 이어받은 콘스탄티노플 총대주교 플라비안(Flavian)은 유티케스의 가르침이 가현설(Docetism)에 가깝다고 판단하여 그를 정죄했다. 디오스코루스가 일련의 책략을 통해 이 문제가 전체 교회를 망라하는 분쟁으로 발전되도록 조종했으므로, 황제 테오도시우스 2세는 449년에 에베소에 공의회를 소집했다.

공의회를 소집해 보니 디오스코루스와 그 지지자들이 회의를 조종하고 있었다. 디오스코루스는 황제에 의해 공의회 의장으로 지명되었으며, 사람들을 선별하여 발언권을 줄 권한을 갖게 되었다. 이 공의회는 극단적인 알렉산드리아주의의 입장을 취했다. 교황 레오의 사절들이 당면한 문제에 관해 기록한 레오의 서신을 회의에 전하려 했으나 받아들여지지 않았다. 이곳에서 폭력을 겪은 플라비안은 며칠 후 사망했다. 온건한 형태로라도 안디옥 학파의 입장을 주장하는 이들과 그리스도 안에 "두 개의 본성"이 존재한다는 이론은 이단으로 규정되었다. 그뿐 아니라 이 회의의 결정에 반대하는 이들은 성직에 임명될 수 없다고 공포되었다.

로마의 레오는 크게 분노하여 이 회의를 "강도들의 회의"(robbers' synod)라 불렀다. 그러나 그의 항변도 소용이 없었다. 이미 알렉산드리아로부터 많은 황금을 받은 테오도시우스 2세와 그의 군신들은 문제가 일단락된 것으로 생각했다.

그 때 예기치 못한 사태가 발생했다. 테오도시우스 황제의 말이 넘어지면서 황제는 목이 부러져 사망했고, 여동생 풀케리아(Pulcheria)와 남편 마르시안(Marcian)이 그 뒤를 이었다. 풀케리아는 과거에 네스토리우스가 정죄되어야 한다는 서방 교회의 주장에 동의한 바 있었다. 그러나 그녀는 극단적인 알렉산드리아파가 아니었으며, 449년의 에베소 공의회가 지나쳤다고 믿고 있었다. 이러한 이유 때문에 레오의 요청으로 그녀는 451년 칼케돈(Chalcedon)에 새로운 공의회를 소집했으니, 이것이 제4차 보편공의회였다.

이 공의회는 디오스코루스와 유티케스를 정죄했으나, 2년 전에 에베소의 "강도들의 회의"에 참가했던 이들을 도두 사면했다. 마침내 레오의 서신이 낭독되었고, 많은 이들은 이 서신이 자기들의 신앙을 표현하고 있다고 선언했다. 그 내용은 몇 세기 전에 선포되었던 터툴리안의 주장을 반복한 것으로서 "한 위격 안에 두 개의 본성"이 존재한다는 것이었다. 마지막으로 회의는 신경(信經)이라기보다는 이미 교회에서 진리로 인정했던 내용을 보다 명백하게 표현한 "신앙의 정의"(Definition of faith)를 반포했다. 이것을 읽어보면 알렉산드리아파와 안디옥파 모두를 배척하면서 이전에 개최된 세 차례의 위대한 공의회(325년의 니케아 공의회, 381년의 콘스탄티노플 공의회, 그리고 431년의 에베소 공의회)에서 결정된 사항들을 확인하고 있음을 알 수 있을 것이다.

그 전문은 다음과 같다.

"교부들을 따라서 우리는 한 분이시며 같은 하나님이신 우리 주 예수 그리스도를 받아들이도록 가르치는데, 그는 신성에 있어서 완전하시며, 동시에 인성에 있어서도 완전한 분이시고, 참으로 하나님이심과 동시에 참으로 인간이시며, 또한 이성적 영혼과 육체를 가지고 계시며, 그의 신성에 있어서는 성부와 같은 본질 지니고 계시며, 그의 인격에 있어서는 우리와 같은 본질을 지니고 계시는데, 죄로부터는 떨어져 있으나 모든 측면에서 우리와 같으시고, 그의 신성에 관해서는 역사 이전에 아버지로부터 출생하셨고, 그러나 그의 인간적 출생에 관해서는 우리와 우리의 구원을 위해 하나님의 어머니인 동정녀 마리아에게서 나셨다.

한 분이시고 동일한 그리스도, 성자. 주님, 하나님의 외아들이신 그는 두 가지 본성으로 인식되는 바, 혼돈 없이(without confusion), 변화 없이(without change), 구분 없이(without division), 분리 없이(without separation) 계신 분이며, 성질들의 차이는 결합으로 인해 결코 없어지지 아니한다. 오히려 각 성질의 특징들은 보존되고, 한 인격과 생존을 형성하기 위하여 함께 오며, 두 인격으로 분리되거나 나눠짐 없이 한 분 같은 성자요 독생자이시며, 말씀, 하나님, 주 예수 그리스도시며 이와 같은 사실은 심지어 가장 최초의 예언자도 그에 관하여 말씀하셨고, 우리 주 예수 그리스도 자신이 우리에게 가르치셨고, 교부들의 신조로도 우리에게 이어져 내려오고 있다."

칼케돈에서는 신성과 인성의 연합이 어떻게 이루어졌는가를 엄밀하게 정의하고자 한 것이 아니라 어떠한 경계를 넘어서면 오류가 발생할 수 있는가를 밝히고 그 범위를 제한하려 했다. 물론 구세주에 관하여 이러한 방식으로 표현하는 것은 복음서의 그것과는 판이함을 알 수 있다.

이러한 표현들은 성경 외적 사고의 유형에 의해 깊이 영향을 받은 것이다. 그러나 당시의 문제들이 제기된 형태를 고려해 보면, 칼케돈에 모였던 감독들이 성육신의 실재를 보호하기 위해 다른 방법을 택할 수 있었겠는가 생각하기 어렵다.

이 신앙의 정의는 곧 전체 서방 교회에서 기독론 정설을 정의하는 표준이 되었다. 대부분의 동방교회에서도 이를 받아들였으나 그 중 일부는 이를 배척함으로써 기독교 역사상 처음으로 발생한 영속적 분열의 한 요인이 되었다. 주로 시리아와 페르시아의 일부 신학자들은 그리스도 내에 있는 신성과 인성의 보다 명확한 구별을 주장했으며, 이들은 결국 "네스토리우스파"(Nestorians)라고 불리게 되었다. 또 많은 이들은 정반대의 입장을 취하여 "두 개의 본성"(two natures)의 교리를 부인했는데, 이들은 그 이유 때문에 "단성론자들"(monophysites)이라 불렸다. 이 용어는 헬라어에서 하나를 가리키는 "모노스"(monos)와 본성을 가리키는 "피시스"(physis)에서 유래된 것이다. 그러나 유티케스의 가르침을 고수한 자들은 별로 없었다. 이들의 관심은 구세주 안에 내재한 신성과 인성을 분리시킴으로써 성육신이 무의미하게 되는 것을 방지하고자 함이었다. 이처럼 여러 가지 신학적 논쟁에 정치적 요소, 혹은 민족주의적 요인들이 첨가됨으로써 신학적 논쟁은 수세기동안 계속되었다.

그 외의 신학 논쟁들

칼케돈의 신앙의 정의는 기독론 논쟁에 종지부를 찍지 못했으며, 이러한 경향은 특히 동방에서 심했다. 이집트에는 디오스코루스를 순교자로 생각하고 플라비안과 레오를 이단자로 여기는 사람들이 많았다. 시리아의 많은 기독교인들도 비슷한 생각을 가지고 있었다. 양측의 경우에 그들의 신학적 반대는 콘스탄티노플에 소재한 중앙정부에 대한 반감으로 더욱 가열되었다. 왜냐하면 중앙정부는 각 지방에서 세금을 거두어들이면서도 이에 상응한 혜택을 베풀지 않았기 때문이다. 그뿐 아니라 최초의 로마 정복 때부터 존재하여 그 후 해소되지 못한 문화적, 인종적 갈등이라는 요인이 첨가되었다. 이러한 주민들의 충성을 얻기 위해 황제들은 이들과 아울러 칼케돈 공의회의 결정을 찬성하는 인물들을 동시에 만족시킬 신학적 타협책들을 마련하고자 했다. 이것은 불가능한 시도였다. 왜냐하면 이들 간의 갈등은 신학적 문제만이 아니었기 때문이다. 황제들의 시도는 오히려 칼케돈주의자들과 다른 이들을 더 유리시키고 교회 내에 끝없는 논쟁을 불러일으키는 결과를 가져왔다.

이처럼 우둔한 정책을 최초로 시행한 인물이 제노를 폐위시키고 황제가 된 바실리스쿠스(Basiliscus)이다. 476년 그는 칼케돈의 결정 사항들을 철회하고 새 공의회를 소집했다. 그러나 이 회의는 소집되지 못했다. 왜냐하면 제노가 황제위를 회복하고 바실리스쿠스의 계획들을 취소했기 때문이다. 482년에 제노는 "통합 칙령"(Edict of Union, *Henoticon*)을 반포했으니, 그 내용은 논쟁이 발생하기 이전에 공동으로 신봉했던 교리로 돌아오라는 것이었다. 그러나 이것은 새로운 혼란을 가져왔다. 왜냐하면 많은 이들, 특히 교황 펠릭스 3세가 황제에게는 신자들의 신앙 내용을 강요할 권리가 없다고 선언했기 때문이다. 그런데 제노는 콘스탄티노플 총대주교 아카키우스(Acacius)의 지지를 받고 있었으므로, 이 때문에 로마와 콘스탄티노플 감독들 사이에 공개적 분열이 생겼다. 이 "아카키우스의 분열"로 말미암아 동·서방 교회는 두 명의 감독 모두가 사망한 519년까지 분열을 계속했다. 519년에 비로소 저스틴 황제와 호르미스다스(Hormisdas) 교황이 합의에 도달하여 실질적으로 칼케돈의 결정 사항들로 복귀했다.

저스틴의 황위를 계승한 그의 조카 유스티니아누스(Justinianus)는 비잔틴 제국이 낳은 가장 유능한 황제였다. 그는 북아프리카와 이탈리아를 재정복하고, 성 소피아 성당을 재건했으며, 법령의 체계를 성문화했다. 그는 칼케돈파와 단성론파의 차이점은 대체로 표현상의 것이므로 회의와 대화를 통해 양측이 화해할 수 있다고 확신했다. 후일 기독교 역사가들은 이 점에 있어서 황제의 판단이 옳았다는 결론에 도달했다. 그러나 그는 순전히 신학적인 의견 충돌인 것처럼 보인 것들이 실제로는 매우 상이하고 다루기 힘든 문화적·사회적·경제적·정치적 갈등이었음을 깨닫지 못했던 듯하다. 따라서 유스티니아누스는 저스틴 시대에 해임되었던 단성론파 주교들 중 일부를 복위시켰다. 황제와 그 아내 테오도라는 그 주교들 중 일부를 궁궐로 초대하여 대접하기도 했다.

532년 황제의 재촉으로 콘스탄티노플에서 신학 회의가 개최되었다. 당대의 가장 유명한 칼케돈파 신학자였던 비잔티움의 레온티오스(Leontius)의 칼케돈 신조 해석으로 말미암아 지도적 단성론자들 중 일부가 화해의 길이 열렸다고 선언했다. 심지어 그중 한 사람은 칼케돈 신조를 받아들일 준비가 되어 있다고 선언했다. 회의가 끝날 때 많은 사람들은 분열이 곧 치유되기를 바랐다.

그러나 황제는 여전히 칼케돈 공의회를 거부하는 백성들의 충성심을 회복시키기 위하여 공의회 자체가 아니라 특히 공의회를 거부한 이들에게 특별히 강경했던 세 명의 안디옥파 신학자- 테오도르(Theodore of

Mopsuestia), 테오도레트(Theodoret of Cyrus), 이바스(Ibas of Edessa)-의 저술들을 정죄하는 잘못을 범했다. 이 때문에 "삼장 논쟁"(三章論爭, Controversy of the Three Chapters)이라는 사건이 발생했다. 이 세 사람이 기독론에 관해 단성론자들을 자극한 견해를 지닌 안디옥파 신학자라는 점에서 유스티니아누스의 판단이 옳았다. 그러나 이로 인해 혼란이 야기되었으므로, 황제는 이를 해결하기 위해 553년에 콘스탄티노플에 공의회를 소집했다. 제5차 보편공의회라 일컬어지는 이 공의회는 삼장(Three Chapters)을 정죄했다.(많은 사람들이 자기 시대 사람들에 의해 이단으로 간주되지 않았던 죽은 사람들을 정죄하는 데 반대했다. 그러므로 공의회는 그들을 정죄한 것이 아니라 단성론자들이 불쾌하게 여긴 그들의 저술들을 정죄했다.) 그러나 칼케돈의 결정들을 철회할 것을 원한 사람들이 이에 만족하지 못

라벤나 성당 모자이크에 묘사된 유스티니아누스. 유스티니아누스 황제 시대에 제국의 세력이 잠시 부흥했다.

했으므로, 유스티니아누스의 노력은 수포로 돌아갔다.

칼케돈에 반대하는 백성들의 충성심을 회복시키려 한 마지막 황제는 7세기 초의 헤라클리우스(Heraclius)였다. 당시 콘스탄티노플 총대주교 세르기우스(Sergius)는 그리스도 안에 두 개의 본성이 존재하지만 의지는 하나라고 주장했다. 세르기우스의 입장이 명확한 것은 아니지만, 그는 그리스도 안에서 신적 의지가 인간적 의지를 대체했음을 의미한 듯하다. 어쨌든 그의 주장이 이렇게 해석되었으므로, 과거 아폴리나리스를 향했던 것과 비슷한 반론, 즉 인간적 의지가 없는 인간은 완전한 인간이 아니라는 주장이 제기되었다. "그리스도의 이성일의론"(Mono-thelism) – "하나"를 의미하는 헬라어 *monos*와 "의지"를 의미하는 헬라어 *thelema*에서 유래됨 – 이라고 알려진 세르기우스의 입장은 교황 호노리우스(Honorius)의 지지를 받아 오랜 논쟁이 지속되었다. 때마침 아랍인들의 정복이 시작되어 시리아와 이집트가 함락되었다. 이 두 지역에서 칼케돈에 대항한 반대가 가장 강력했으므로 제국은 칼케돈에 반대하는 자들과의 화해를 추구하려 하지 않게 되었다. 648년에 콘스탄스 2세(Constans II)는 그리스도의 의지 혹은 의지들에 관한 논쟁을 금지했다. 결국 680-681년에 콘스탄티노플에서 개최된 제6차 보편공의회에서 "그리스도의 이성일의론"을 정죄하고 호노리우스 교황이 이단이었다고 선포했다. (그 후 19세기에 교황 무류설[無謬說] 선포와 관련하여 논쟁이 벌어졌을 때, 교황이 이단으로 정죄된 이 사건이 중요한 의미를 지니게 되었다.)

그 후 성상 사용에 관한 논쟁이 시작되었다. 어떤 의미에서 볼 때 그것은 기독론 논쟁의 마지막 사건이었다. 카타콤을 비롯한 예배 장소가 성찬식, 세례식 등 다양한 성경의 사건들을 묘사하는 그림들로 장식된 것을 보면, 초대 교회에서는 성상 사용에 대해 반대가 없었던 것처럼 보인다. 그 후 제국이 기독교화 되자 일부 지도적 위치에 있던 감독들은 교회에 몰려드는 많은 신자들이 우상숭배에 젖을 위험성이 있음을 감지했다. 이에 따라 그들은 성상들 자체가 아니라 그것들을 예배의 대상으로 잘못 사용하는 것에 반대하는 설교와 교훈을 행했다. 8세기에 여러 명의 비잔틴 황제들이 성상들에 반대하는 조처를 취했다. 레오 3세(717년부터 741년까지의 황제. 795년부터 816년까지 재위한 동명의 교황과 혼동하지 말아야 한다)가 많은 신자들이 존숭한 예수의 상을 파괴할 것을 명함으로써 논쟁이 시작되었다. 레오의 아들로서 그의 뒤를 이어 황제가 된 콘스탄틴 5세는 754년에 공의회를 소집하여 성상사용을 금지하고, 계속 사용을 고집하는 자들을 정죄했다. 이렇게 결정한 이유는 분명하지 않다. 눈에 보이는 성상들을 강력하게 반대한 이슬람교의 존재도 하나의 요인으로 작용했을 것이다. 또 황제들은 거의 만장일치로 성상 사용에 찬성한 수도사들의 세력을 견제하려 했는지도 모른다. 어쨌든 전체 제국은 곧 "성상파괴론자들"(iconoclasts)과 "성상숭배자들"(iconodules)로 양분되었다.

성상숭배자들 중 가장 유력한 신학자는 다마스쿠스의 존이었다. 그는 무슬림 치하에서 살았으며 칼리프 정부의 고위관리였으나 그 직책을 사임하고 최초의 수도사가 되었으며 후일 사제가 된 사람이다. 그의 저서인 『정통 신앙에 대한 주석』(Exposition of the Orthodox Faith)은 동방정교회 교리를 체계화한 것이요 이슬람과 관련하여 저술된 최초의 기독교 저술로서 중요하다. 존은 유념적인 것(the kataphatic)과 본질상 신비인 무념적인 것(the apophatic)를 신학적으로 구분한 것으로 유명하다.

존을 비롯한 성상숭배자들은 자기들의 입장이 정통 기독론의 필연적

성 소피아 성당에서 부제가 843년 성상파괴논쟁을 종식시킨 칙령을 낭독하고 있다.

결과라고 생각했다. 만약 예수님이 진정한 인간이셨고 그 안에 하나님이 현현하셨다면, 어떻게 그분을 묘사하는 것을 반대할 수 있겠는가? 그뿐 아니라 하나님이 자기 형상에 따라 인간을 지으셨으므로, 최초로 형상을 만드신 분은 하나님이셨다. 콘스탄틴 5세가 소집한 공의회에서 정죄된 인물들 중 하나인 다마스쿠스의 존은 다음과 같이 주장했다.

"우리가 서로를 존경하는 것은 하나님의 형상으로 지음 받았기 때문이 아닌가?…하나님을 하나의 모양으로 묘사하는 것은 불경건한 것이요 미친 짓의 극치일 것이다.…그러나 하나님이 참 인간이 되셨으므로…교부들은 신자들 모두가 글을 읽을 수 없고 또한 독서할 시간도 없음을 발견하고는, 마치 성경 본문에 대한 간단한 설명처럼 이들을 형상으로 묘사하는 것을 허락하셨다."[2]

논쟁은 여러 해 동안 치열하게 계속되었다. 서방 교회는 황제의 칙령들을 무시했으며, 동방 교회는 여러 갈래로 분열되었다. 결국 787년 니

---

2) *On the Orthodox Faith* 4.16.

케아에서 제7차 보편공의회가 개최되었다. 이 회의는 하나님께만 드릴 수 있는 바 엄격한 의미의 예배인 "라트리아"(latria)와 성상들을 대상으로 할 수 있는 보다 약한 의미의 공경인 "둘리아"(dulia)를 구별했다. 한때 성상파괴론자들이 세력을 회복했으나, 842년에는 성상들이 결정적으로 인정되었으며, 동방 교회들은 이 사건을 "정교승리제"(Feast of Orthodoxy)로서 기념하고 있다. 서방 교회에서는 787년 공의회의 결정들이 제대로 받아들여지지 않았다. 이는 "라트리아"와 "둘리아"의 구분이 라틴어로는 바르게 표현되기 힘들었기 때문이다. 그러나 결국 이러한 난제들이 극복되었고, 대부분의 신자들은 교회 내에서 제한된 의미로 성상들을 공경하는 데 합의했다.

동방의 분파 교회들

여러 공의회의 가르침은 서방 제국과 비잔틴 제국 내의 교회들에 의해 널리 받아들여졌으나, 제국 경계의 밖에 있는 교회들도 모두 이에 승복한 것은 아니었다. 그 중 하나가 페르시아의 교회였다. 전통적으로 페르시아는 로마제국의 적이었으므로, 이 지역의 기독교인들은 자기들이 기독교를 신봉한다고 해서 로마제국에 동조하는 것이 아님을 보여주려 했다. 이러한 시도가 실패했을 때에 그들은 잔인한 박해를 받았다. 410년에 페르시아 교회는 독립을 선언하고, 당시 페르시아 수도였던 크테시폰(Ctesiphon)의 총대주교를 교회의 지도자로 옹립했다. 얼마 후 네스토리우스가 이단으로 정죄받자 안디옥 학파를 따르는 많은 신학자들이 박해를 피해 국경을 넘어 페르시아에 도피했고, 니스비스에 페르시아 신학 교육의 중심지가 된 학교를 세웠다. 그 결과 페르시아 교회는 "네스토리우스주의"라고 불리는 견해를 지지하게 되었다. 이 교회는 전성기에는 아라비아, 인도, 그리고 중국에까지 선교사들을 파송했다. 그러나 정치적 어려움으로 인하여 그 수가 점차 감소했고, 현재 수천 명의 네스토리우스파 신도들이 전 세계에 흩어져 있다.

비잔틴 제국의 영역에서 "단성론"이 가장 강했던 곳은 이집트와 시리아였다. 이집트에서는 칼케돈 공의회의 결정에 대한 반대에 고대의 이집트 혈통인 콥트(Copt)족의 불만이 결합되었는데, 이들은 제국에 의해 착취와 학대를 받고 있다고 느끼고 있었다. 도시에 거주하며 헬라어를 사용하는 많은 기독교인들은 기존 질서에 만족했고 칼케돈의 『신앙의 정의』(Definition of faith)를 받아들였다. 아랍인들의 정복 후 콥트 교회는 이집트에서 가장 중요한 기독교 집단이 되었다. 칼케돈 정통 신앙을 받아들인 신자들은 "멜키파"(Melchites)라 불렸는데, 이는 "제국의" 기독교인들이라는 의미이다. 오늘날까지도 양 파의 교회들이 존속하고 있으며, 콥트 교회가 규모가 더 크다. 항상 이집트와 밀접한 유대를 형성해 온 에티오피아 교회는 콥트 교회를 따라 칼케돈 공의회를 거부하고 "단성론파"가 되었다.

시리아에서도 비슷한 현상이 나타났으나, 이곳의 신자들은 칼케돈파와 "단성론파"로 거의 균등하게 양분되었다. 후자의 지도자는 지칠 줄 모르는 여행자요 조직의 명수인 야콥 바라다에우스(Jacob Baradaeus)였으므로, 이들의 교회는 "야곱파"(Jacobite)라 불렸다.

아르메니아 교회도 "단성론파" 교회이다. 450년 페르시아인들이 자기들의 종교를 아르메니아인들에게 강요했을 때에 계몽자 그레고리(Gregory the Illuminator)의 사역에 의해 이미 그곳에 존재하고 있었던 기

대진경교유행중국비. 이것은 781년의 것으로서 적어도 150년 전에 중국에 네스토리우스파 기독교가 존재했음을 알려준다. 첫머리에는 "중국에 빛나는 종교[경교] 전파 기념비"라고 적혀 있다.

독교가 아르메니아 민족주의의 핵으로 등장했다. 이 사건은 칼케돈 공의회 직전에 발생했으며, 아르메니아인들은 로마제국이 같은 기독교를 신봉하는 자기들을 압제자의 손에서 구해주기를 바랐다. 그러나 도움을 약속했던 테오도시우스 2세가 사망했고, 그를 계승한 풀케리아(Pulcheria)와 마르시안은 페르시아의 아르메니아 침략을 방관했다. 1,036명의 아르메니아 군사들은 로마인들의 개입을 기다리며 협곡에서 분전하다가 모두 전사했다. 그리하여 이 나라는 페르시아인들에게 유린당했다. 이때 풀케리아와 마르시안이 칼케돈 공의회를 소집했으므로, 그 후 아르메니아인들이 이 공의회의 결정을 거부한 것도 무리는 아니다. 이러한 이유 때문에 이들은 "단성론자"라 불렸다. 이들은 공의회에 참석한 자들 – 그리스도 안에 인성과 신성이 있다고 선언한 사람들 – 을 배반자요 이단이라고 규정했다.

페르시아 치하의 아르메니아인들은 자기들의 종교와 전통을 포기하지 않았으며, 어느 정도 자치(自治)를 누렸다. 그 후 아랍인들이 이곳을 정복했고, 그 밑에서 간헐적인 박해를 경험했으나 아르메니아 기독교는 발전하고 융성했다. 11세기에 투르크족이 이곳을 점령했는데, 이때 많은 아르메니아인들이 핍박을 피해 많은 소아시아로 이주하여 소아르메니아(Little Armenia)를 세웠다. 그러나 이곳마저 정복한 투르크족은 유래없이 가혹한 식민지 정책을 행했다. 12세기 초에 수천 명의 아르메니아인들이 학살당했다. 여러 마을에서 주민들 모두가 학살되었다. 생존자들은 전세계로 흩어졌다. 아르메니아 지방에 남은 원주민들은 소련 연방 내에서, 그 다음에는 아르메니아 공화국으로서 전통을 보존하고 있다.

이 다양한 집단들이 현재까지 존속해오는데, 그들은 2세기 후반에 에큐메니칼 운동에 접했다. 이 교회들 및 칼케돈 신조를 고수해온 교회들 안에 그들의 불일치가 실제적인 것이 아니라 언어적 표현에 불과하다고 느끼는 사람들이 증가하면서 화해가 시작되었다.

아랍 정복 이후의 동방 정교회

모든 교회들이 정통이라 자처하지만, 이 칭호는 정교회(Orthodox Church)라고 불리는 칼케돈파 동방 기독교(Eastern Chalcedonian Christianity)의 특징이 되었다.

아랍인들의 정복 이후 동방 교회는 이슬람에 의해 남쪽과 동쪽이 차단되었으므로 주로 북쪽과 북서쪽으로 확장했다. 동유럽의 이 지역 주민들은 게르만족 이후 이곳에 침입한 슬라브족(Slavs)들로 구성되어 있다. 이들은 오늘날의 폴란드, 발트 해 연안 국가들, 러시아, 슬로바키아, 세르비아, 그리스 등을 거의 점령했다. 다뉴브 강을 건넌 자들은 최소한 형식적으로는 비잔틴 제국의 백성들이었다. 그 외의 지역은 많은 부족들과 민족들로 분열되어 있었다. 그 후 새로운 침입자들인 불가르(Bulgar)족이 다뉴브 연안 대부분을 정복하여 슬라브족과 비잔틴 제국의 백성들을 통치했다.

이 같은 상황이 진행 중이던 862년에 슬라브 왕국들 중 하나인 모라비아(Moravia)의 국왕 로스티슬라브(Rostislav)는 콘스탄티노플에 다음과 같은 편지를 보냈다.

"이탈리아인들, 그리스인들, 그리고 게르만인들 등 많은 기독교인들이 우리 가운데 정착하여 각기 다른 가르침을 행하고 있습니다. 그러나 단순한 우리 슬라브족에게 진리를 가르쳐 줄 자가 없습니다.…따라서 우리는 진리 전체를 가르쳐 줄 수 있는 인물을 보내줄 것을 요청합니다."[3]

로스티슬라브는 이 편지에서 표현한 것처럼 순진한 인물이 아니었다. 그는 프랑크 제국에서 그 선례(先例)를 볼 수 있었던 바와 같이 자기 왕국에서 서방교회의 선교사들이 침략의 선봉 역할을 할지도 모른다는 두려움을 가지고 있었다. 또한 그는 동방 기독교와 서방 기독교 신자들의 경쟁을 인식하고 있었으므로 그의 편지는 그 경쟁관계를 이용하여 자기 왕국을 보호하려는 시도였다.

어쨌든 콘스탄티노플 측에서는 자기들의 영향력을 확장할 수 있는 기회로 생각하여 키릴(Cyril)과 메토디우스(Methodius)를 선교사로 파견했다. 그들은 발칸 반도와 슬라브족 사회에서 성장했으므로, 이들의 언어를 약간 습득하고 있었으며, 이미 크리미아(Crimea) 반도의 선교를 통해 그 능력을 인정받은 바 있었다. 이들은 모라비아에서도 주민들의 환영을 받았다. 키릴은 슬라브어를 기록할 수 있는 알파벳을 고안하여 성경, 종교 서적들, 그리고 예배 의식 등을 번역했다. 키릴의 알파벳은 오늘날도 사용되고 있다. 그러나 이들은 교회의 예배 의식에서 라틴어, 헬라어, 그리고 히브리어만 사용해야 한다고 고집하는 게르만족 출신 선교사들의 반대에 봉착했다. 키릴과 메토디우스는 이 문제를 해결하기 위해 로마에 갔는데, 이곳에서 교황은 이들에게 유리한 판결을 내렸으나 이들이 교황청의 감독을 받도록 결정했다. 이 때문에 모라비아 교회는

---

3) Quoted in G. Zananiri, *Histoire de l'église byzantine* (Paris: Nouvelles éditions laties, 1954), p. 185.

오랫동안 콘스탄티노플과 로마, 그리고 게르만족들 사이의 경쟁 무대가 되었다. 결국 906년에 헝가리 인들이 이 지역을 정복하면서 모라비아 왕국은 사라지게 되었다. 그러나 키릴과 메토디우스의 선구적인 사역이 모든 슬라브인들 사이에 열매를 맺어 그 후 이들 중 일부는 서방 교회에, 또 다른 일부는 정교에 흡수되었다.

한편 불가리아 인들이 발칸반도에서 세력을 강화해갔다. 이들 역시 국왕 보리스(Boris)가 개종하면서 서방 교회와 정교회 출신 선교사들의 방문을 받게 되었다. 보리스는 세례를 받은 후 콘스탄티노플 총대주교 포티우스(Photius)에게 자기 왕국에 대주교를 임명해 달라고 청원했다. 그러나 포티우스는 몇 가지 조건 충족을 요구했으므로, 보리스는 교황 니콜라스에게 접근했다. 니콜라스는 두 명의 감독들을 파견했으나 대주교 임명은 거부했다. 결국 포티우스의 뒤를 이어 콘스탄티노플 총대주교에 오른 후계자가 대주교 한 명과 두 명의 주교들을 임명하여 새로 조직된 불가리아 정교회를 지도하도록 했다. 그 후 잠시 이교도들에 의한 반동이 있은 후 기독교는 보리스의 아들 시므온(Simeon)의 영도 아래 제대로 면모를 갖추게 되었다. 917년에 시므온이 "짜르"(czar)-황제라는 의미-라는 칭호를 취함으로써 비잔티움으로부터의 독립을 선언했다. 10년 후에는 대주교를 총대주교로 개칭함으로써 종교 부문에서도 같은 조처를 취했다. 처음에는 비잔틴 당국이 이러한 행위를 반역으로 간주했으나 결국 화해하게 되었다.

정교회(Orthodox Church)의 선교 활동 중 가장 큰 성공은 키예프 루시(Kievan Rus)와 러시아의 개종이었다. 950년경 올가(Olga) 여왕이 개종하여 게르만족 출신 선교사들에게서 세례를 받았다. 그러나 기독교가 본격적으로 발전한 것은 그녀의 손자 블라디미르(Vladimir, 980-1015)의 영도 아래에서였다. 확실히 밝혀지지 않은 이유로 블라디미르는 서방이 아니라 비잔틴 제국에 선교사들을 요청했다. 988년 블라디미르와 많은 백성들이 세례를 받았으며, 그 해는 우크라이나 교회와 러시아 교회가 시작된 해로 간주된다. 왜냐하면 결국 키예프의 제후들이 모스크바를 다스리게 되기 때문인데, 블라디미르가 개종할 때 모스크바는 작은 마을에 불과했다. 블라디미르가 백성들을 기독교로 개종시키기 위해 어느 정도의 강제력을 동원했는지도 의문이다. 그의 아들 야로슬라브(Yaroslav the Wise, 1019-1054)는 콘스탄티노플과의 유대를 강화하고 로마로부터는 멀어졌다. 1240년 몽고인들이 러시아에 침입하여 2세기 이상 통치했을 때에 기독교는 러시아로 하여금 하나의 국가로서 존속하며 침입자들을 몰아낼 수 있도록 국가적 통일을 유지해준 강력한 유대였다. 16세기에 투

성 블라디미르라고 알려진 올가 여왕의 손자는 키예프의 대공(Grand Prince)이었다. 그는 백성들을 기독교 신앙으로 이끌었다. 그 사건 발생 1,000주년 기념으로 제작된 이 그림의 중앙에 블라디미르와 그의 아내 콘스탄티노플의 앤, 그리고 아들 야로슬로브가 서 있다. 왼쪽에서는 옛 종교가 타도되고 있다. 작가인 Peter Andrusiw는 자신을 성 블라디미르 바로 아래 세례단 안에 서 있는 모습으로 그렸다.

르크족에 의해 콘스탄티노플이 함락된 후 러시아는 모스크바를 "제3의 로마"라고 선언하고, 지배자들은 황제를 의미하는 "짜르"라는 칭호를 택했으며 모스크바 감독(혹은 주교)을 총대주교라 칭했다.

아랍의 정복 후 로마와 콘스탄티노플의 관계는 날로 악화되었다. 샤를마뉴 아래서 서방제국이 회복됨으로써 교황들은 비잔틴 제국의 지원에 의존할 필요가 없게 되었다. 또한 성상 사용 문제를 둘러싼 오랜 논쟁을 통해 서방 교회는 동방 교회가 황제의 꼭두각시에 불과하다고 결론지었다. 이 모든 요인들은 결국 서방 교회가 "포티우스의 분열"(Photian Schism, 867년)이라고 부른 사태를 초래했다. 포티우스는 콘스탄티노플 총대주교 이그나티우스를 몰아낸 혁명 후에 총대주교에 임명되었다. 포티우스와 이그나티우스 모두 니콜라스 교황의 지원을 요청했는데, 니콜라스는 이그나티우스의 편을 들었다. 포티우스는 서방 교회가 니케아 신경에 "…그리고 아들로부터"라는 의미의 "필리오케"(Filioque)라는 단어를 삽입했다는 이유로 전체 서방 교회를 이단으로 선언했다. 원래 니케아 신경은 성령이 "성부로부터" 발현했다고 기록했다. 그런데 서방인들이 "그리고 아들로부터"라는 단어를 삽입함으로써 신경 자체와 아울러, 성령이 "성부로부터, 성자를 통하여" 발현하셨다고 정의한 삼위일체에 대한 전통적 이해를 오염시켰다고 포티우스는 주장했다.

이 니케아 신경의 변경은 처음 스페인에서 발생하여 프랑스로 옮겨간 것으로 보인다. 샤를마뉴의 시대에 아헨(Aachen)에 소재한 왕립 예배당에서 낭송된 신경에 "필리오케"(Filioque)가 포함되어 있었다. 몇 명의 몇 프랑크족 수도사들이 동방을 방문했을 때 문제의 구절을 삽입한 채로 신경을 암송함으로써 정교회 신자들을 경악시킨 바 있었다. 동방 정교회 신자들은 누가 프랑크족에게 위대한 공회의의 신경을 변경할 권한을 주었느냐고 따졌다. 전통을 내세우는 비잔틴 제국과 신흥 프랑크족 사이의 정치적 경쟁과 아울러 동방과 서방 사이의 뿌리 깊은 불신이 분쟁을 부채질하는 요소로 등장했다.

이 논쟁의 부산물은 현재 사도신경이라 불리는 로마 교회 구 신조(Old Roman Creed)의 부활이다. 프랑크족과 비잔틴인들 모두를 잃고 싶지 않았던 교황들은 당시 거의 잊힌 상태에 있었던 이 신경을 니케아 신경 대신 사용하기 시작했다. 결국 이러한 로마의 영향으로 말미암아 서방 교회에서는 니케아 신경 대신 사도신경이 널리 사용되게 되었다.

콘스탄티노플의 정치적 상황이 변화함에 따라 이그나티우스는 총대주교에 복위되었고, 이때 포티우스가 차기 총대주교직에 오른다는 합의가 이루어졌다. 그러나 분열에 의해 조성된 증오는 존속하여 결국 그 열매를 맺었다.

11세기에 최종적 분열이 발생했다. 불가리아 대주교 오크리드의 레오(Leo of Ochrid)는 서방 교회가 성직자들의 독신을 보편적 법규로 강요하는 것, 무교병을 성찬식에 사용하는 것 등이 오류라고 공격했다. 이 때문에 분쟁이 가열되자 교황 레오 9세는 이를 해결하기 위해 콘스탄티노플로 사절을 보냈다. 그런데 레오는 가장 부적합한 인물을 선택하는 과오를 범했다. 그가 뽑은 추기경 훔베르트(Humbert)는 헬라어를 알지 못했으며 이를 배우려 하지도 않았다. 그는 성직자들의 독신주의를 지지하고 세속 권력으로부터의 교회의 독립을 골자로 하는 개혁을 주장하는 인물이었다. 그의 입장에서 볼 때 동방 교회의 결혼한 성직자들과 비잔틴 황제가 교회에 대해 갖고 있는 권한이야말로 그가 쳐부술 것을 맹세한 대적들이었다. 그와 미카엘 케룰라리우스(Michael Cerularius) 총대주교는 서로를 모욕했다. 마침내 1054년 6월 16일 총대주교가 성찬식을 거행할 준비를 하고 있을 때 훔베르트 추기경이 성 소피아 성당에 나타나 중앙 제단 앞으로 걸어가서 교황의 이름으로-교황은 이 사건 직전에 사망했다-"이단자" 미카엘 케룰라리우스 및 그를 추종하는 자들을 파문한다는 문서를 올려놓았다. 훔베르트 추기경은 성당에서 나와 발에서 먼지를 턴 후 로마를 향해 떠났다. 마침내 동방과 서방의 돌이킬 수 없는 결렬이 발생한 것이다.

제3장
제국의 부활과 계속되는 부패

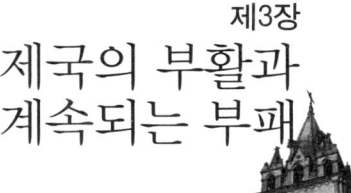

> 권세 있는 자들은 조심할지어다.…교회에 속한 것을 탈취하는 것은 저주를 자초하는 행위니라.…교회의 재산은 신자들의 약속이요, 가난한 자들의 재산이요, 죄사함의 대가임을 알아야 한다.
> – 랭스의 힌크마르 –

　　서기 800년 성탄절, 클로비스가 세례 받은 후 304년 만에 로마의 성 베드로 성당에서 교황 레오 3세는 면류관을 들고 프랑크 왕국의 왕 카를 앞에 나아가 머리에 관을 얹으며 다음과 같이 소리쳤다: "하나님, 위대하고 평화를 사랑하는 황제에게 만수무강을 허락하소서." 이보다 324년 전에 서방 제국의 마지막 황제가 폐위된 바 있었다. 후일 샤를마뉴라 불린 카를에게 대관함으로써 레오는 교회의 축복 아래 다시 태어난 고대 로마제국을 부활시킨 것이다.

샤를마뉴 대제의 통치

　　레오가 샤를마뉴에게 왕관을 씌웠을 때 서방 기독교권 거의 전체가 황제의 통치 아래 있었다. 브리튼제도는 예외였다. 그러나 샤를마뉴는 황제 위에 오르기 전 프랑크족의 유일한 왕으로서 고대 로마제국의 영역 이상으로 영토를 확장했었다. 그는 특히 제국 동쪽에 자리 잡고 있던 색슨족과 이들의 동맹자 프리지아족(Frigians)에 대한 일련의 전쟁을 통해 영토 확장을 이룩했다.

프리지아족과 색슨족에 대항한 전쟁은 장기간에 걸친 처절한 것이었다. 샤를마뉴는 거듭 그들을 영토에 침입하여 복종시켰으나, 그가 그곳

샤를마뉴의 통치 하에 서방 제국이 부흥했다.

을 떠나자마자 주민들은 다시 반란을 일으키곤 했다. 샤를마뉴는 반란을 무자비하게 진압하고 주민들에게 기독교로의 개종을 강요했다. 저항하는 자들은 처형했다. 784년 프리지아족이 항복했고, 1년 후 색슨족도 항복하고 수천 명이 강제로 세례 받았다. 이것은 중요한 사건이었다. 왜냐하면 색슨인들은 세례를 받는 것은 곧 조상들의 신들을 배반하는 것이며 이 때문에 신들 또한 자기들을 버릴 것이라고 생각했기 때문이었다. 따라서 세례를 받은 후에는 기독교의 하나님을 의지할 수밖에 없다고 생각했다. 어쨌든 이러한 강제 세례식으로 인하여 색슨족 가운데 기독교인 지도자들이 생겼는데, 이들은 동족들을 개종시키기 위해 비슷한 방법을 사용했다.

샤를마뉴는 서쪽으로도 영토를 확장했다. 그의 제1차 스페인 원정은 큰 실패로 끝났다. 그는 일부 무슬림 지도자들로부터 원조 약속을 받았기 때문에 반도를 침입했으나, 이 약속이 지켜지지 않았다. 후퇴하는 길에 그의 후진은 론세스바예스(Roncesvalles) 계곡에서 바스크족의 기습 공격을 받았다. 이 사건에서 영감을 받아 『롤랑의 노래』(*Chanson de Roland*)를 비롯한 중세 기사도에 관한 문학 작품들이 저술되었다. 그 후 샤를마뉴의 군대는 스페인에 발판을 마련하고 에브로(Ebro) 강까지 정복하고 스페인 구역(Spanish March)을 설립했다. 또한 샤를마뉴는 아스투리아스의 알퐁소 2세(Alfonso II)를 도와 무어족에게서 스페인 반도를 탈환하는 오랜 과정을 시작했다.

샤를마뉴는 황제로서 자신이 세속사와 종교 문제에 있어서 백성들을 다스리라는 소명을 받았다고 여겼다. 그는 자격 있는 자들을 감독들로 선별했으나 마치 장군들을 지명하듯이 임명했다. 또한 그는 백성들이 사용하는 언어로 교회에서 설교하도록 하고, 주일을 예배와 휴식의 날로 지정하며, 세금을 징수하듯이 십일조를 걷게 하는 법률들을 마련했다. 당시 수도원은 원래의 열정을 상실한 상태에 있었다. 많은 수도원장들이 직위를 이용하여 부와 권력을 탐했으므로 샤를마뉴는 전체 수도원을 개혁해야 한다고 생각했다. 그는 수도사가 되기 위해 고위 관직을 버렸으며 지혜와 경건으로 존경을 받던 베네딕트(『규율집』을 저술한 누르시아의 베네딕트와 혼동하지 말아야 한다)에게 이 일을 맡기려 했다. 황제는 그를 아니안(Aniane)의 왕립 수도원 원장으로 임명했고, 그 수도원을 본보기로 삼아 베네딕트의 영토 안에 있는 수도원들로 하여금 베네딕트의 규율을 따르게 하려 했다.

  샤를마뉴는 교육받은 인물이 아니었으나 학문을 장려했다. 그는 이미 존재하던 학교들을 개혁하고 부흥시켰으며, 이탈리아에서 만난 요크의 앨퀸(Alcuin of York)을 궁정으로 불러들였다. 앨퀸은 처음에는 아일랜드 수도원들에, 다음에는 브리튼의 수도원들에 보존되었던 지식을 프랑크족에게 전해 주었다. 샤를마뉴는 테오둘프(Theodulf)를 오를레앙 감독에 임명했다. 테오둘프는 교구 내의 모든 교회에 학교를 세우고 빈부를 막론한 모든 이들에게 개방할 것을 명했다. 곧 다른 감독들이 테오둘프의 모범을 따르기 시작했고, 샤를마뉴의 영토에 밀려든 많은 학자들의 도움으로 학문이 부흥했다.

  샤를마뉴가 이룩한 제국의 영광은 그의 사후에 오래 지속되지 못했다. 그의 아들 경건한 루이(Louis the Pious)는 양심적 통치자였으나 인물을 제대로 식별할 줄 몰랐다. 그는 수도원 개혁에 열중했다. 그는 황제가 되기 전인 814년에 아니안의 베네딕트에게 자신이 왕으로 다스리고 있는 아키텐(Aquitaine) 지역의 수도원들을 개혁하라고 요청했다. 그가 황제가 된 후인 817년 제국의회는 그의 원대로 아니안의 베네딕트의 주도 하에 모든 수도원을 개혁할 것, 그리고 주교들을 비롯한 성직자들이 보석으로 치장하거나 화려한 옷차림을 하지 말 것을 명령했다. 이 의회에서는 십일조를 의무화하고, 십일조의 3분의 2를 가난한 사람들에게 줄 것을 명령했다. 마지막으로 그 의회는 평민들과 성직자들이 주교들을 선출하던 옛 관습으로 복귀함으로써 교회에 자율성을 부여하려 했다. 그러나 일부 주교들을 비롯한 많은 사람들이 루이의 선한 성품을 악용하여 자기들의 이익을 추구했으므로 그의 통치 말년은 루이의 아들들과 그들을 따르는 당파들의 싸움뿐만 아니라 황제를 대항하여 벌이는 내란으로 얼룩졌다. 루이는 반역 집단들을 진압한 후 적들을 용서해 주곤 했는데, 그로 인해 더 큰 지지를 확보한 것이 아니라 오히려 더 많은 반란들이 발생했다. 심지어 용서받는 자들이 또다시 황제를 대적했다. 그가 죽은 후 재산은 세 아들에게 분배되었다. 그의 손자로서 881년부터 887년까지 황제위에 있었던 프랑스의 "뚱보" 샤를(Charles) 때에 옛 제국 영역의 대부분이 재통일되었으나, 샤를의 사후에 다시 분열되었다. 이러한 내부의 분열 및 반란 외에도 노르인들(Norsemen)을 비롯한 여러 족속들의 침입과 약탈이 그치지 않았다.

아랍인들의 정복은 서유럽의 경제와 정치 생활에 커다란 영향을 미쳤다. 이들의 정복 이전에는 지중해 연안뿐 아니라 동양에 이르기까지 멀리 상업과 교역 활동이 이루어지고 있었다. 이제 아랍인들은 동양으로 통하는 통로를 막고 지중해 남부 및 동부 해안을 통치했다. 아드리아 해 및 유럽 북부 해안에서 약간의 해운업이 이루어졌으나 대규모 교역이 불가능해졌으므로 각 지역은 자급자족의 형태를 띨 수밖에 없었다. 이리하여 통화의 유통이 거의 중단되고 금화가 극히 귀해졌다.

이러한 상황에서 부의 주된 원천은 화폐가 아닌 토지였다. 국왕들과 영주들은 봉사의 대가로 토지를 하사했다. 이에 따라 봉건제도가 탄생했다. 이것은 토지의 소유와 관리에 기초한 계급제도로서 각각의 봉건 영주들이 자기에게서 봉토를 받아간 자들로부터 충성을 서약 받는 한편, 자기에게 봉토를 하사한 대영주에게 충성을 다하는 것이었다. 처음에는 봉토가 일생을 기한으로 하사되었지만, 결국 유산 상속의 대상으로 화했다. 그런데 봉신은 여러 영주들로부터 봉토들을 받아 가지는 경우가 많았으므로, 가끔 충성의 대상들 사이에 충돌이 발생했다. 그 결과 서유럽은 정치적·경제적으로 크게 분열되었으며, 국왕들의 권력을 비롯하여 일체의 중앙 권력이 몰락했다.

교회도 영향을 받았다. 일반적으로 각 교구 및 사원들은 방대한 토지를 소유하고 있었으므로, 영주들은 감독들과 수도원장들의 환심을 얻기에 급급했다. 이에 따라 특히 감독들과 수도원장들의 임명권이 중요한 정치적 의미를 띠게 되었다.

신학 활동

샤를마뉴가 추구한 학문의 부흥은 9세기 내내 열매를 맺었다. 강력한 통치자와 평화가 존재하는 곳에서는 학교들이 융성했고, 사본들이 필사되었으며, 신학 활동이 이루어졌다. 그러나 이 기간에 서유럽은 중요한 조직적 사상가를 겨우 한 사람 배출했을 뿐이다. 또한 당시의 신학 활동은 주로 교리와 예배의 특정 부분에 중심을 두고 있었다.

샤를마뉴가 세운 카롤링거 왕조 시대에 활동한 위대한 사상가는 존 스코투스 에리게나(John Scotus Erigena)였다. 그는 아일랜드 출신으로서 아일랜드 수도원에 보존된 고대의 지식을 유산으로 물려받았다. 그는 9세기 중엽 경건한 루이의 세 아들 중 하나인 대머리 샤를(Charles the Bald)의 궁정에 정착했고, 이곳에서 학식으로 큰 존경을 받게 되었다. 헬라어에 능통했던 그는 위디오니시우스(Dionysius the Areopagite)의 작품들을 라틴어로 번역했다. 5세기에 어떤 사람이 이 작품들을 썼는데, 그는 자기가 마치 아레오파고(Areopagus)에서 바울에게서 복음을 전해 받은 디오니시우스인 양 가장했다. 대머리 샤를의 통치 기간에 이 작품들이 서유럽에 소개되었을 때에는 아무도 그 진정성을 의심치 않았으므로 에리게나의 번역서들은 사도들의 것과 같은 권위를 지녔다. 이 작품들은 신플라톤주의적 신비주의의 산물이었으므로 곧 바울의 신학과 혼합되어 마치 사도 바울이 신플라톤주의자였던 것처럼 취급되었다.

에리게나의 가장 뛰어난 저술인 『본성의 분할에 관하여』(On the Division of Nature) 역시 동일한 방향을 따르고 있다. 그의 주장의 대부분은 기독교적이라기보다 신플라톤주의적 경향을 띠고 있다. 그러나 그의 논리가 복잡했고 추론이 추상적이었으므로, 그의 작품을 읽는 이들은 그리 많지 않았고 이해하는 사람들은 더욱 적었으며, 아무도 그의 추종자가 되지 않았다. 후에 에리게나의 주장을 택한 소수의 인사들이 이단으로 정죄되었다.

카롤링거 왕조 시대의 주요한 신학 논쟁은 스페인의 감독이었던 톨레도의 엘리판두스(Elipandus of Toledo)와 우르겔의 펠릭스(Felix of Urgel)의 가르침을 중심으로 했다. 스페인에는 무슬림 정복 시대에 도주하지 않앗던 기독교인들의 후예들이 무어족의 통치 아래 살고 있었다. 이 기독교 신자들은 "모사라베"(Mozarab)라 불렸는데, 이들은 "모사라베 전례"(Mozarabic liturgy) - 지금도 톨레도 대성당에서 이것이 거행된다 - 라고 알려진 특유한 예배 형식을 포함하여 이슬람 이전 시대의 전통들을 보존하고 있었다. 샤를마뉴가 이슬람 통치 아래 있던 영토들을 회복했을 때에도 모사라베들은 자기들의 전통을 고수했는데, 프랑크족은 이것 대신에 프랑스와 로마에서 사용하는 형식을 사용하게 하려 했다. 그리하여 신학 논쟁이 발발하기 이전부터 프랑크족과 모사라베들 사이에는 이미 갈등이 존재하고 있었다.

본격적 논쟁은 엘리판두스가 모사라베 전례의 일부 구절들을 기초로 하여 예수님이 신성으로는 성부 하나님의 영원한 아들이시나 인성으로는 "양자됨에 의하여"(by adoption) 형성된 아들에 지나지 않는다고 주장함으로써 시작되었다. 이 때문에 많은 이들이 엘리판두스와 그의 추종자들을 "양자론자들"(adoptionist)이라 불렀다. 그러나 엘리판두스가 주장한 이론과 원래 의미의 양자론 사이에는 큰 차이가 있다. 원래 양자론자들은 예수님이 하나님에 의해 양자로 선택된 "단순한 인간"(mere man)에 지나지 않는다고 주장했다. 반면 엘리판두스는 예수님이 항상 신이셨다는 점을 인정했다. 그러나 그는 구세주 안에 공존하는 신성과 인성을 구별할 필요를 느꼈으므로, 이를 하나는 영원하고 또 다른 하나는 양자에 의해 이루어진 두 가지 형태의 아들됨(sonship)을 이용하고자 했던 것이다. 따라서 이는 엄격한 의미에서 양자론이라기보다는 이미 안디옥파 신학자들이 주장했고 그 극단적 형태가 에베소 공의회에서 정죄된 기독론의 일종이라 할 수 있다.

이러한 관점들에 대항하여 다른 이들은 예수 안에서 이루어진 신성과 인성의 밀접한 연합을 주장했다. 예를 들어 리에바나의 베아토(Beatus of Liebana)는 다음과 같이 주장했다:

"불신자들은 자기들이 십자가에 못 박은 존재 속에서 인간만을 발견했다. 그들은 구세주를 단지 인간으로서 십자가에 매달았다. 그러나 그들은 하나님의 아들을 십자가에 못 박았다. 그들은 하나님을 십자가에 못 박은 것이다. 나의 하나님이 나를 위해 고난당하셨다. 내가 볼 때 나의 하나님이 십자가에 못 박히신 것이다."[1]

얼마 후 엘리판두스와 그의 추종자인 우르겔의 펠릭스의 가르침은 프랑크족 출신 신학자들과 교황들에 의해 정죄되었다. 펠릭스는 자기의 주장을 철회하도록 강요당했으며, 모사라베들의 영향이 강했던 우르겔에서 축출되었다. 그러나 당시 무어 족이 다스리는 지역에 거주하고 있었던 엘리판두스는 자기의 주장 철회를 거부했다. 엘리판두스와 펠릭스 모두가 사망한 후 논쟁은 잠잠해졌다.

당시 또 다른 논쟁들이 서방에서 발전했다. 앞에서 니케아 신경에 삽입되었던 "필리오케"(*Filioque*)라는 구절을 둘러싸고 일어난 콘스탄티노플과의 대결에 관해 살펴본 바 있다. 당시 서방 신학자들 사이에 발생한 신학 논쟁들 중 가장 중요한 것은 예정론(predestination)과 성찬 속에 임재하시는 그리스도의 문제였다.

---

1) *Epistle to Elipandus* 1.4.

예정론에 관련된 논쟁에서 중요한 인물은 오르바이스(Orbais)의 고트샬크(Gottschalk) 수도사였다. 그는 어거스틴의 저술들을 깊이 연구한 끝에 당시 교회가 특히 예정론 문제에 있어서 이 위대한 힙포의 감독의 가르침에서 크게 벗어났다고 결론지었다. 그는 예정에 관한 어거스틴의 견해를 그 시대의 누구보다 더 잘 이해하고 있었으나, 어거스틴의 정신과는 달리 신랄하게 그것을 설명하고 옹호했다. 일부 주석가들은 그가 자기 적들이 영원히 저주 받은 자들이라는 확신을 즐기는 듯하다고 선언했다. 고트샬크는 상급자들을 적으로 만들었으므로 자기의 의견을 발표하자마자 격렬한 공격과 비난을 받았다. 그들 중에는 풀다(Fulda)의 수도원장 라바누스 마우루스(Rabanus Maurus)와 랭스(Reims)의 유력한 감독 힝크마르(Hincmar)가 있었다. 존 스코투스 에리게나를 포함한 많은 유명한 신학자들과의 논쟁 끝에 고트샬크는 이단으로 정죄되어 수도원에 유폐되었고, 그는 이곳에서 죽기 얼마 전 광인(狂人)이 되었다고 전해진다.

카롤링거 왕조 시대에 발생한 또 다른 중요한 논쟁은 성찬에 있어서의 그리스도의 임재 문제였다. 이 논쟁을 초래한 직접적 원인은 코르비(Corbie)의 수도사로서 후일 성인으로 추존된 파스카시우스 라드베르투스(Paschasius Radbertus)의 저술 『주님의 몸과 피에 관하여』라는 논문이었다. 라드베르투스는 이 논문에서 떡과 포도주는 축성되는 순간 주님의 몸과 피로 변화한다고 주장했다. 즉 그것들은 더 이상 떡과 포도주가 아니라 동정녀 마리아에게서 태어난 몸이며, 갈보리에서 흘렸던 피라는 것이었다. 라드베르투스에 의하면, 비록 이러한 변화가 신비스럽게 발생하고 보통의 경우 인간들은 감각으로 이것을 깨달을 수 없으나 특별한 경우에는 신자가 떡과 포도주 대신 주님의 몸과 피를 볼 수 있도록 허용된다고 했다.

국왕 대머리 샤를(Charles)는 라드베르투스의 논문을 읽으면서 이에 관해 의문들을 가지게 되었고, 코르비의 라트람누스(Ratramnus)에게 이 문제를 명백히 밝히도록 부탁했다. 라트람누스는 그리스도의 몸이 성찬 속에 진정으로 임재하지만 이는 다른 물리적 육체의 임재와는 다른 종류이며, 또 그리스도의 성체는 하나님의 오른편에 앉아 계시는 주님의 역사적 몸과는 다르다고 대답했다.

이 논쟁을 살펴볼 때 카롤링거 시대에 이미 성찬식을 통해 떡과 포도주가 그리스도의 몸과 피로 변화한다고 주장한 사람들이 있었음을 알 수 있다. 그러나 동시에 당시 많은 신학자들이 이것을 평범한 신자들의 과장이 빚어낸 결과이며 정확한 신학 용어의 사용이 아니라고 생각했음을 알 수 있다. 얼마 후 일부 신학자들은 "본체의 변화"(change in substance)라는 표현을 사용하기 시작했으며, 마침내 13세기 제4차 라테란 공의회(1215년)에서 화체설을 선포했다.

이것들은 카롤링거 왕조의 학문 중흥에서 발생한 여러 논쟁들 중 일부 본보기에 지나지 않는다. 그러나 이러한 중흥은 단명(短命)했으며, 서방 기독교에 공포와 혼란을 가져온 새로운 침입자들의 물결과 샤를마뉴의 후계자들의 분열 속에서 그 가능성이 사라졌다.

새로운 침입자들

한동안 샤를마뉴와 그의 후계자들이 4세기와 5세기에 발생한 게르만족의 침입에 의해 발생한 혼란에서 서유럽을 구조한 듯이 보였다. 그러나 이러한 침략들은 한동안 잠잠했을 뿐 완전히 종식된 것은 아니었으며, 카롤링거 왕국의 쇠퇴와 함께 다시 시작되었다.

수세기 동안 북유럽은 스칸디나비아인들에 의해 점령되어 있었다. 별다른 문명의 진보나 혜택 없이 살고 있던 스칸디나비아인들이 8세기에 조선(造船) 기술을 발전시켜 주위의 해역을 통치하게 되었다. 길이가 18-20미터에 이르며 돛과 노에 의해 항해한 이들의 선박들은 최고 80명까지 승선시킬 수 있었다. 스칸디나비아인들은 이러한 선박들을 이용하여 유럽의 나머지 지역에 대한 탐험을 시작했는데, 유럽인들은 이들을 가리켜 노르인(Norsemen)이라 불렀다. 카롤링거 왕국이 분열 속에 쇠퇴함에 따라 이들은 마음 놓고 프랑스 북부 해안을 공격하여 교회들을 불태우고, 수도원들과 저택들을 노략하여 전리품과 노예들을 이끌고 본토로 개선했다. 이들은 귀중품을 찾아 교회들과 수도원들을 무차별 공격했으므로 하나님의 적들로 간주되었다.

노르인들은 처음에 브리튼제도와 프랑스 북부 해안에 공격을 국한했다. 그러나 이들은 곧 대담해져서 공격 영역을 넓히고 새로운 영토에 정복자로서 정착하기 시작했다. 잉글랜드에서 이들에 대항한 유일한 인물은 웨섹스의 알프레드 대왕(Alfred the Great)이었다. 그러나 11세기에 데인족(Danes)의 왕 카누트(Canute)는 덴마크와 스웨덴, 노르웨이뿐만 아니라 잉글랜드 전체를 정복했다. 프랑스에서 그들은 보르도(Bordeaux)와 낭트(Nantes), 그리고 845년에는 파리(Paris)까지 약탈했다. 스페인에서는 남부의 도시 세비야(Seville)와 산티아고 데 캄포스텔라(Santiago de Campostela)에 있는 기독교인의 성지를 약탈했다. 이들은 지브롤터 해역을 건너 지중해까지 진출했다. 마침내 이들은 무슬림들로부터 시실리

카누트 왕은 영국과 스칸디나비아를 정복했다. 이 그림에서 그가 영국교회의 제단 위에 십자가를 올려놓고 있다.

(Sicily)를 탈환하고, 이곳과 남부 이탈리아에 왕국을 건설했다. 또 다른 일파는 프랑스 북부에 정착했는데, 이 지역은 그 후 노르만디(Normandy)라 불렸다. 그들은 이곳에서 바다를 건너 잉글랜드를 정복했다.

결국 노르인들은 기독교 신자들이 되었다. 많은 노르인들은 자기들이 정복한 사람들과 함께 살면서 그들의 신앙을 받아들였다. 스칸디나비아 일대 및 멀리 아이슬란드에 거주하는 사람들은 지도자들의 본을 따라서, 또는 강압에 의해서 세례를 받았다. 11세기 초 카누트의 시대에는 거의 모든 스칸디나비아인들이 세례를 받은 상태였다.

북쪽의 스칸디나비아인들이 침입을 시작한 것과 거의 같은 시기에 동쪽에서도 침입자들이 나타났다. 이들은 마자르족(Magyars)으로서 서방 라틴 권에서는 "헝가리인"(Hungarians)이라 불렸는데, 이는 이들이 고대 훈족(Huns)을 상기시켰기 때문이다. 이들은 오늘날의 헝가리에 정착한 후 거듭 독일을 침입했으며, 라인 강을 수시로 넘나들었다. 멀리 부르군디(Burgundy)가 이들에게 짓밟혔으며, 남부 이탈리아도 유린당했다. 마침내 933년과 955년에 독일의 하인리리 더 파울러(Henry the Fowler)와 그의 아들 오토 1세가 이들을 결정적으로 패퇴시켰다.

헝가리인들은 자기들이 정복한 슬라브족과 게르만족의 문화에 동화되었다. 독일과 비잔틴 제국으로부터 헝가리에 선교사들이 파견되었으며, 10세기말에 헝가리족의 왕이 세례를 받았다. 흔히 헝가리의 성 스테파누스(Saint Stephen of Hungary)라 불리는 차기(次期) 왕은 국민들에게 세례를 강요했다.

스칸디나비아인들과 헝가리인들의 무자비한 약탈과 침략으로 인하여 역사가들은 10세기를 가리켜 "납과 무쇠의 암흑시대"라 부른다. 10세기 말 제국은 오토 대제(Otto the Great)와 그의 직계 후계자들 아래 약간의 중흥을 누렸으나, 이 역시 납과 무쇠의 제국이었다. 교황청 역시 이 시대를 반영하듯 전체 역사상 가장 낮은 수준으로 타락했다.

교황제도의 타락

샤를마뉴의 대관으로 교황청의 입장은 애매하게 되었다. 한편으로 볼 때 교황들은 황제들을 임명할 권리를 지닌 듯이 보였으므로 알프스 산맥 너머까지 큰 특권을 누렸다. 반면에 로마제국 내에서는 자주 혼란 상태가 발생했다. 황제를 임명할 권한을 가진 자들이 자신의 도시를 통솔할 능력이 없는 것 같았다. 이에 따라 교황의 자리는 뇌물, 음모, 폭력까지 삼가지 않는 야심적인 자들의 희생물이 되었다.

교황제도의 타락이 카롤링거 왕조의 몰락처럼 급히 이루어지지는 않았다. 제국의 권위가 약화됨에 따라 교황들이 서유럽 전체에 통용될 수 있는 막강한 권위를 가진 존재로 간주되던 짧은 시기가 있었다. 이러한 이유 때문에 858년부터 867년까지 계속된 니콜라스 1세의 통치는 3세기 전의 대 그레고리 이후 가장 뛰어난 것이었다. 그의 권위는 교황들에게 막강한 권력을 부여한다는 사실을 증명한 일련의 서류들에 의해 강화되었다. 흔히 『거짓 교서』(False Decretals)라 불리는 이 서류들은 직속상관들에 대항하여 교황의 권위의 고양을 꾀한 독일 출신 하위 성직자들에 의해 위조된 것으로 보인다. 어쨌든 니콜라스 및 나머지 유럽인들이 이 교서를 진품으로 믿었으므로, 그는 이를 기초로 하여 아무도 도전할 수 없는 권력을 행사했다. 그는 특히 일반 평민들의 고난을 돌보지 않고 전쟁을 마치 취미나 오락처럼 생각한 권력자들의 행패를 방지하는 데 주력했다.

그의 후계자 하드리안 2세도 비슷한 정책을 취했다. 그는 결혼 문제로 니콜라스의 비난을 받은 바 있는 로렌(Lorraine) 왕 로타르 2세(Lothair II)와 충돌했다. 왕이 성찬을 받기 위해 몬테카시노에 나타났을 때, 교황은 왕과 그의 군신들을 저주했다. 왕의 궁정에 전염병이 발생하여 로타르가 사망했으므로, 교황의 명성은 한없이 높아졌다.

그러나 다음 교황 요한 8세 때 쇠퇴 현상이 나타나기 시작했다. 그는 무슬림의 침입 위협에 대응하기 위하여 뚱보 샤를과 비잔틴인들에게 도움을 청했지만 아무도 그의 요청에 응답하지 않았다. 교황은 자기의 궁정에서 살해되었는데, 교황에게 독을 먹인 비서가 그가 빨리 죽지 않는 것을 보자 망치로 그의 머리를 깨뜨렸다고 한다.

그 후 교황들은 재위 기간을 채우지 못한 채 계속 교체되었다. 로마와 알프스 산맥 너머에 있는 여러 당파들이 교황 자리를 차지하기 위해 계속 투쟁했으므로, 음모와 잔학 행위가 자행되었다. 교황들은 목 졸려 죽기도 하고, 그 자리를 찬탈한 자들에 의해 유폐된 지하 감옥 속에서 굶어 죽기도 했다. 때로는 베드로의 후계자를 자칭하는 둘 혹은 셋 이상의 교황들이 존재했다.

당시의 상황을 보여주기 위해 몇 가지 예를 드는 것으로 충분할 것이다. 897년 스테파누스 6세는 후일 사가(史家)들에 의해 "시체들의 회의"(Cadaveric Council)라 불린 회의를 주재했다. 이 회의를 통해 그의 전임자들 중 하나인 포르모수스(Formosus)의 시체를 무덤에서 꺼내어 교황의 예복을 입혀 거리에 전시했다. 그 후 시체에 대한 재판을 열고 여러 가지 죄목으로 유죄를 선언하고 시체를 절단한 후 남은 부분을 티베르 강에 던졌다.

904년 세르기우스 3세(Sergius III)는 자신의 적수들이었던 레오 5세(Leo V)와 크리스토퍼 1세(Christopher I)를 감금한 후 살해했다. 그는 당시 이탈리아에서 가장 유력한 가문의 지원을 받아 교황의 자리를 차지했다. 이 가문을 이끌던 테오필락트(Theophylact)와 그의 아내 테오도라(Theodora) 사이에서 난 딸 마로지아(Marozia)는 세르기우스의 정부(情婦)였다. 세르기우스가 죽은 후 마로지아와 그녀의 남편 투스키아의 귀도

(Guido of Tuscia)는 라테란 궁을 점령하고 요한 10세를 감금한 후 베개로 질식시켜 죽였다. 그 후 레오 6세와 스테파누스 7세가 잠시 교황좌를 차지한 후, 마로지아는 자신과 세르기우스 3세 사이에 태어난 아들을 요한 11세라는 이름으로 교황위에 올렸다. 요한 11세가 사망하고 나서 30년 후에 마로지아의 손자 요한 12세가 교황이 되었고, 그 후 그녀의 조카가 요한 13세로서 교황이 되었다. 그의 후계자 베네딕트 6세는 요한 13세의 동생 크레센티우스(Crescentius)에게 자리를 빼앗기고 목 졸려 죽었다. 요한 14세는 보니파시오 7세에 의해 지하감옥에 유폐된 채 굶어 죽었거나 독살된 것으로 보인다. 보니파시오 7세도 독살되었다.

한동안 황제 오토 3세가 교황이 될 사람을 결정할 수 있었다. 그는 우선 23세의 조카를 교황으로 지명했는데, 그가 그레고리 5세이다. 그 후 유명한 학자인 오리야크의 게르베르트(Gerbert of Aurillac)를 지명했다. 실베스터 2세의 칭호를 택한 게르베르트가 교황청뿐만 아니라 전체 교회를 개혁하려 했으나 그의 시도는 이루어지지 못했다.

오토가 죽은 후 데오필락트 가문의 크레센티우스가 다시 교황청을 좌우하다가 투스쿨룸(Tusculum)의 백작들에게 굴복했고, 투스쿨룸가는 베네딕트 8세, 요한 19세, 그리고 베네딕트 9세 등을 임명했다. 베네딕트 9세는 15세에 교황이 되었다. 12년 후인 1045년 베네딕트 9세는 막대한 금액을 받는 대가로 교황직을 포기했다. 그의 대부 그레고리 6세(Gregory VI)가 교회의 개혁을 시도했으나 베네딕트 9세는 양위 약속을 철회했고, 크레센티우스 가문에서 다시 자기들의 교황을 내세우고 실베스터 3세라고 불렀다.

마침내 독일의 하인리히 3세가 중재에 나섰다. 그는 그레고리 6세와 회견한 후 공의회를 소집하고 새 교황들을 모두 퇴위시킨 후 클레멘트 2세를 교황에 지명했다. 이 공의회는 교회 내의 부패, 특히 성직매매를 반대하는 일련의 칙령을 반포했다.

클레멘트 2세는 하인리히를 황제에 임명하고 나서 얼마 후에 사망했다. 하인리히는 이미 교회의 개혁을 부르짖고 있던 툴(Toul)의 감독 브루노에게 교황직을 제의했다. 브루노는 로마 시민들에 의해 선출되지 않는 한 교황직을 수락하지 않으려 했다. 그는 이를 위해 자기와 비슷한 이상을 품고 있는 힐데브란트(Hildebrand)와 훔베르트(Humbert)를 이끌고 로마를 향해 떠났다. 이들이 로마에 가까이 다가왔을 때, 교회의 새 시대의 여명이 밝아오고 있었다.

제4장
부흥 운동

> 만일 지난날 주교들이 이 모든 일을 겪어야 했다면 어떻게 행동했을까?…날마다 잔치가 벌어지고 가두행진이 벌어진다. 식탁에 차려놓은 산해진미는 가난한 자들을 위한 것이 아니라 환락적인 손님들을 위한 것이리라. 한편 가난한 자들은 당연히 이것들을 누려야 함에도 불구하고 누리지 못하여 굶어 죽는다.
>
> — 피터 다미안 —

카롤링거 제국의 몰락 이후의 폭력과 부패는 많은 이들로 하여금 새로운 질서를 갈망하게 했다. 경건한 신앙인들은 무자비한 정적들이 교황 자리를 두고 유혈극을 벌이는 것, 성직이 매매될 뿐 아니라 권력자들이 사리사욕을 채우기 위해 교회를 이용하는 것을 보고 슬픔과 분노를 금치 못했다. 당시의 상황으로 볼 때 개혁을 갈망한 인물들이 대부분 수도생활을 택한 것도 무리는 아니다. 따라서 결국 교황청을 압도하고 권력자들과 대결하며 멀리 성지 이스라엘의 해안에까지 미친 개혁의 물결은 수도원들로부터 비롯되었다.

수도원 개혁

수도원 자체도 개혁을 필요로 하고 있었다. 많은 수도원들이 노르인들(Norsemen)과 헝가리인들에 의해 약탈되고 파괴되었다. 침략을 피한 수도원들은 탐욕적인 수도원장들과 고위 성직자들의 제물이 되었다. 수도원을 보호해야 할 귀족들과 감독들이 수도원들을 사유화했다. 교황제도와 주교제도가 개인적 출세의 도구로 화했듯이, 거대한 사원들도 같은 운명을 면치 못했다. 어떤 사람은 돈을 지불하거나 전임자를 살해하고 수도원장직을 차지했으며, 그 후 사원의 수입을 사유화했다. 베네딕트의 『규율집』은 전반적으로 무시되었다. 진심으로 수도생활의 소명을 받았다고 느낀 수도사들은 자신의 소명이 손상되었다고 느꼈다. 빙엔의 힐데가르트(Hildegard von Bingen, 1098-1179)도 그러한 사람들 중 하나였

클뤼니 수도원은 여러 유능한 수도원장들 덕분에 서유럽 전체에 궁극적인 영향을 미친 수도원운동 부흥의 중심지가 되었다.

다. 수녀원 원장이었던 그녀의 신비적 저술들은 깊은 영성생활을 추구하는 사람들 사이에서 인기가 있었다. 개혁에 전념하여 새로운 수도원을 세운 수녀들과 수도사들이 많았지만, 그들도 결국 그 시대의 부패의 영향을 받았다.

힐데가르트의 시대보다 2세기 전 909년 아키텐의 공작 윌리엄 3세(Duke William III of Aquitaine)가 당시의 수도원들보다 나은 수도원을 바라면서 작은 수도원을 세웠다. 수도원 설립 자체는 새로운 일이 아니었다. 왜냐하면 유력한 귀족들은 이를 예사로 여겼기 때문이었다. 그러나 몇 가지 현명한 결정들과 하나님의 섭리로 볼 수 있는 상황들이 이 작은 수도원을 거대한 개혁의 중심지로 만들었다.

윌리엄은 베르노(Berno)를 수도원장으로 초빙했는데, 베르노는 『규율집』에 충실한 것 및 수도원 개혁을 위한 노력으로 널리 알려진 인물이었다. 베르노의 요청에 따라 윌리엄은 자신이 아끼는 사냥터인 클뤼니(Cluny)를 수도원 부지로 제공했다. 윌리엄은 클뤼니뿐만 아니라 수도원 유지에 필요한 토지를 "성 베드로와 바울"(Saints Peter and Paul)에게 바침으로써 이 새 공동체를 교황의 직접적인 감독과 보호 아래 두었다. 그러나 당시 교황제도는 절망적인 상태에 있었으므로 이러한 보호는 단지 윌리엄 자신과 그의 후계자들을 비롯하여 인근 감독들과 영주들의 손에서 수도원을 보호하는 역할밖에 못했다. 윌리엄은 이 새 수도원이 부패한 교황들의 수중에 들어가는 것을 막기 위해, 교황이 두 명의 거룩한 사도들에게 속한 재산에 손대지 못하도록 명시했다. 어거스틴을 비롯하여 여러 사람들이 하나님은 천 년을 하루처럼 여기시므로 1,000년이 끝나면서 창조의 완성을 이루어진다고 주장했으므로, 1,000년이 끝나감에 따라 많은 사람들이 하나님과 화해하기 위해 수도원과 사원에 재산을 기증하곤 했다.

베르노는 926년까지 클뤼니를 지도했다. 그의 재임 초기의 상황은 제대로 알려져 있지 않다. 왜냐하면 클뤼니는 베르노가 창립하거나 개혁한 수도원들 중 하나에 불과하기 때문이다. 그의 사후 오도(Odo, 926-944), 아이마드(Aymard, 944-965), 마이욜(Mayeul, 965-944), 오딜로(Odilo, 994-1049) , 휴(Hugh, 1049-1109) 등 이상을 가진 유능한 수도원장들이 지도함으로써 클뤼니는 수도원 개혁의 중심지가 되었다. 특별한 능력과 헌신을 구비하고 장수한 여섯 명의 수도원장들이 거의 200년 동안 수도원을 지도했다. 이들의 지도 아래 수도원 개혁의 물결은 널리 펴져갔다. 제7대 원장 폰티우스(Pontius, 1109-1122)는 이들만큼 유능하지 못했다. 그의 후임자 피터는 가경자(可敬者, Venerable)라는 칭호를 받은 인물로서 (1122-1157) 폰티우스 시대에 잃은 것을 대부분 회복했다. 클뤼니 개혁의 한 가지 특징은 수도원들이 완전한 재산 소유권을 소유함으로써 봉건영주의 변덕에 좌우되지 않은 것이다.

처음 클뤼니 수도사들의 목적은 단지 베네딕트의 『규율집』을 온전히 따를 수 있는 장소를 소유하는 것이었다. 그러나 그들의 시야가 넓어졌고 클뤼니 수도원장들은 베르노의 모범을 따라 다른 수도원들을 개혁하기 시작했다. 그리하여 "제2 클뤼니 수도원들"이라는 조직이 등장했다. 제2 클뤼니 수도원들은 중앙 수도원장의 직접적인 감독을 받았다. 그것은 엄격한 의미에서 "수도회"가 아니며, 한 명의 수도원장의 지도를 받는 독립 수도원들로 이루어져 있다. 중앙 수도원장은 각 공동체의 원장(prior)을 임명했다. 이 개혁운동은 여성 수도원들에까지 퍼져갔으며, 최초의 수녀원이 11세기에 휴(Hugh)가 클뤼니 수도원장이던 시절에 설립된 마르시니(Marcigny) 수도원이다.

  수도사들과 수녀들의 주된 활동은 베네딕트의 『규율집』(*Rules*)이 명한 대로 성무일과, 즉 기도와 성경 강독을 하는 것이었다. 클뤼니 사람들은 분심되지 않고 집중하여 이를 실시했으므로, 이 운동의 전성기에는 하

이 스페인 사본에 나타난 바와 같이 수도원은 학문과 예배의 중심지였다.

루에 138편의 시편들이 낭송되었다. 세월이 흐르면서 의식들이 점차 더 복잡해졌으므로 클뤼니 사람들은 시간을 성무일과에 모두 바치게 되고, 그 결과 베네딕트가 중요시한 육체노동을 등한시하게 되었다. 이 모습은 수도사들의 본분이 하나님께 기도하고 찬양하는 것이며, 논밭에서의 노동으로 손발에 흙이 묻지 않으면 이를 더 순수하게 진행할 수 있다는 이론으로 정당화되었다.

전성기에 있어서 클뤼니 사람들의 개혁 의지는 한이 없었다. 이들은 수백 개의 수도원 개혁이 진척되자, 이번에는 전체 교회의 개혁에 눈을 돌렸다. 그 시대는 교황청 역사에서 가장 어두운 시기였다. 교황들은 타의에 의해 놀랄 만큼 빈번하게 교체되었으며, 교황들과 감독들이 봉건 영주가 되면서 갖가지 음모에 연루되었다. 이러한 상황에서 클뤼니 수도원에서 실천된 수도원적 이상은 한 줄기 희망을 가져다주었다. 클뤼니 수도원에 속하지 않은 많은 사람들도 수도원적 모범에 따른 교회의 전반적 개혁이라는 목표에 합류했다. 당시 교회의 수뇌부에 만연했던 부패와 비교해 볼 때 클뤼니 운동은 하나의 기적, 새로운 여명을 가져다 줄 하나님의 개입으로 보였다.

따라서 11세기에 교회 개혁의 목표는 이미 수많은 수도원 공동체에서 벌어지던 움직임의 연장으로 파악되었다. 툴의 브루노는 이러한 이상을 가슴에 품고 동료들, 즉 힐데브란트와 훔베르트를 동반하고 로마를 향해 갔으며, 이곳에서 브루노는 레오 9세라는 이름으로 교황에 즉위했다. 클뤼니가 세속 권력으로부터의 독립을 통해 위대한 과업을 수행할 수 있었으므로, 교회 개혁가들은 교회 지도자들이 국왕들이나 귀족들을 비롯한 일체의 세속 권력으로부터 독립하기를 원했다. 제거해야 할 가장 시급한 폐해는 성직매매였다. 귀족들, 왕들, 그리고 황제들에 의한 감독들 및 수도원장들의 임명도 엄격한 의미에서 성직매매는 아니었지만 이와 밀접한 양상을 띠고 있었으므로, 특히 세속 통치자들이 개혁 의지를 지니지 못한 지역에서는 금지되어야 할 사항이었다.

수도원적 관점에서 볼 때 개혁의 또 다른 큰 적수는 성직자들의 결혼이었다. 수세기 동안 많은 이들이 독신생활을 했으며 이를 적극 권장하는 움직임이 여러 번 있었으나 독신제도가 구범으로 강요되지는 않았다. 그러나 이제 이 개혁가들은 특히 수도원의 모범에 힘입어 성직자들의 독신제도를 개혁을 위한 가장 중요한 제도들 중 하나로 주장했다. 결국 수도사와 수녀들에게만 요구되었던 이 제도가 모든 성직자들에게 요구되었다.

여기에는 많은 고통과 비통, 심지어 폭력이 동반되었다. 그 과정에서 밀란의 파타린파(Patarines)가 일어났다. 이들은 성직자 독신제도를 주창했는데, 사제들의 결혼을 일종의 축첩제도라그 주장했으며 사제들의 부인들을 창녀라고 칭하면서 그들을 남편의 집에서 쫓아내야 한다고 주장했다. 플로렌스에서는 많은 신자들이 결혼한 사제들이 집례하는 성례를 거부했다. 주교가 이성과 전통에 호소하려 했으나, 파타린파는 그 주교를 성직매매 죄로 고발했다. 주교는 혐의를 부인했지만, 후일 성인으로 시성된 요한 괄베르토(John Gualbert of Vallobrcsa)는 그 주교가 성직매매자라고 선포하면서 도시의 거리를 행진했다. 힐데브란트도 존 괄베르토를 도와 가담했다. 존경받고 있던 개혁파 수드사인 다미안(Peter Damian)은 중용과 인내와 사랑과 평정을 요구했다. 마침내 누군가 이 문제를 불시험에 의해 해결해야 한다고 제안했다. 그리하여 도시의 변두리에 모닥불을 피워놓고 파타린파를 지지하는 수도사가 그 위로 걸어갔는데, 이것이 그 주교의 말이 진실이 아님을 증명하는 증거로 채택되었다. 주교는 도시에서 도망쳤고, 그의 가족들은 집에서 끌려나와 거리로 쫓겨났다.

　베네딕트 수도원 운동의 또 하나의 기초 요소인 순명(順命)도 11세기 개혁에서 중요한 의미를 차지한다. 수도사들이 상급자들에게 순종해야 하듯이, 전체 교회(실질적으로는 전체 기독교권)가 교황에게 순종해야 했

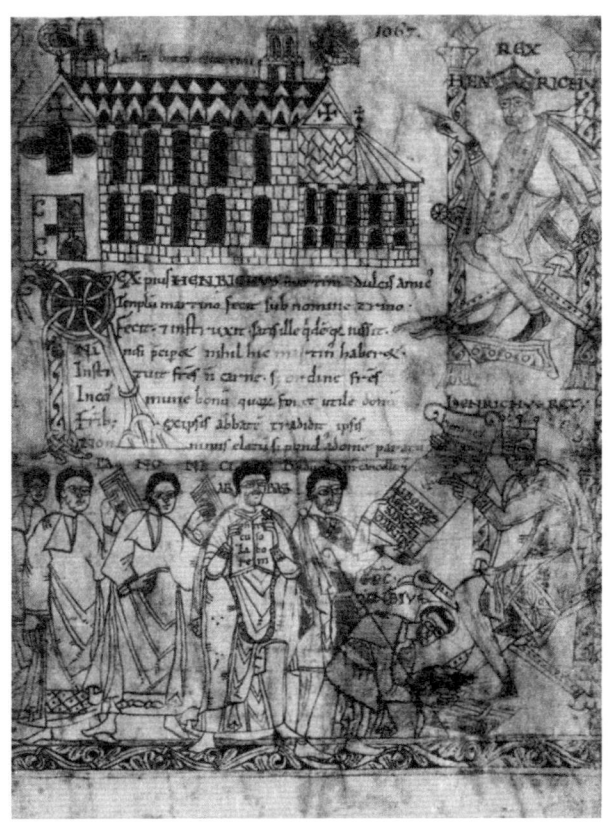

권력자들은 교회의 삶에 큰 영향을 미쳤다. 그림에서 프랑스의 앙리 1세가 수도원에 기부하고 있다.

108　중세교회사

다. 교회 개혁에서의 교황의 역할은 클뤼니 수도원장들이 수도원 운동에서 행한 것과 비슷하다는 것이었다.

가난 문제에 있어서 클뤼니 수도원운동과 이로부터 영감을 받아 시작된 일반적 개혁운동 모두 애매한 태도를 취했다. 모범적 수도사는 무소유의 단순한 삶을 살아야 했다. 그러나 수도원은 재산과 토지를 소유할 수 있었다. 또 수도생활을 동경하거나 장래 영혼의 구원을 보장받으려 하는 신자들이 막대한 선물과 유산을 계속 제공함으로써 수도원의 재산은 끊임없이 증가했다. 결과적으로 이 때문에 수도사들은 베네딕트의 『규율집』이 요구한 소박한 생활을 영위하기 어렵게 되었다. 클뤼니 수도원의 경우 재산이 많이 늘었기 때문에, 이곳에 속한 수도사들과 수녀들이 육체노동을 하지 않은 채 모든 시간을 오로지 성무일과에 바칠 수 있을 정도였다. 마찬가지로 개혁자들은 많은 감독들의 사치스러운 생활을 비난하면서도 수세기 동안 축적된 토지와 재산을 소유할 수 있는 교회의 권리를 정당한 것으로 옹호했다. 이론상으로 볼 때 그것은 고위 성직자들이 사용하기 위한 것이 아니라 하나님의 영광과 가난한 자들 구제를 위한 것이었다. 그러나 실질적으로 재산은 교회 개혁의 방해물이었다. 이로 인해 성직매매가 자행되었으며, 감독들과 수도원장들은 세속 영주의 권리를 지니고 있었기 때문에 항상 정치적 음모에 관여하게 되었다.

축적된 막대한 재산이 클뤼니 개혁운동 실패의 결정적 원인들 중 하나가 되었다. 수도사들의 경건한 생활에 감동하여 부자와 빈민의 차별 없이 많은 이들이 수도원에 금품을 헌납했으므로 클뤼니와 자매 수도원들은 예배당을 황금과 보석으로 치장할 수 있을 정도였다. 결국 베네딕트의 이상 중 하나였던 소박하고 검소한 생활은 자취를 감추었고, 이 때문에 가난을 강조하는 새로운 개혁운동들이 클뤼니 수도원을 대체하게 되었다. 마찬가지로 11세기 교회 개혁이 실패한 가장 큰 이유는 교회의 재산이었다. 그것 때문에 교회는 권력자들의 음모에 대적하여 가난하고 압박받는 자들의 편에 설 수 없었다.

클뤼니의 안일함에 불만을 품은 사람들은 또 다른 운동들을 일으켰다. 예를 들어 피터 다미안(Peter Damian)은 베네딕트의 규율이 요구한 것보다 훨씬 가혹한 내핍생활을 이상으로 추구했다. 수도원 개혁운동의 다음 주자는 11세기말 몰렘의 로베르(Robert of Molesme)가 창설한 시토(Citeaux) 수도원이다. 이곳의 지명이 라틴어로는 시스테르티움(*Cistertium*)이었으므로, 이 운동은 곧 "시토회"(Cistercian)라 불리게 되었다. 로베르는 원래 자신이 속했던 수도원으로 돌아갔으나, 하나의 공동체가 계속 시토에 잔류하여 일찍이 클뤼니 수도원장들이 주도했던 것과 비슷한 수도원 개혁을 추진했다.

시토회 운동을 대표하는 위대한 인물이 클레르보의 베르나르(Bernard of Clairvaux)이다. 그는 23세 때 여러 명의 친척들과 친구들을 대동하고 시토 공동체에 입회를 신청했다(1112년 혹은 1113년). 그는 시토 수도회에 가입하기로 결정한 후, 가입이 정식으로 이루어지기도 전에 몇몇 인물들을 자기를 따르도록 설득했다. 이것은 그 후 전 유럽을 감동시키고 많은 이들을 성지 예루살렘에 파송한 그의 뛰어난 설득력을 보여준다. 시토에 거주하는 수도사들이 많아지자 그는 클레르보에 새 공동체를 세우라는 지시를 받았다. 이 공동체는 급성장하여 곧 개혁의 중심지가 되었다.

베르나르는 무엇보다도 수도사였다. 그는 마르다의 직분보다는 마리아의 직분이 우월하다고 확신했으므로, 모든 시간을 하나님의 사랑에 관한 묵상으로 보내는 것이 소원이었다. 특히 그는 그리스도의 인성 속에 계시된 하나님의 사랑에 사로잡혀 있었다. 그러나 그는 마르다의 직분을 수행해야 하는 자리에 놓였다. 또한 그는 뛰어난 설교가였다. 이 때문에 그는 "닥터 멜리플루우스"(Doctor Mellifluous)라고 불렸다. 이는 그의 입에서 나오는 말이 꿀처럼 달았기 때문이었다. 그가 작곡한 것으로 알려진 "오 거룩하신 주님"(O Sacred Head, Now Wounded)과 "구주를 생각만 해도"(Jesus The Very Thought Of Thee)라는 두 찬송이 지금도 유행하는 것이 이것을 증명해준다. 그는 명성이 높아짐에 따라 많은 정치적·종교적 문제에 개입하여 중재자의 역할을 맡을 수밖에 없었다. 그는 문자 그대로 자기 시대를 장악한 인물이었다. 그는 그리스도의 인성에 관한 묵상에 전념한 신비주의자였고, 동시에 교황청 뒤에 혹은 그 위에 위치한 영향력이었으며(특히 그의 수도사들 중 하나가 교황이 된 후에는 더했다), 교회 개혁의 지도자, 제2차 십자군 원정을 가능하게 한 설교가, 그리고 신학적 변화에 반대한 보수주의자였다. 베르나르의 명성은 시토회 운동에 큰 활력을 더해 주었으며, 이 때문에 얼마 후 시토회 운동은 1세기 이전에 클뤼니가 담당했던 것과 동일한 역할을 맡게 되었다.

이제까지 10세기로부터 12세기까지 이르는 수도원 개혁의 두 가지 주요 운동을 개관했기에, 원래 이야기의 맥락보다 시대적으로 조금 앞서게 되었다. 따라서 다시 잠시 뒤로 돌아가 1048년, 즉 오딜로(Odilo)가 클뤼니 수도원장이었고 툴의 브루노와 동료들이 로마를 향해 가던 때로부터 이야기를 계속하기로 하자.

교황제도와 교회법의 개혁

개혁을 추구하는 교황들의 권력 집중과 법제화를 통해 교회 전체를 개혁하려는 시도들이 있었다. 법제화와 관련해서는 1140년에 편찬된 『그라티아누스 교령집』(*Decretum Gratiani*)은 교회생활을 다스린다고 간주되는 많은 법들을 편찬하고 조정하려는 하나의 시도였다. 이것은 다섯 개의 주요 문서들과 결합하여 『교회법대전』(*Corpus Juris Canonici*)을 형성하게 되었다. 이 『교회법대전』은 1917년까지 가톨릭교회 법의 기초였다.

그러나 개혁을 추구한 일련의 교황들은 자기들이 이해한 방식으로 개혁을 주도했다. 브루노(Bruno)가 이끄는 작은 순례자들의 무리가 로마를 향해 가고 있었다. 황제는 브루노에게 교황직을 제안했으나, 그는 순례자로서 로마에 입성하기를 원했다. 그는 황제에게서 교황직을 받는 것이 성직매매에 가깝다고 생각했기 때문에 로마 시민들과 성직자들이 그를 선출할 때에만 교황의 자리를 받아들이려 했다. 힐데브란트는 브루노에게 "만약 황제에게서 교황직을 받아 로마에 입성하게 되면, 이는 사도가 아니라 배교자로서 그 도시에 들어가는 것"이라고 말했다.

그 작은 무리 중 한 사람인 훔베르트(Humbert)는 로타링기아(Lotharingia) 수도원에서 학문에 전념했고 성직매매 반대운동을 벌였다. 그는 자기의 논문 『성직 매매자들에 대항하여』(*Against the Simoniacs*)에서 당시의 권력자들을 준엄하게 비판했다. 성격이 불같았던 훔베르트는 성직 매매자들이 집례한 성례가 무효라고 선언했는데, 이것은 수세기 전 어거스틴이 도나투스파와 논쟁하면서 거부했던 주장이었다. 그는 그 후 1054년 성 소피아 성당의 제단에 케룰라리우스(Michael Cerularius) 총대주교에 대한 파문장을 올려놓음으로써 동방과 서방의 분열을 공식화시키게 된다.

일행 중 가장 중요한 인물은 수도사 힐데브란트였다. 그는 토스카나 지방의 비천한 목수 가정에서 태어났고 어려서 로마의 수도원에 들어갔다. 로마에서 수도사로 지낼 때 장래의 교황 그레고리 6세를 만났다. 그레고리 6세는 교회의 개혁을 원하고 있었으며, 이를 위해 힐데브란트를 측근에 두었다. 그러나 당시 정식 교황이라고 주장하는 인물들이 세 명 나타났고, 그레고리는 교회의 통일과 평화를 위해 교황직에서 물러났다. 힐데브란트는 유배의 길에 그와 동행했으며, 그레고리 6세의 임종 시에 눈을 감겨 주었다고 전해진다. 2년 후 브루노는 로마를 향해 가면서 힐데브란트에게 자기가 진행하려 하는 교회 개혁에 합류해줄 것을 요청했다.

힐데브란트는 종종 여러 교황들을 배후에서 조종한 야심적인 인물로 묘사된다. 그러나 그 시대의 기록을 보면, 그는 스스로 교황이 될 준비가 되었다고 느끼기 전까지 교회의 개혁만 원한 인물이었던 듯하다. 이런 이유만으로 그는 여러 교황들을 보좌했으며, 결국 자신이 교황이 되는 것이 개혁을 위한 최선의 길이라고 판단했기 때문에 그레고리 7세(Gregory VII)라는 칭호로 교황 자리에 올랐다.

어쨌든 교황으로 부름을 받은 툴의 브루노는 개인적인 신앙의 표현으로서 로마를 향한 맨발의 순례길에 올랐다. 그가 로마를 향해 가면서 북부 이탈리아를 통과할 때 군중들은 길가에 늘어서서 환호했으며, 곧 그의 순례 도중 발생했다는 기적들의 이야기가 나돌기 시작했다. 그는 맨발로 로마에 입성하여 시민들과 성직자들의 환호 속에 교황의 삼중관을 받아들이고 레오 9세(Leo IX)의 칭호를 취했다.

레오는 교황이 되자마자 자기와 비슷한 개혁의 이상을 가지고 있는 인물들을 모아들임으로써 개혁을 시작했다. 그중 하나인 다미안(Peter Damian)은 오랫동안 교회의 상태를 개탄해왔고 많은 사람들에게 개혁의 필요성을 납득시켜 왔다. 그러나 그에게는 훔베르트와 힐데브란트와 같은 뜨거운 열정이 없었다. 그렇기 때문에 그는 개혁이 사랑과 자비에 기초를 두어야 한다고 주장했다. 그들의 개혁운동은 성직자 독신제도와 성직매매 금지에 기초를 두었다. 양자 사이에는 상관관계가 존재한다. 왜냐하면 봉건 사회에서 교회는 어느 정도 사회적 유동성을 지닌 몇 개의 조직들 중 하나였기 때문이다. 예를 들어 힐데브란트는 비천한 집안 출신이었으나 결국 교황이 되었다. 그러나 성직매매의 성행은 부자들만이 교회의 고위직을 차지할 수 있도록 보장함으로써 이러한 사회적 유동성을 위협했다. 여기에 성직자들의 결혼이 더해진다면, 고위 성직자들은 자녀들에게 그 지위를 물려주려 할 것이므로, 교회는 결국 부유한 권력자들의 이해관계만 반영하게 되는 것이다. 따라서 성직자 독신제도와 성직매매 금지를 통한 교회 개혁이야말로 권력자들에게서 교회를 되찾을 수 있는 길임을 깨달은 대중들은 이 운동을 지지했다.

이탈리아에서 개혁 조처를 취한 레오는 이것을 알프스 산맥 너머로 확장하기로 결정했다. 그는 우선 하인리히 3세가 성직매매 금지를 위해 몇 가지 조처를 취했던 독일로 가서 황제의 결정들을 추인하는 한편, 이것이 황제에게 영역 내의 교회 생활을 통치할 권한이 있음을 의미하는 것이 아님을 분명히 했다. 그는 독일에 있는 동안 황제에 반항하여 반란을 일으킨 로렌의 고드프리(Godfrey of Lorraine)를 파문하여 복종하게 만들었고, 황제 앞에서 그를 위해 중재하여 생명을 구해 주었다.

프랑스에서 성직매매가 성행하고 있었으므로, 레오는 이를 종식시키고자 했다. 그는 이를 위해 프랑스를 방문하기로 했다. 왕과 몇몇 고위 성직자들이 그의 방문에 반대했으나, 레오는 프랑스에 가서 공의회를 소집하여 성직매매의 혐의가 있는 고위 성직자들을 해임시켰다. 그 회의는 결혼한 주교들에게 아내를 버리라고 명령했으나 이 명령은 제대로 지켜지지 않았다.

레오는 교황 재직 시 두 가지 큰 오류를 범했다. 첫째는 시실리와 남부 이탈리아에 정착한 스칸디나비아인들에게 므력을 사용한 것이었다. 피터 다미안(Peter Damian)의 만류에도 불구하고 그는 군사들의 선두에 나서서 진군했으나 결국 스칸디나비아인들에게 패배했다. 이 때문에 레오는 임종 직전까지 포로 생활을 해야 했다. 또 다른 실수는 훔베르트를 자기의 사절로 콘스탄티노플에 파견한 것이었다. 비잔틴인들을 제대로 이해하지 못했던 훔베르트의 엄격성으로 말미암아 레오의 사망 직후인 1054년에 대분열이 발생했다.

새 교황 선출은 어려운 문제였다. 황제에게 교황의 지명을 허락하는 것은 세속 국가에 의한 교회의 통솔을 인정하는 것이었으므로 개혁가들은 이를 허락할 수 없었다. 반면 로마 성직자들과 시민들에게 교황 선출을 위임할 경우 또다시 이탈리아의 가문들 중 하나가 교회를 장악할 위험이 있었다. 결국 로마인들이 새 교황을 뽑되 독일인을 선출하도록 결정했다. 로마의 어느 당파도 교황청을 장악할 수 없도록 시도한 것이었다. 새 교황 빅토르 2세(Victor II)는 레오의 정책들을 답습했다. 로렌의 고드프리가 다시 반란을 일으킴으로써 하인리히 3세가 곤경에 처했을 때 교황이 그를 도왔으며, 황제는 임종 시에 어린 아들 하인리히 4세를 교황에게 맡겼다. 그리하여 빅토르가 한동안 교회와 제국을 동시에 통솔할 수 있었으므로, 그가 주장한 개혁은 급격히 진전되었다.

그 후 한번을 제외하고는 개혁파 교황들이 계속 그 뒤를 이었다. 이 예외의 경우 때문에 개혁가들은 니콜라스 2세(Nicholas II)의 주도 하에 제2차 라테란 공의회(Second Lateran Council)를 소집했으며, 그 공의회는 그 후 교황들을 선출할 방법을 결정했다. 그리하여 주교의 직함을 가지고 있는 추기경들이 교황 선출권을 보유하게 되었다. 이들은 그 후 나머지 추기경들의 동의를 얻고, 마지막으로 로마 시민들의 동의를 얻어야 했다. ("추기경"이라는 칭호의 기원은 확실치 않다. 1059년에 제2차 라테란 공의회가 소집되었을 때 추기경 제도는 이미 오랜 전통을 가지고 있었다.) 추기경들은 개혁을 주장했으며, 이들에 의해 선출된 교황들이 새로운 추기경들을 임명할 수 있었으므로, 개혁파의 영향력은 보장된 듯싶었다. 비록 게르만족의 지원을 받는 일부 유력한 로마 가문들이 대립교황을 세웠으나, 다음 교황 알렉산더 2세는 추기경들에 의해 정식으로 선출되어 개혁을 계속했다.

알렉산더가 죽고 힐데브란트가 교황으로 선출되었다. 그런데 이때 일반인들이 그의 선출을 요구하고 추기경들이 이에 동의함으로써 제2차 라테란 공의회가 정한 순서가 뒤집혔다. 그는 그레고리 7세(Gregory VII)라는 칭호를 취하고 이미 여러 해 동안 추진해온 개혁의 사역을 계속했다. 교황청 아래 세계를 통일하여 한 목자 아래 한 양떼를 이룩하는 것이 그의 꿈이었다. 이를 위해서 그는 성경을 여러 민족어로 번역해서는 안 된다고 선언했다. 왜냐하면 가르치고 해석하는 사역을 로마의 수중에 두어야 했기 때문이다. 그의 통일 이상에는 서유럽뿐만 아니라 당시 무슬림이 다스리고 있던 지역과 비잔틴 교회도 포함되어 있었다. 한동안 그는 이슬람에 대한 공세를 도모했다. 서부 전선은 스페인에 두었고, 동부 전선의 라틴계 기독교인들은 포위된 콘스탄티노플을 구하고자 했다. 그러나 이러한 계획들 및 그의 권위를 확대하려는 노력은 수포로 돌아갔다.

그레고리 7세는 서유럽에서 성직매매와 성직자들의 결혼에 반대하는 투쟁을 계속했다. 1070년에 개최된 종교회의에서는 성직매매를 정죄하고 성직자들의 독신생활을 명했다. 그레고리는 평신도들이 성직매수자에게서 성찬을 받는 것을 금함으로써 이 종교회의의 결정을 강화했다. 또 교황 특사들을 여러 지역으로 파견하여 이 명령에 복종하게 했다. 이에 대한 반발로 일부에서는 그레고리를 이단이라고 비방했다. 왜냐하면 오래 전에 어거스틴은 분파주의자들이 집례한 성례전이 유효하다고 선언했고 교회가 그에 동의했었기 때문이다. 실상 그레고리가 그러한 성례전이 무효라고 선언한 것이 아니라 그러한 성례를 삼가라고 명령했을 뿐이다. 프랑스의 국왕 필립 1세는 그레고리의 권면에 관심을 두지 않았다. 그의 지원을 받은 프랑스의 성직자들은 그레고리의 개혁 명령에 복종하기를 거부했다. 성직매매와 성직자 결혼을 반대한 양면 공격은 지혜롭지 못했다. 왜냐하면 그것은 교회의 직분을 통해 이익을 얻는 고위 성직자들과 성직매매를 개탄하면서도 이미 결혼하여 아내를 버리기를 거부하는 많은 하위성직자들을 단결하게 만들었기 때문이다. 그레고리와 그의 동료들은 수도사들의 이상인 독신제도를 개혁에 추가함으로써 교회개혁을 더 어렵게 만들었다.

그레고리는 정복왕 윌리엄(William the Conqueror)이 통치하던 잉글랜드에서 큰 성공을 거두었다. 그는 교황의 고문으로 있던 시절부터 노르만디에서 잉글랜드에 침입하려는 윌리엄의 계획에 동조했었는데, 이제 정복자가 되었을 뿐 아니라 애초부터 교회 개혁에 찬성했던 윌리엄은 성직매매에 대한 교황의 공격을 지지했다.

교황청과 제국의 정면대결

그레고리의 개혁을 향한 열정은 황제 하인리히 4세의 이해관계와 충돌했다. 하인리히는 소년 시절 개혁파 교황의 보호 아래 성장했으므로, 그레고리는 하인리히가 개혁운동을 지지할 것으로 믿었다. 그러나 날로 강해지는 감독들과 고위 성직자들의 영향력에 위협을 느낀 하인리히는 제국의 정치적 생존을 위해 황제가 자기를 지지하는 인물들을 성직에 임명할 수 있어야 한다고 생각했다. 마침 밀란에서 성직자 독신제도를 고집하는 극단파의 자극을 받아 폭동이 발생했다. 하인리히는 주교를 파직하고 다른 사람을 임명했다. 그레고리는 이에 대해 하인리히에게 일정 기한까지 로마로 출두하지 않으면 황제직을 박탈하고 그의 영혼을 지옥으로 보내겠다고 공언했다. 그레고리가 정한 날짜보다 두 달 앞선 1075년 성탄절 전날 밤에 미사를 집전하고 있는 교황을 군대가 공격하여 감옥에 가두었다. 이에 대항하여 로마 주민들이 봉기하여 그레고리가 갇혀 있는 곳을 포위하여 점령했다. 교황에 대한 공격을 주도한 사람은 도망쳤다. 그가 로마를 향해 순례를 계속한다는 조건으로 목숨을 살려주라는 그레고리의 명령 덕분에 그는 목숨을 부지할 수 있었다. 그러나 당시 중요한 성공을 거두어 권력의 전성기에 있던 황제는 교황이 정한 기일이 되기 며칠 전에 회의를 소집했고, 회의에서는 폭정과 간음과 마술 등의 혐의로 그레고리를 퇴위시킨다고 선언했다. 하인리히는 이 결정을 "교황이 아니라 거짓 수도사에 불과한 힐데브란트"에게 통지했다.

그레고리는 자기를 지지하는 자들의 회의를 소집했는데, 그들은 황제에게 엄격한 조처를 취하라고 조언했다. 다음날, 즉 로마로 하인리히 4세를 소환했던 날에 그레고리는 다음과 같이 판결했다.

> "성부와 성자와 성령의 이름으로, 성 베드로의 권위와 힘에 의하여, 그리고 교회의 명예를 수호하기 위해 나는 국왕 하인리히를…금령 아래 두노니 그가 독일과 이탈리아를 통치하는 것을 금지한다. 또 그에게 충성을 맹세했거나 맹세하고자 하는 일체의 서약들을 무효화한다. 그리하여 그가 국왕으로서 복종 받는 것을 금한다."[1]

처음 하인리히는 이미 시작한 대로 추진하기로 결심했다. 그러나 그에 대한 지지가 감소되기 시작했다. 여러 가지 이유로 그에게 불복했던 많은 사람들이 교황의 판결을 구실로 내세우기 시작했다. 또 미신에 사로잡힌 자들은 그의 주위에 있는 것만으로도 저주를 자청하는 것이라는 소문을 퍼뜨렸다. 특히 그의 강력한 지지자들 중 하나가 갑자기 사망함으로써 이러한 소문을 더욱 부채질했다. 결국 하인리히는 그레고리의 자비에 호소하는 것이 자기에게 남은 유일한 길임을 깨달았다. 그는 되도록 조용히 그레고리를 만나기 위해 이탈리아로 향했다. 그러나 그레고리는 황제가 평화를 위해 오는지, 아니면 폭력을 사용할 의사가 있는

---

1) Gregory VII, *Register* 3.10a.

하인리히 4세가 카노사에서 교황 그레고리 7세에게 용서를 구하고 있다. 그들의 왼편에 그 성의 성주 마틸다가 있다.

지 알 수 없었다. 특히 북부 이탈리아의 많은 학자들이 하인리히를 영웅으로 영접하고 모여 들었으므로 이러한 의심은 더욱 커졌다. 그러나 결과가 불확실한 전쟁에 왕위를 거는 모험을 원치 않았던 하인리히는 지지자들을 군대로 조직하지 않았다.

　마침내 요새화되어 있어 교황이 거주하고 있던 카노사(Canossa)에서 두 사람이 만났다. 하인리히는 개인적으로 그레고리를 접견하여 복종의 표시로 절하려 했었다. 그러나 그레고리가 공적인 회개를 요구했으므로, 하인리히는 회개하는 자의 모습으로 카노사에 들어갈 수 있게 해달라고 애원했다. 그는 사흘 동안 그레고리와의 회견을 탄원했다. 결국 그리스도의 제자들의 지도자라고 주장하는 자로서 다른 길을 취할 수 없었으므로 그레고리는 하인리히가 요청한 용서를 허락했고, 황제에 대한 판결을 철회했다.

하인리히는 급히 독일로 돌아갔다. 왜냐하면 그레고리와의 어려움을 틈타 적들이 반란을 일으켰기 때문이었다. 그레고리는 하인리히에 대한 판결을 철회했으나, 자기들 스스로 다른 황제를 선출한 반란자들을 억제하지 않았다. 이처럼 애매한 교황의 행동 대문에 내란이 발생했는데, 곧 하인리히가 승리를 거둘 것이 명백해졌다. 그러나 그레고리는 하인리히를 신뢰할 수 없었으므로 반란자들에게 동조했다. 그는 다시 하인리히를 파문하고 곧 그가 사망할 것이라고 예언했다. 그러나 이번에는 황제의 추종자들이 교황의 판결에 승복하지 않고 클레멘트 3세(Clement III)라는 이름으로 대립교황을 선출했다. 결국 반란자들이 세운 황제는 전사했고, 하인리히가 제국 전체를 통치하게 되었다.

1081년 봄 알프스 산길의 얼음이 녹자마자 하인리히는 로마로 진군했다. 그레고리가 기대할 수 있는 지원군은 이전에 그의 동맹자였고 남부 이탈리아를 통치하던 노르만인들밖에 없었다. 그러나 그는 이들을 파문한 바 있었다. 그는 비잔틴에 구원을 요청했으나 소용이 없었다. 로마 시민들은 처음에는 용감하게 도시를 방어했다. 그러나 교황이 침입자와의 회담을 거부할 것이 확실해지자 그들은 성문을 열었고, 그레고리는 성 안젤로 성으로 도피했다. 하인리히는 승리하여 입성했고, 클레멘트 3세가 도시를 차지했다. 그 후 노르만족이 개입했고 하인리히는 로마 시를 포기했다. 도시를 장악한 노르만족은 많은 시민을 학살하고 건물들을 태우고 수천 명을 노예로 팔았다.

여러 날 동안 폭력과 약탈을 당한 로마 시민들이 반란을 일으켰고, 그로 인한 오랜 폭력과 혼란 속에서 클레멘트 3세와 지지자들은 도시의 일부를 되찾을 수 있었다. 처음에는 몬테카시노로, 그 다음에는 살레르노로 피신했던 그레고리는 하인리히와 클레멘트 3세에 대한 위협을 그치지 않았다. 그러나 그에게 귀를 기울이는 자들은 없었다. 1085년 그는 임종하면서 "나는 정의를 사랑하고 불의를 증오했다. 이 때문에 객지에서 죽는다"라고 말했다고 한다.

힐데브란트는 임종 전에 노령의 몬테카시노 수도원장을 후계자로 지명했다. 교황이 될 마음이 없었던 노인은 그의 뜻을 받아들여 빅토르 3세(Victor III)라는 칭호로 교황에 임명되었다. 그는 지지자들에 의해 로마에 입성했으나 곧 병에 걸렸으므로 평화스럽게 죽기 위해 몬테카시노로 돌아갔다.

개혁파에서는 우르반 2세(Urban II)를 교황으로 선출했는데, 그는 로마시를 탈환하고 클레멘트 3세를 축출했다. 그는 제1차 십자군 원정을 일으킨 인물로서 알려져 있다. 그도 그레고리 7세의 정책들을 유지했다. 이 때문에 그는 프랑스의 필립 1세와 대결했고, 필립 1세를 결혼 문제로 파문했다. 그는 독일에서 하인리히의 아들 콘라드(Conrad)의 반란을 조장했다. 콘라드는 자기가 황제가 되면 주교들에 대한 임명권을 포기하겠다고 약속한 바 있었다. 그러나 하인리히는 전력을 다해 싸워 이들을 패배시키고 제국 회의를 통해 그의 상속권을 박탈했다.

우르반의 후계자 파스칼 2세(Paschal II, 1099-1118)는 클레멘트 3세의 죽음과 함께 분열이 종식되기를 원했다. 그러나 황제가 클레멘트 대신 다른 교황을 임명함으로써 분열은 계속되었다.

하인리히 4세는 반역을 꾀한 자기의 아들 하인리히에 맞서 전쟁을 준비하던 중 1106년에 사망했다. 평화를 원했던 파스칼은 비록 세속 권력자들에 의해 수행된 성직수임이라도 전대(前代)에 시행된 성직임명을 유효한 것으로 간주하지만, 앞으로 평신도에 의한 성직수임을 받아들일 수 없으며 이에 불복하는 자는 파문하겠다고 선언했다. 그는 과거를 청산한 동시에 새 황제에 도전한 것이었다.

하인리히 5세는 3년 후 교황의 도전에 응했다. 그는 이탈리아에 침입했으며, 파스칼은 협상에 응할 수밖에 없었다. 하인리히가 제안하고 파스칼이 동의한 절충안은 황제가 주교들에 대한 성직수임권을 포기하는 대신 교회는 고위 성직자들이 가지고 있는 봉건적 특권들을 포기한다는 내용이었다. 즉 성직자들로부터 세속적 권력을 박탈하겠다는 의도였다. 파스칼은 "성 베드로의 유산"만 로마 교회가 보유한다는 조건으로 이에 동의했다. 하인리히의 제안은 문제의 핵심을 꿰뚫은 것이었다. 왜냐하면 세속 통치자들의 입장에서는 주교들이 막강한 정치적 세력을 소유하는 한 이들을 무시할 수 없었기 때문이다. 또 만약 개혁파에서 수도원적 원칙들을 일관성 있게 교회 개혁에 적용하려면, 교회는 기꺼이 가난의 길을 택해야 한다는 이론이었다.

그런데 이 결정이 언뜻 보기에 합리적인 듯했지만 정치적으로 볼 때 가능한 것은 아니었다. 곧 세속 권력의 상실을 두려워한 고위 성직자들 가운데 맹렬한 반발이 일었다. 이들은 교황이 자기의 재산은 보호하면서 고위 상속자들의 재산을 포기했다는 점을 지적했다. 독일의 대 귀족들도 주교들의 권력을 박탈하여 자신의 입장을 강화시킨 황제가 이제 자기들을 공격하여 전통적 특권들을 앗아버릴까 우려하게 되었다. 그러자 로마 시민들이 황제를 대적하여 반란을 일으켰는데, 황제는 로마를 떠나면서 몇몇 추기경들과 주교들, 그리고 교황을 포로로 잡아갔다. 결국 황제는 교황을 로마로 귀환시켰으며, 교황은 성 베드로 성당에서 주

그레고리 7세가 피신한 성 안젤로 성

민들을 두려워하여 문들을 걸어 잠근 채 황제에게 관을 씌워 주었다. 그 후 황제는 급한 문제들이 기다리고 있는 독일로 귀환했다.

하인리히는 독일에서 새로운 문제들에 봉착했다. 권력 상실을 두려워한 많은 고위 성직자들과 귀족들이 반란을 일으켰다. 파스칼은 침묵했으나 독일의 많은 고위성직자들이 황제를 파문했다. 몇몇 지방 회의도 같은 조처를 취했다. 이러한 행위들이 파스칼의 묵인 아래 자행되고 있다고 하인리히가 반발하자, 교황은 황제에게 이러한 분쟁들을 해결할 회의를 소집하라고 제안했다. 그러나 하인리히는 이 제안을 받아들일 수 없었다. 왜냐하면 황제의 정책에 의해 자기들의 권력이 위협받는 것을 직감한 대부분의 주교들이 그에 대적할 것을 알고 있었기 때문이다. 그리하여 그는 다시 무력을 사용했다. 독일에서의 상황이 허락하자마자 그가 이탈리아를 침공했으므로, 파스칼은 성 안젤로(St. Angelo) 성으로 도피하여 그곳에서 숨을 거두었다.

황제의 개입을 두려워한 추기경들은 서둘러 새 교황을 선출했다. 이

때 선출된 겔라시우스 2세(Gelasius II)의 재위 기간은 짧고도 파란만장했다. 황제 편에 가담한 로마의 한 권력자가 그를 투옥하고 고문했다. 시민들이 반란을 일으켜 그를 석방시켰으나 황제가 군대를 거느리고 로마를 침공함에 따라 겔라시우스는 가에타(Gaeta)로 도주했다. 로마로 돌아온 그는 다시 로마의 권력가에게 잡혔으나 도주에 성공하여 들판을 헤메다가 지쳐 쓰러졌을 때 여인들에 의해 발견되었다. 그는 다시 프랑스로 피신하여 얼마 후 클뤼니 사원에서 숨을 거두었다.

겔라시우스가 프랑스로 도피하기로 결정한 것은 교황들이 택할 수밖에 없었던 새로운 방향을 시사해준다. 제국은 적이 되었고 남북의 노르만인들을 믿을 수 없었으므로, 교황들은 독일 황제들에 대항하여 자기들을 지원할 동맹자로서 프랑스에 의지하기 시작했다.

다음 교황 칼릭스투스 2세(Calixtus II, 1119-1124)는 황제의 친척이었다. 그와 친척들은 분쟁을 종식시킬 시기가 왔다고 확신했다. 각종 협박과 무력이 동원된 장기간의 협상을 거쳐 양측은 보름스 협약(Concordat of Worms, 1122)에 의해 합의에 도달했다. 이 협약에서 고위성직자들을 원래의 전통대로 자유스럽게 선출하되 황제나 그의 사절들이 현장에 참석하도록 결정되었다. 종교인들만이 고위성직자들에게 목회적 권위를 상징하는 반지와 홀을 하사하되, 봉건적 권리, 특권 그리고 재산들과 이를 대표하는 상징들을 하사하는 권한은 계속 권력자들의 수중에 두었다. 또한 황제는 교회 재산을 돌려주고, 봉건 영주들이 교회 재산을 침해하는 행위를 방지하기로 약속했다. 이에 따라 교황청과 제국 사이의 오랜 대결은 종식되었다. 그러나 비슷한 갈등과 대결이 그 후에도 반복되었다.

제국과 교황청의 갈등은 계속되었다. 교황을 반대하는 이 광고에서 하인리히가 카노사 성에 들어가게 해달라고 간청하는 동안 (오른쪽 윗부분의 창 안에서) 교황이 한 여인을 데리고 놀고 있다.

    결국 개혁파 교황들의 계획은 성공했다. 성직자들의 독신제도가 서방 교회 전체에서 시행되었다. 한동안 성직매매도 사라졌다. 그리고 13세기에 이르러 최정상에 달하기까지 교황청의 권력도 계속 증가했다.

    그러나 고위 성직자들의 임명을 둘러싼 논쟁은, 개혁파 교황들이 성직자들의 독신문제에 있어서는 수도원적 이상을 고집한 반면 가난의 이상에 관하여는 또 다른 입장을 취했음을 보여준다. 성직수임의 문제는 세속 권력자들, 특히 황제에게 매우 중요한 문제였다. 왜냐하면 교회가 부유하고 강성해짐에 따라 비우호적 주교들이 정치적 위협이 되었기 때문이다. 주교들은 행정, 사법 기관과 아울러 군대들까지 보유할 여유를 가지고 있었다. 따라서 세속 지배자들은 자기 보존을 위해서도 이처럼 중요한 직위를 차지할 인물이 자기들에게 우호적인 태도를 갖도록 만전을 기할 수밖에 없었다. 하인리히 5세가 주교들이 봉건 영주들과 동일한 권력과 재산을 갖지 않으면 자기 영역 내에서 주교들의 임명권을 포기하겠다고 제안한 것은 문제의 정곡을 찌른 것이었다. 개혁파 교황들은 교회의 재산이 그리스도와 가난한 자들에게 속한다고 보았으므로 세속 권력자들에게 양보할 수 없었다. 그러나 이러한 재산들은 개인의 유익을 위해, 이론적으로는 소유자가 아니라 수호자인 주교들의 개인적 야망을 달성하는 데 사용되었다.

제5장
이슬람에 대한 공격

> 나는 이 자리에 참석한 사람들에게 말한다. 또한 이 자리에 참석하지 못한 사람들에게도 이 내용이 전달되기를 바란다. 그리스도께서 이를 명령하신다. 전쟁터에서, 혹은 전쟁터를 향해 가다가 육지나 해상에서 생명을 바치는 사람들은 즉시 모든 죄의 용서를 받을 것이다. 하나님이 내게 주신 위대한 선물에 의거하여 참전하는 모든 자들에게 이를 하사한다.
> — 우르반 2세 —

중세 시대에 서방 기독교계를 사로잡은 많은 이상들 중에서 십자군 원정의 정신만큼 극적이고 압도적인 동시에 모순적인 것은 없다. 많은 사람들에 의해 낭만적으로 묘사되었지만, 십자군들은 부분적으로 자체의 열정에 의해 뜨거워진 기독교가 본줄에서 벗어난 많은 예들 중에서 가장 노골적인 것이다. 이 점에 있어서 비교될 수 있는 것은 종교재판뿐이다. 서유럽은 수세기 동안 그 결과가 비극적이라고 볼 수밖에 없는 일련의 원정에 정열과 생명을 바쳤다. 그들이 원한 것은 콘스탄티노플을 위협한 무슬림을 물리치고, 비잔틴 제국을 구원하며, 동·서방으로 분열된 교회를 재결합시키고, 성지(Holy Land)를 탈환하며, 이러한 작업을 통해 구원을 얻으려는 것이었다. 영혼 구원의 목적이 달성되었는지의 여부는 우리가 판단할 문제가 아닐지도 모른다. 그러나 다른 모든 목표들은 달성되었다. 그러나 어느 목적도 영구히 달성되지는 못했다. 처음 분열되어 있었기 때문에 패배한 무슬림들은 연합 전선을 구축하여 십자군을 패배시켰다. 콘스탄티노플과 그 진영은 15세기까지 생존했으나, 결국 오토만 투르크족(Ottoman Turks)에게 함락되었다. 제4차 십자군 원정의 결과로서 동·서방 교회가 일시적으로 통일되었으나, 이처럼 강요된 결합은 결국 동방과 서방 사이의 증오를 더욱 깊게 만들었다. 성지는 약 1세기 동안 십자군의 수중에 있었으나 무슬림들에게 다시 점령되었다.

제1차 십자군 원정

수세기 동안 기독교인들은 성지를 존중했고, 성지순례는 가장 고귀한 헌신의 표현이었다. 4세기에 콘스탄틴 대제의 모친은 팔레스타인의 성지순례를 헌신 행위로 간주했다. 그 직후 에게리아(Egeria)라고 알려져 있는 에테리아(Etheria)가 성지를 여행하여 그곳의 지리와 관습과 기독교 의식들에 관해 상세히 기록했다. 그녀가 기록한 『에테리아의 순례기』(Peregrinatio Aetheria)는 11세기에도 보급되고 있었는데, 그것은 서방의 기독교가 성지를 헌신의 대상으로 여긴 방식의 본보기이다.

이러한 성지들이 수세기 동안 무슬림의 수중에 있었다. 그러나 무슬림이 된 셀주크 투르크족(Seljuk Turks)이 비잔틴 제국을 위협했고, 많은 신자들이 과거 아랍인들의 정복을 상기하게 되었다. 만약 서방교회가 이러한 위협으로부터 비잔틴인들을 구한다면, 1054년 이래 분열 상태에 있는 양대 교회가 재결합되리라고 생각되었다. 따라서 그레고리 7세가 콘스탄티노플을 구하고 성지를 회복할 원정을 꿈꾸었지만 생전에 이 계획을 실행에 옮길 여유가 없었다. 1095년 클레르몽 공의회(Council of Clermont)에서 우르반 2세는 비잔틴 제국의 황제 알렉시스 1세의 지원 요청에 응답하여 투르크족에 대한 원정을 선포했고, 그곳에 참석한 사람들은 "하나님이 원하신다"(Deus vult)라고 외치며 응답했다.

당시 유럽의 여러 지역이 가뭄과 전염병에 시달리고 있었다. 그러므로 그리스도의 병사로서 외국으로 원정하자는 부름은 귀족들과 하류 계층 모두의 열렬한 환영을 받았다. 수세기 동안 억압되었다가 새 천년을 기대하면서 되살아났던 종말론적 환상들이 다시 나타났다. 어떤 이들은 혜성들과 천사들, 혹은 동쪽의 지평선 위에 걸린 거룩한 도시(Holy City)의 환상을 보았다. 곧 제대로 조직을 갖추지 못한 군중들이 은자(隱者)

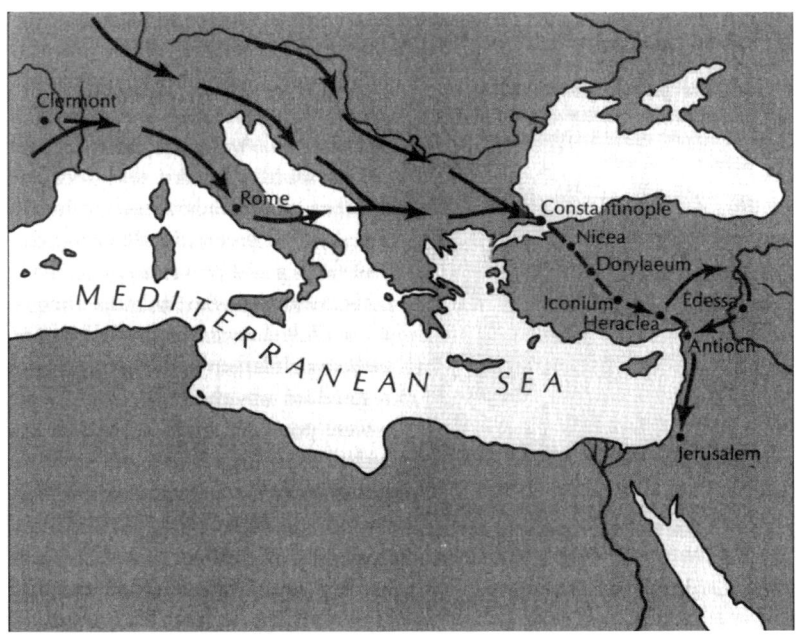

제1차 십자군 원정

제5장_ 이슬람에 대한 공격 131

피에르(Peter the Hermit)의 지도 아래 쾰른을 떠나 예루살렘을 향해 떠났다. 이들은 도중에 식량을 조달해야 했으므로 자기의 재산과 식량을 보호하려는 다른 기독교인들과도 싸움을 벌였다. 이들은 수천 명의 유대인들을 학살함으로써 불신자에 대항한 전쟁을 삼았다. 결국 이들의 대부분이 목숨을 잃었고, 일부는 조직을 갖춘 십자군에 합류했다.

공식적인 십자군 전쟁은 우르반이 대표로 지명한 퓌(Puy)의 주교 아데마르(Adhemar)가 이끌었다. 그와 동행한 다른 지도자들은 부용의 고드프리(Godfrey of Bouillon), 레몽 드 생질(Raymond of Saint Gilles), 보에몽(Bohemond), 그리고 탄크레드(Tancred) 였다. 십자군은 여러 경로를 통해 콘스탄티노플에 집결했으며, 이곳에서 황제 알렉시우스(Alexius)의 영접을 받았다. 은자(隱者) 피에르도 패잔병들을 거느리고 이곳에서 합류했다. 이들은 비잔틴군의 도움을 받아 투르크족의 수도인 니케아(Nicea)를 탈환했다. 황제는 십자군이 도시를 약탈할 것을 두려워했기 때문에 비잔틴인들이 먼저 입성했다. 그 후 이들은 많은 고난을 겪으며 소아시아를 통과하여 안디옥을 향했다. 그런데 다소(Tarsus)의 성벽 앞에서 탄크레드와 고드프리의 동생 볼드윈이 언쟁을 벌였다. 볼드윈은 원정을 포기하고 아르메니아인들의 요청을 수락하여 이들의 지도자로서 에데사의 백작의 칭호를 받았다. 나머지는 계속 진군하여 안디옥에 이르러 이전에 니케아에서 행했던 것처럼 이를 포위했다.

안디옥 포위는 어려운 작전이었다. 당시 십자군은 식량이 거의 떨어진 데다 도망병들이 속출했다. 포위당한 측이 십자군보다 풍부한 식량을 보유한 실정이었다. 그런데 성 안에 거주하고 있던 아르메니아 출신 기독교 신자들이 성문을 열어 주었다. 십자군들은 "하나님이 원하신다"

13세기 삽화에 묘사된 니케아 공격

(God wills it)라고 소리치며 성 안으로 들어갔고, 투르크 수비병들은 성채로 피했다. 그러나 성채에 피신한 투르크 병사들을 굴복시키지 못한 상태에서 나흘 후 투르크 대군이 도착했으므로, 십자군은 진퇴양난의 상황에 처했다. 피로에 지쳐 전의(戰意)를 상실한 십자군 병사들은 원정이 지혜로운 것인지 의문을 품기 시작했다.

그때 어떤 사람이 그리스도의 옆구리를 찔렀던 거룩한 창이 안디옥에 묻혀 있는 환상을 보았다고 주장했다. 사람들은 그 선견자가 말해준 곳을 파내려간 끝에 그 창을 발견했다. 이 창이 진정으로 그리스도의 옆구리를 찔렀던 창이라고 믿은 십자군들은 원정을 계속하기로 했다. 거룩한 창을 발견한 사람의 지시에 따라 닷새 동안 금식과 기도 한 후 이들은 수적으로 훨씬 우세한 투르크 군을 향해 돌진했다. 이들의 군기(軍旗)

는 거룩한 창이었으며 기세가 무척 흉맹했기 때문에 투르크족은 사분오열하여 패주했고, 십자군들은 투르크족이 운송해온 물자와 식량을 노획했다. 그들은 투르크군 진영에서 많은 여인들을 사로잡았다. 당시의 한 증인은 십자군 병사들의 경건성을 다음과 같이 자랑하고 있다. "우리는 그들에게 악한 짓을 하지 않았다. 다만 창으로 찔렀을 뿐이다."

그런데 십자군의 지도자로 임명된 아데마르 주교가 포위 작전 도중 열병으로 사망했으므로, 군대는 사령관이 없는 상태가 되었다. 많은 논란과 지연 끝에 부용의 고드프리가 새 지도자로 선출되었다. 1099년 6월 7일 십자군은 마침내 예루살렘의 모습을 처음으로 볼 수 있었다.

당시 예루살렘을 지키고 있던 병사들은 투르크족이 아니라 이집트 출신의 파티마족 아랍인들이었다. 이들은 모하메드의 딸 파티마(Fatima)의 후손이라고 주장했기 때문에 이러한 이름이 붙여졌다. 실제로 십자군이 그 정도라도 성공을 거둘 수 있었던 것은 무슬림들이 연합되지 않은 상태에 있었기 때문이다. 이는 과거에 적들이 분열되어 있었기 때문에 아랍인들이 방대한 영토를 정복할 수 있었던 것과 흡사하다. 니케아와 안디옥에서 십자군은 수니파 투르크족과 싸웠었는데, 예루살렘을 장악하고 있는 파티마족은 시아파였다. 아랍의 역사가 이븐 알 아씨르 (Ibn Al Athir)에 의하면 십자군들은 투르크족의 세력이 커지는 것을 두려워한 파티마족의 부탁을 받아 시리아로 갔다고 한다.

예루살렘 수비대는 장기간의 포위에 대비하고 있었다. 포위군의 식량 보급을 끊기 위해 주위의 농토를 불태우고 우물에는 독약을 풀었다. 십자군 역시 장기간의 포위 작전을 각오한 바였다. 그러나 7월 초 대규모의 파티마 군대가 접근한다는 소식에 접했으므로, 즉각 성을 함락시키든가 후퇴해야 한다는 결론에 도달했다. 이들의 전쟁은 종교적 의미를 띠고 있었으므로 하나님께 도움을 구하고, 맨발로 성을 돌며 참회의 찬송을 불렀다. 며칠 후 이들은 공격을 개시했다. 수비는 완강했다. 그러나 마침내 한 명의 기사가 성벽 위에 기어올라 다른 이들이 그 뒤를 따라 들어올 때까지 버텼다. 한 곳이 무너지자 전체 수비가 와해되었다. 수비병들은 성벽에서 도망쳤으며, 십자군은 오랜 원정의 목표인 도시로 들어갔다. 1099년 7월 15일이었다.

오늘날 일부 학자들은 어느 정도 과장되어 있다고 생각하지만, 당대의 보고에 의하면 모든 수비병들과 많은 민간인들이 죽었다. 여성들은 강간당했으며 유아들은 성벽에 던져져 죽임을 당했다. 도시에 살던 많은 유대인들이 회당으로 피신했는데, 십자군은 그들을 안에 가둔 채 불을 질렀다. 증인의 기록에 따르면 솔로몬 행각 근처에서는 피가 말의 무릎까지 차올라 흘렀다고 한다.

그 후 십자군은 피정복지를 서유럽 방식으로 조직하기 시작했다. 부용의 고드프리에게는 "성묘(聖墓)의 수호자"라는 칭호와 직위가 주어졌다. 1100년 그를 계승한 그의 형제 볼드윈은 예루살렘 왕이라는 칭호를 취했다. 이 왕국의 주요 봉신들은 안디옥 왕자 보에몽, 에데사의 백작 볼드윈, 그리고 트리폴리의 백작 툴루즈의 레이몽이다.

후기 십자군 원정

사명을 완수했으므로 대부분의 십자군들은 귀향할 준비를 했다. 부용의 고드프리는 당시 예루살렘을 탈환하기 위해 접근하고 있던 무슬림군을 맞아 싸울 기사들이 부족함을 알았다. 십자군들이 아스칼론(Ascalon)

에서 무슬림들을 패배시켰으므로, 예루살렘의 라틴 왕국의 생존은 한동안 보장되었다. 그러나 보충 병력의 계속적인 투입이 시급했으므로 소수의 무장 병사들이나 기사들이 단기간 성지에서 봉사하기 위해 유럽을 떠나는 것이 흔한 광경이 되었다. 이들 중 일부는 성지에 남았으나 다른 이들은 무장 순례라 볼 수 있는 여행을 마친 후 귀향했다.

대중들 사이에서도 십자군의 열정은 계속되었다. 묵시적 환상을 보았다고 주장하며 잡다한 추종자들로 집단을 조직하여 예루살렘을 향해 가는 자들을 흔히 볼 수 있었다. 하나님이 순진함을 사랑하시므로 어린아이들의 십자군 원정이 필요하다고 주장하는 자들도 있었다. 따라서 수차례의 "아동 십자군 원정"이 이루어졌다. 그러나 많은 어린이들과 청소년들이 떼를 이루어 동쪽을 행해 행진하다가 도중에 죽거나 통과하는 지역 주민들의 노예가 되었다.

십자군 정신, 그리고 십자군 행렬 등은 수세기 동안 꾸준히 계속된 현상이므로 "십자군 원정"을 일련의 독립된 전투로 파악하는 것은 엄밀한 의미에서 정확하지 않다. 그러나 이러한 전체 원정 중 몇 차례의 전성기가 있었으므로 이를 가리켜 "제2차 십자군 원정" 혹은 "제3차 십자군 원정" 등으로 부른다. 이것들을 대략 살펴보면 후기 십자군 원정의 정신과 상태들을 알아볼 수 있다.

제2차 십자군 원정의 원인이 된 것은 1144년 알레포(Aleppo)의 술탄(Sultan)에 의한 에데사의 함락이었다. 또다시 일반 대중에게 성지를 공격하자고 촉구하는 대중 설교가들이 등장했다. 어떤 이들은 원정 도중 유대인들도 진멸해야 한다고 주장했다. 그러나 클레르보의 베르나르의 설교는 달랐다. 그는 예루살렘 왕국을 구하기 위한 정규군의 조직을 촉구했으며, 준비 없이 예루살렘으로 달려갈 것을 주장하는 감정적 설교가들을 반박했다. 마침내 프랑스의 루이 7세와 독일의 콘라드 3세의 영도 아래 20만명의 군대가 성지를 향해 떠났으나, 이들은 투르크 군에게 거듭 패했고 별다른 성과를 거두지 못했다.

예루살렘 왕국은 한동안 융성하여 아말릭 1세(Amalric I) 때에는 카이로에까지 영역을 확장했다. 그러나 무슬림들이 재도전을 시작하여 이집트의 술탄 살라딘(Saladin)의 영도 아래 1187년 예루살렘을 함락시켰다.

이 소식은 전체 기독교권을 경악하게 했으며, 그레고리 8세는 십자군 정신의 부흥을 요구했다. 이 제3차 십자군 원정은 프리드리히 바바로사(Frederick Barbarossa) 황제, 영국의 사자왕 리처드(Richard the Lionhearted of England), 그리고 프랑스의 존엄왕 필립 2세(Philip II Augustus) 등 세 명의 국왕이 이끌었다. 그러나 이 역시 실패하고 말았다. 프리드리히는 물에 빠져 죽었고 그의 군대는 해산되었다. 리처드와 필립은 2년에 걸친 포위 공격 끝에 아크레를 함락시켰다. 필립은 리처드의 부재를 틈타 그의 영토를 빼앗을 속셈으로 귀환했다. 리처드도 잉글랜드로 돌아오던 중 독일 황제에게 포로로 잡혀 막대한 몸값을 약속하고서야 풀려날 수 있었다.

인노센트 3세가 소집한 제4차 십자군 원정은 더 큰 실패작이었다. 이들의 목적은 이집트에 소재한 살라딘의 본부를 공격하는 것이었다. 유명한 설교자 풀크 드 뇔리(Foulques de Neuilly)가 십자군을 일으키고 자금을 조달하는 임무를 맡았다. 풀크는 고리대금 및 온갖 형태의 사회적 불의를 극단적으로 대적했다. 그는 화폐경제의 발달로 말미암아 부자들이 돈을 사용하여 더 부유해지고 가난한 자들은 여전히 가난한 상태에 머무는 현상에 크게 분노했다. 풀크는 십자군을 장려하는 설교에서 가난한 사람들이 이 큰 임무를 이루기 위해 하나님에 의해 선택되었다고 선언했다. 가난한 사람이라도 십자군에 참여할 수 없는 사람들은 십자군에 참여할 수 있는 사람들을 지원해야 했다. 부자들도 참여해야 했다. 왜냐하면 그렇게 행함으로써 그들의 부당한 착취행위가 사함을 받기 때문이었다. 그리하여 수도에 머물고 있는 살라딘을 공격하기를 열망하는 군대가 소집되었다.

그러나 풀크와 교황이 알지 못한 상태에서 다른 계획이 추진되고 있었다. 콘스탄티노플의 왕좌를 두고 두 사람이 경쟁을 벌였는데, 그중 하나가 인노센트에게 자신이 왕위에 앉을 수 있도록 십자군을 콘스탄티노플로 보내달라고 부탁하면서 그 대가로 살라딘을 공격하는 십자군을 지원해주겠다고 약속했다. 인노센트는 거절했지만, 십자군들을 이집트로 수송하는 책임을 맡고 있던 베네치아인들은 많은 액수의 돈을 받고 십자군을 콘스탄티노플로 데려가는 데 동의했다. 그리하여 십자군은 진로를 바꾸어 콘스탄티노플을 점령했다. 그 후 이들은 플랑드르의 볼드윈(Baldwin of Flanders)을 콘스탄티노플 황제로 지명함으로써 콘스탄티노플의 라틴 제국(Latin Empire of Constantinople, 1204-1261)을 세웠다. 또 콘스탄티노플에 라틴 총대주교가 지명됨으로써 최소한 형식상으로 동방과 서방이 재결합되었다. 인노센트 3세는 처음에는 이러한 십자군의 몰상식한 행위에 분노했지만 결국 이를 교회의 연합을 위한 하나님의 방법으로 받아들였다. 그러나 라틴 황제들의 권위를 받아들이기를 거부하는 여러 국가를 세운 비잔틴인들은 사태를 받아들이지 않고 오랫동안 저항했다. 결국 이 국가들 중 하나인 니케아 제국이 1261년 콘스탄티노플을 탈환함으로써 라틴 제국은 종말을 맞았다. 이 사건으로 말미암아 서방 라틴권에 대한 동방 헬라권의 적개심이 심화되었다.

"예루살렘 왕"이 이끈 제5차 십자군 원정은 이집트를 공격하는 데 그쳤으므로 별다른 성과를 얻지 못했다. 교회로부터 파문당한 황제 프리드리히 2세가 이끈 제6차 원정은 다른 원정들보다 좋은 성과를 거두었다. 왜냐하면 황제와 술탄이 협정을 체결하여 예루살렘, 나사렛, 베들레헴과 아크레에 관련된 성지로 통하는 도로들을 프리드리히에게 양도했기 때문이었다. 프리드리히는 예루살렘에 입성했는데, 아무도 그를 왕으로 임명해주지 않았으므로 스스로 예루살렘 왕에 즉위했다. 그를 파문했던 교황 그레고리 9세는 분노했으나 온 유럽은 기뻐했으며, 프리드리히를 "예루살렘의 해방자"(Liberator of Jerusalem)라고 불렀다. 프랑스의 루이 9세(Saint Louis)가 이끈 제7차, 8차 원정은 대실패였다. 왕은 제7차 원정 도중 무슬림의 포로가 되어 막대한 몸값을 지불했고, 제8차 원정 중 튀니스(Tunis)에서 열병으로 사망했다. 이때가 1270년으로서 십자군 원정의 종말에 해당한다.

스페인 국토회복운동

스페인의 옛 서고트 왕국은 8세기에 무슬림들에 의해 멸망했으며, 그 일부가 북부 스페인 아스투리아스(Asturias) 지방에서 명맥을 유지할 뿐이었다. 그 후 프랑크족은 동방으로 진출했다. 이 두 세력을 중심으로 하여 스페인인들이 "레꽁끼스타"(Reconquista), 즉 국토회복운동이라 부르는 바 이슬람에 대한 오랜 저항이 시작된다. 후대의 전설에서는 이를 불신자들에 대항한 기독교 측의 계속된 노력으로 표현하지만, 실상은 훨씬 복잡하다. 기독교인들은 무슬림들에 대항할 뿐만 아니라 자기들까지도 분열 상태에서 싸움을 벌였으며, 무슬림과 기독교인의 결혼을 비롯하여 종교를 초월한 동맹의 모습도 찾아볼 수 있었다.

기독교 국가로서의 스페인 통일에서 야고보(St. James)의 무덤 "발견"이 중요한 역할을 했다. 9세기에 이곳은 서유럽 전역으로부터 기독교 신자들이 모여드는 중요한 성지가 되었으므로, 산티아고(Santiago), 즉 야고보의 성지에 이르는 도로가 북부 스페인과 서방 기독교권의 접촉을 유지하게 해주었다. 결국 야고보는 무슬림들에 대항한 투쟁의 수호신이 되었으며, 산티아고 마타모로스(Santiago Matamoros)- "이슬람 교도를 멸망시키는 야고보"-라는 명칭으로 알려졌다.

스페인의 무슬림들이 항상 연합되어 있었던 것은 아니다. 그들의 전성기는 929년 코르도바의 아미르 압둘라만(Amir Abd-al-Rahman)이 칼리프가 된 후였다. 그러나 이 칼리프가 다스린 지역은 자체 내의 전쟁들로 말미암아 약해졌고, 1031년 코르도바의 마지

레꽁끼스타의 신화가 발달함에 따라 일반적으로 엘시드라고 알려진 로드리고 디아스 데 비바르(Rodrigo Diaz de Vivar)가 국가적 정체성과 통일의 상징이 되었다. 그를 기리기 위해 그의 고향 비바르에 세워진 동상

막 칼리프가 다른 당파들에 의해 해임되면서 무슬림 지역은 수많은 소왕국들로 분열되었다. 이때 스페인 국토회복운동이 활기를 띠었다. 1085년 스페인의 카스티야 왕국이 옛날 서고트족의 수도였던 톨레도(Toledo)를 장악했다. 무어인들은 이에 대응하여 북아프리카로부터 병력을 증파했다. 그러나 1212년 기독교 왕들이 나바스 데 톨로사(Navas de Tolosa) 전투에서 연합전선을 결성하여 무어인들을 격파함으로써 국토회복운동은 급격한 진전을 보였다. 1248년 당시 스페인 반도에 잔존한 무어 왕국은 그라나다(Granada)뿐이었으며, 이 왕국도 카스티야 국왕에게 조공을 바침으로써 명맥을 유지했다. 마침내 1492년 페르디난트(Ferdinand)와 이사벨라(Isabella)가 그라나다를 함락시켰다.

스페인, 그리고 11세기경 노르만인들에 의해 정복된 시실리는 이슬람교도들에 대항한 무력 전쟁이 영속적 성공을 거둔 유일한 지역들이었다.

이슬람 공격의 결과

이 여러 사건들의 결과로서 기독교인들과 무슬림들, 그리고 서방 신자들과 비잔틴 신자들 사이의 증오와 불신이 깊어졌다. 십자군 원정의 사건들과 유혈극은 쉽게 잊어질 수 없었고, 21세기에도 그 결과들이 감지되고 있다. 십자군 시대에 이라크의 시인 알 아비와르디(al-Abiwardi)가 지은 시는 많은 것을 상기하게 해준다:

> 당신이 평화로운 세상에 사는 사람들처럼 쾌적한 삶을 느릿느릿 따라가는 동안, 칼끝이 피로 물들고 갈색 창의 쇠에 핏덩이가 엉겨 있을 때에 외국인들은 우리의 치욕을 먹고 살아야 하는가?

이것은 전쟁이다. 메디나의 무덤에 누운 자가 "오, 하심의 아들들아! 내가 보니 내 백성이 원수를 대적하여 창을 들려 하지 않으며 그 믿음이 연약한 신앙고백에 의지하고 있구나!"라고 외치는 듯하다.[1]

서유럽에서 십자군 원정과 스페인 국토회복운동은 교황의 세력을 강화하는 결과를 가져왔다. 십자군 원정을 주도하고 그 지도자들을 임명한 것은 교황들이었으며, 그들은 스페인에 특별한 관심을 가졌으므로 교황청은 강한 국제적 영향력을 획득했다. 우르반 2세가 제1차 십자군 원정을 소집했을 때, 그의 권위는 특히 독일 지방에서 그리 인정 받지 못하고 있었다. 그러나 인노센트 3세 시절 제3차 십자군이 콘스탄티노플을 점령했을 때 교황의 세력은 절정에 달했다.

십자군 원정은 기독교의 경건 생활에 큰 영향을 미쳤다. 성지와의 잦은 접촉을 통해 신자들은 성경에 기록된 역사적 이야기에 주의를 기울이게 되었으며, 예수님의 인성에 특별한 관심을 보였다. 제2차 십자군 원정을 가능케 한 설교가 클레르보의 베르나르도 예수님의 인성을 깊이 명상한 신비가였다. 십자가 고난의 세부 상황에 관한 시들과 저서들이 등장했다. 비슷한 이유로 예수님의 십자가 조각들, 족장들의 뼈, 성경에 등장하는 신앙인들의 치아 등 성유물들(relics)이 유럽으로 들어옴에 따라 성유물 숭배가 가열되었다.

군사 수도회의 설립에 따라 수도원의 이상도 새로운 방향을 취했다.

---

1) Quoted in Francesco Gabrieli, *Arab Historians of the Crusades* (New York: Dorset, 1957), 12.

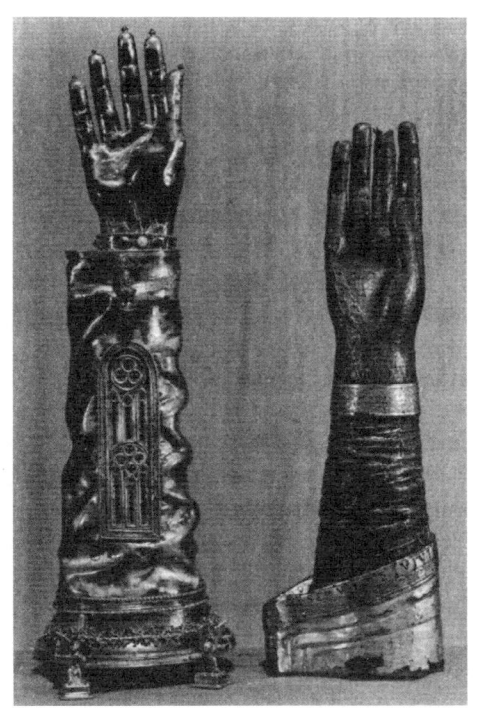

성골함의 형태는 그 안에 보관된 성유 물의 특성을 나타낸다.

이러한 수도회의 회원들은 전통적인 청빈과 순명과 순결을 서원했다. 그러나 이들은 묵상과 성경 연구에 시간을 보내기보다 전투를 위주로 하는 투사들이었다. (후일 말타로 본부를 옮긴) 예루살렘의 성 요한 기사단과 템플 기사단(Templars)을 비롯한 여러 기사단이 성지에서 창립되었다. 스페인에도 이와 비슷한 칼라트라바(Calatrava) 기사단, 알칸타라(Alcantara) 기사단, 산티아고(Santiago) 기사단 등이 존재했다. 십자군 원정이 끝난 오랜 후에도 이 수도회들은 존속했으며, 그 중 일부는 막강한 세력을 지녔다. 템플 기사단이 많은 부와 세력을 획득했기 때문에 1307년 프랑스의 국왕 필립 4세는 교황 클레멘트 5세(1305-1314)의 묵인 하에 그들을 이단, 마술, 도덕적 해이 등의 혐의로 고발하여 프랑스 내에 있는 그들의 지도자들을 처형하고 재산을 몰수했다. 1312년 클레멘트는 기독교계 전역에서 이 수도회를 해체했다. 곧 그들에 대한 거짓 고발에 기초하여 그들이 고대 영지주의 가르침을 신봉하는 이단 집단이었다고 주장하는 전설이 생겨났다. 스페인에서는 칼라트라바 기사단의 세력이 강력했으므로, 이사벨라와 페르디난트는 그들의 통치 아래 스페인의 통일을 추구하면서 페르디난트가 그 기사단의 총수가 되었다. 예루살렘의 성 요한 기사단은 1798년 나폴레옹에 의해 정복되기까지 말타를 다스렸다.

십자군 정신은 이단들에 대한 대항에서도 나타난다. 남부 프랑스와 이탈리아 일부 지역에는 고대 교회에 존재했던 마니교와 비슷한 교리들이 성행했다. 이것들은 오래 전부터 마니교적 이원론을 신봉한 "보고밀파"(Bogomils)가 존재했던 불가리아나 비잔틴 제국으로부터 유입된 듯하다. 이들은 "카타리파"(Cathars; 이는 "순수"를 의미하는 헬라어에서 파생되었다), 혹은 특히 남부 프랑스의 알비(Albi)에서 번성했으므로 "알비파"(Albigensians) 등으로도 불렸다. 인노센트 3세는 이들에 대항한 전투를 소집했으며, 1209년에는 북부 프랑스의 야심적인 귀족들이 남부에 침입했다. 무슬림 지역에서 행해졌던 것과 비슷하게 알비파 및 이들을 보호하려 한 기독교 신자들을 가리지 않는 잔학 행위가 자행되었다. 이것은 원래 성지 수복을 목표로 했던 십자군들의 이상과는 다른 후기의 타락상을 보여준다.

신학 분야에서 무슬림과의 새로운 접촉은 중대한 결과를 가져왔다. 무슬림 스페인(Muslim Spain), 그리고 이보다는 정도가 떨어지지만 무슬림 시실리(Muslim Sicily) 등은 학문의 중심지들이었다. 중세 시대의 가장 뛰어난 유대인 철학자 마이모니데스(Maimonides)와 무슬림 철학자인 이븐 루슈드(Ibn Rushd, 서방 문헌에서는 아베로에스[Averroes]로 알려져 있다)는 코르도바 출신이다. 이들과 그 동료들은 고대 철학을 부활시켜 유대교 및 이슬람교의 신학적 문제들에 접목시켰다. 특히 아베로에스는 아

오랫동안 무슬림 세력과 학문의 중심지였던 코르도바는 이곳은 십자군 원정 직후 기독교 신학 발달에 크게 기여했다. 코르도바에는 이곳에서 배출된 유명한 인물인 무슬림인 아베로에스와 유대인 마이모니데스의 기념비가 있다.

리스토텔레스(Aristotle)에 관한 방대한 주석들을 남겼는데, 이 때문에 그는 후에 "주석가"(Commentator)라는 별명으로 불렸다. 스페인과 시실리로부터 아리스토텔레스 및 이 철학자들의 작품들이 서유럽에 소개되었다. 이들은 그 후 13세기에 철학과 신학에 심대한 영향을 미치게 된다.

마지막으로 당시 유럽에 발생한 경제적·인구 통계학적 변화와 십자군 원정들 사이에는 복합적인 관계가 있다. 십자군 원정들이 이러한 변화들을 가져오는 데 중요한 역할을 했지만 그 외에 다른 요인들이 존재하기 때문에, 역사가들은 이들의 상대적 중요성의 순위에 관하여 의견을 일치시키지 못하고 있다. 어쨌든 십자군 원정 시대에 도시와 상업이 발달했다. 그때까지는 부(富)의 유일한 근원이 토지였으므로, 토지를 소유하고 있는 귀족들과 고위 성직자들이 경제력을 독점하고 있었다. 그러나 통상과 교역이 중요한 위치를 차지하게 됨에 따라 새로운 부의 원천들이 생겨났다. 이 때문에 도시들이 성장했으며 도시 내에 새로운 계급, 즉 부르주아(bourgeoisie)들이 나타나기 시작했다. 원래 "도시에 사는 자들"이라는 의미인 부르주아는 주로 당시 점차 경제 및 정치력을 획득해가던 상인들로 구성되어 있었다. 이들은 곧 막강한 권력을 행사한 고위 귀족들에 대항하여 국왕들과 동맹 관계를 맺게 된다. 결국 이들이 프랑스 혁명을 통해 왕실과 귀족들을 정복할 것이다.

제6장
중세 기독교의 황금시대

> 하나님은 창공에 위대한 태양, 그리고 그보다는 약한 달을 창조하시어 각각 낮과 밤을 주관하도록 하셨듯이, 또한 보편 교회의 창공에도 두 개의 빛을 창조하셨다.… 보다 위대한 존재는 낮을 다스리듯이 영혼들을 지배하고 보다 미약한 존재는 밤을 다스리듯이 육체들을 지배한다. 이것들은 곧 교황의 권위와 왕실의 권력이다.
> – 인노센트 3세 –

    십자군 원정의 종식과 함께 중세 기독교는 절정에 달했다. 이 상태를 중세 종생활의 두 지주라 할 수 있는 수도원운동과 교황제도를 통해 볼 수 있다. 이것은 신학과 건축에서도 표현되었다. 그러므로 그것들을 차례로 간단히 살펴보기로 하자. 즉 탁발수도회의 발달, 교황 권력의 강화, 신학 활동, 그리고 건축 등의 순이다.

탁발수도회

   도시들, 교역, 그리고 화폐경제의 발전은 변화를 초래했으나, 그러한 변화가 항상 환영받은 것은 아니다. 예를 들어 화폐경제는 전문 생산을 촉진하여 공동의 부를 증가시킴으로써 경제적인 거래를 덜 직접적이고 인간적인 것으로 만들고 빈부의 격차를 넓혔다. 도시의 성장과 함께 발생한 인구 이동으로 말미암아 전통적인 교구 목회는 도시로 모여든 사람들의 욕구에 응답할 수 없게 되었다. 수세기 동안 뛰어난 적응력을 보여온 수도원운동이 이 같은 화폐경제의 약점에 대응하여 인구 이동에 대처한 것은 놀라운 일이 아니다. 이들이 곧 "탁발수도사들"(mendicants)로서 그 의미는 구걸을 통해 생계를 유지한다는 것이다.

탁발수도회의 선구자는 12세기 리용 출신의 상인으로서 청빈한 생활을 실천한 수도사의 이야기를 듣고 감동하여 가난과 설교의 길에 나선 발도(Peter Waldo)이다. 곧 그의 주위에 많은 추종자들이 모여들었으나 대주교는 이들의 활동을 금지했다. 이는 그들의 활동이 부자들을 비판하는 것처럼 보였고, 종교생활에 대한 대주교의 권위와 통제력을 잠식하는 것처럼 보였기 때문이다. 그들이 로마에 항소했으나 담당 신학자들은 그들의 무식을 조롱했다. 이러한 푸대접과 거듭되는 비판에도 불

프란치스코는 몸에 오상(五傷)을 지닌 것으로 잘 알려져 있다.

구하고 그들은 설교를 계속했다. 그 후 박해로 말미암아 이들은 알프스 산맥의 계곡에 들어가 은둔해야 했으며, 그곳에서 종교개혁을 맞았다. 그들은 종교개혁 당시 개혁파 신학자들의 가르침을 받아들여 프로테스탄트가 되었다.

초기 단계의 프란치스코 수도회는 발도파와 매우 흡사하다. 프란치스코(Francis, 1181-1226)는 발도처럼 상인 계급 출신이었다. 그는 이탈리아인으로서 본명은 조반니(Giovanni)였다. 그러나 모친이 프랑스인이었고 부친은 프랑스와 상거래를 하고 있었으며, 그는 프랑스 음유 시인들의 노래를 좋아했다. 따라서 그의 고향 아씨시(Assisi)의 친구들은 그를 "프란치스코"(Francesco), 즉 작은 프랑스인이라 불렀으며, 그는 오늘날까지 이 별명으로 알려졌다.

프란치스코도 발도처럼 심오한 종교적 경험을 통하여 청빈생활을 포용했다. 전설에 의하면 어느 날 친구들이 크게 기뻐하는 그를 발견했다. 친구들이 물었다.

"왜 그렇게 기뻐하고 있지?"
"결혼했기 때문이야."
"누구와 결혼했는데?"
"가난이라는 귀부인!"이라고 프란치스코는 대답했다.

그 후 그는 전 재산을 가난한 이들에게 나누어 주었다. 부모가 그에게 더 많은 물질을 주면, 그는 즉시 그것으로 구제했다. 그는 몸에 넝마를 걸치고 만나는 사람들에게 가난의 아름다움을 찬양하거나 퇴락한 예배당을 다시 짓거나 자연의 아름다움과 조화를 즐기며 지냈다. 결국 아버지는 그를 지하실에 가두고 성직자들에게 이 문제의 해결을 요청했다. 그곳의 주교는 프란치스코에게 가족의 재산을 지혜롭게 사용할 능력이 없으면 이를 포기해야 한다는 판결을 내렸다. 그는 판결을 받자마자 자기의 유산을 포기하고, 입고 있던 옷마저 벗어서 부친에게 돌려준 후 벌거벗은 채 숲속에 들어가 은둔생활을 시작했다. 그는 포르치운쿨라(Portiuncula)라는 퇴락한 작은 예배당을 재건하며 지냈다.

1209년말 그는 예수께서 제자들을 파송하시면서 금과 은을 지니지 말고 복음을 전하라고 하신 복음서의 말씀(마 10:7-10)이 봉독되는 것을 들었다. 그 때까지도 그는 단지 자발적 가난과 이를 통해 발견한 기쁨만 추구하고 있었다. 이제 그는 가난과 설교를 연결할 수 있는 가능성을 발견했다. 즉 자기가 거처할 곳이 아무도 찾지 않는 고독한 장소가 아니며, 많은 사람들이 법석대는 도시에 들어가 그들을 교훈하고 빈자와 병자들을 도와야 한다는 것을 깨달은 것이다. 이

포르치운쿨라

제 그의 자발적 가난은 스스로를 위한 극기의 방법일 뿐만 아니라 주위 상황에 의해 어쩔 수 없이 가난하게 된 자들과의 동일성을 통한 연결을 이루는 수단이 되었다.

프란치스코는 이러한 이상을 품고 은둔처를 떠나 고향 아씨시로 귀환하여 주민들에게 설교하며 과거의 이웃들과 친구들로부터 모욕을 당했다. 그러나 점차 그의 이상을 이해하는 약간의 사람들이 그의 주위에 모였다. 그와 몇몇 친구들은 교황으로부터 새로운 수도회의 설립 허가를 받기 위해 로마를 방문했다. 당시 교황 인노센트 3세는 프란치스코에게 돼지처럼 보이니 돼지우리에 가서 돼지들과 함께 뒹굴라고 말했다. 프란치스코는 돼지우리로 갔다가 진흙을 덮어쓴 채 인노센트에게 돌아와서 "아버지여, 당신이 명하신 대로 했습니다. 이제 제가 요청한 대로 해주시렵니까?"라고 말했다. 이 이야기의 진우와는 상관없이 전임자들보다 지혜로웠던 인노센트는 프란치스코의 패기를 시험한 후에 그의 요청을 수락해주었다.

프란치스코는 교황의 허락 아래 사역을 계속하기 위해 아씨시로 귀환했다. 곧 그의 새로운 수도회, 즉 "작은 형제들의 수도회"(Friars Minor)에 가입하기 위하여 사람들이 몰려들었다. 여성들을 위한 자매 수도회가 프란치스코의 영적 자매라 할 수 있는 클라라(St. Clare)에 의해 설립되었으니, 이들은 "성 클라라회"(Clarisses) 혹은 "청빈 클라라회"(Poor Clares)라 불렸다. 사람들은 곧 서유럽 전역에서 설교하고 찬양하고 구걸하는 프란치스코 수도사들의 모습을 흔히 볼 수 있게 되었다.

프란치스코는 그 운동의 성공이 종말을 불러오리라는 점을 두려워했다. 그는 존경받기 시작한 추종자들이 겸손을 잃을까 두려워했다. 전해지는 이야기에 의하면, 수련수사가 시편을 소유하는 것이 법에 어긋나는지 물었을 때에 프란치스코는 다음과 같이 대답했다고 한다: "시편을 갖게 되면 일과기도서(Breviary)를 갖고 싶어집니다. 일과기도서를 갖게 되면 고위성직자처럼 강단에 올라서고 싶어집니다."

누구에게서 금화 한 닢을 받고 기뻐하며 돌아온 수도사의 이야기도 전해진다. 프란치스코는 그 수도사에게 입에 금화를 물고 똥더미 속에 파묻으라고 명령했다. 그곳이 금을 위한 최적의 장소라는 의미였다.

수도회가 번영할 때에 직면해야 할 유혹들을 의식한 프란치스코는 추종자들이 재산을 소유하는 것을 금했으며, 교황이나 누구에게라도 수도회의 규칙을 완화해 줄 것을 금하라고 유언했다.

1220년 수도회의 총회 때 그는 수도회의 지도자 자리를 사임했고, 후계자에게 순종하는 겸손을 보이기 위하여 그 앞에 무릎을 꿇었다. 그는 1226년 10월 3일 자신이 젊었을 때 재건한 예배당에서 숨을 거두었다. 그의 마지막 말은 "나는 책임을 다했다. 이제 그리스도께서 너희들의 의무를 가르쳐 주실 차례이다. 자매 죽음이여, 어서 오라!"였다고 한다.

또 다른 주요한 탁발수도회의 설립자는 성 도미니크(St. Dominic)이다. 그는 프란치스코보다 12세쯤 연상이었으나 수도회를 설립한 시기는 그보다 뒤졌다. 그는 카스티야 왕국의 칼레루에가(Caleruega)에서 출생했는데, 원래 귀족 출신으로서 그 가문의 성이 아직도 남아 있다.

도미니크는 팔렌시아(Palencia)에서 10년쯤 공부한 후 오스마(Osma) 성당의 참사회원이 되었다. 4년 후 29세 때에 그 성당 참사회는 성 어거스틴(St. Augustine) 참사회의 수도규칙을 따르기로 결정했다. 이는 성당 참사회원들이 수도원 공동체에서 모여 살되 세속생활로부터 완전히 분리

되거나 신자들에 대한 사역을 포기하지 않음을 의미한다.

1203년 도미니크와 그의 주교 오스마의 디에고(Diego of Osma)는 남부 프랑스를 방문했다. 그는 그곳에서 알비파의 번창함을 보고 충격을 받았으며, 이들을 강제로 가톨릭교회로 개종시키려 노력했다. 그는 알비파가 큰 영향을 미칠 수 있는 이유들 중 하나로서 그들의 지도자들이 극단적 금욕생활을 실행한 데 반해 당시 성직자들과 사제들은 편안한 생활을 영위하고 있음에 주목했다. 이단과 싸우는 데 있어서 무력보다 더 좋은 방법이 있다고 확신한 도미니크는 정통 신앙에 대한 설교와 교훈을 시작했다. 동시에 엄격한 수도생활과 이단에 대항한 최선의 논거들을 사용하기 위해서 학문 탐구를 추가했다. 그는 알비파에서 정통 신앙으로 개종한 귀족 출신 여성들을 위해 피레네 산기슭에 수녀원을 세웠다. 그의 성공에 감명을 받은 툴루즈(Toulouse)의 대주교는 그가 설교할 수 있도록 교회를 제공하고 수도원 공동체의 조직을 위한 건물도 하사했다.

얼마 후 그는 대주교의 지원 아래 로마를 방문하여 인노센트 3세에게

고향 칼레루에가에 있는 도미니크의 동상

독자적 규율을 사용하는 새 수도회의 설립 허가를 요청했다. 서로 다른 수도원의 규칙들이 다양하게 시행되는 것을 두려워한 교황은 그 요청을 들어주지 않았다. 그는 도미니크에게 사역을 쉬지 않도록 권면하는 한편, 기존 수도원 규칙들 중 하나를 채택하도록 종용했다. 툴루즈로 돌아온 도미니크와 그의 추종자들은 어거스틴의 규율을 채택했다. 그 후 이들은 추가 입법 조처들을 통해 자기들의 필요에 맞는 규칙들을 첨가했다. 이들은 가난과 탁발의 규칙을 채용했는데, 이는 초기 프란치스코 운동을 본받는 동시에 정통 기독교인들의 생활이 세속적이라고 비난한 알비파를 반박하기 위한 것으로 보인다.

공식 명칭이 설교자 수도회(The Order of Preachers)였던 도미니크 수도회는 처음부터 학문 탐구를 강조했다. 이 점에서 도미니크는 수도사들이 시편을 소유하거나 학문 연구에 몰입하는 것을 경원했던 프란치스코와 다르다. 도미니크회에서는 이단들에 대항하기 위하여 뛰어난 학문을 갖출 필요가 있었으므로 수도사들을 지적으로 훈련시켰다. 이 때문에 그들에게서 뛰어난 신학자들이 배출되기 시작했다. 이들보다 약간 늦게 신학 분야에 뛰어든 프란치스코회 수도사들도 그리 뒤떨어지지 않았다.

두 탁발수도회는 거의 유럽 전역에 퍼졌다. 이 수도회에는 여성들을 위한 자매회, 그리고 수도사들의 경건함과 수행을 따르지만 수도사가 되지 않고 세속 사회에서의 역할을 포기하지 않는 사람들의 "삼회"가 있었다. 곧 그들을 모방한 비슷한 운동들이 등장했다. 일반적으로 설교자 수도회의 행로는 프란치스코회만큼 험하지 않았다.

처음부터 도미니크 수도회에서는 가난을 단지 이단을 논박하는 임무를 강화하고 촉진해주는 논거로 여겼다. 이들의 주된 목표와 목적은 설교, 교훈, 교육 그리고 신학 연구였다. 가난은 이러한 목적들을 이루기 위한 여러 수단들 중 하나에 불과했다. 따라서 상황의 변화와 함께 수도회의 재산 소유가 필요하게 되었을 때에 이들은 별 저항 없이 재산을 소유했으며, 탁발 생활의 모습은 자취를 감추었다. 이들은 당시에 모습을 드러내고 있었던 여러 대학교에 교수진들로서 자리 잡기 시작했다.

당시에 가장 중요한 신학의 중심지는 파리 대학과 옥스퍼드 대학이었다. 도미니크 수도사들은 이 두 도시에 수도원을 세웠고, 곧 교수들로 하여금 대학에서 가르치게 했다. 얼마 후 대 알베르트(Albert the Great)와 토마스 아퀴나스(Thomas Aquinas) 등 도미니크회 수도사들이 지성인들 사이에서 도미니크 수도회의 이름을 드높였다.

도미니크 수도사들은 무슬림들과 유대인들을 개종시키는 데 주력했다. 초기에 무슬림들 사이에서 활약한 가장 유경한 설교자는 트리폴리의 윌리엄(William of Tripoli)이다. 스페인에 거주하는 유대인들 사이에서는 빈센트 페러(Vincent Ferrer)가 중요한 역할을 담당했다. 이들이 성공을 거둔 이유들 중 하나는 트리폴리의 무슬림들에 대한 십자군의 탄압, 그리고 스페인 유대인들에 대한 기독교인들의 무력 사용이라 할 수 있다.

프란치스코회 수도사들도 대학교에 진출했다. 1236년 파리 대학 교수인 할레의 알렉산더(Alexander of Hales)가 프란치스코 수도회에 가입함으로써 작은형제회의 수도사들은 최초의 대학 교수를 갖게 되었다. 얼마 후 프란치스코 수도회 출신 교수들이 서유럽의 모든 중요한 대학교들에서 가르쳤다.

초기의 성공에도 불구하고, 혹은 이러한 성공 때문에 프란치스코에 의해 설립된 수도회의 역사는 파란만장했다. 프란치스코는 자기를 따르는 수도사들이 부유하고 안락한 생활에 젖을까 두려워했다. 이러한 까닭에 그는 수도사들 개인뿐만 아니라 수도회 자체의 절대 가난을 명령했다. 그는 이 명령을 유언에서 재확인했으며, 명령한 규칙의 개정을 불허했다.

프란치스코가 사망하고 나서 얼마 안 되어 수도회 내에 두 파가 생겼다. 엄격파(Rigorists)는 창립자의 지시에 절대 순종할 것을 주장했다. 그러나 온건파(Moderates)는 상황의 변화가 규율의 문자적 해석과 적용을 불가능하게 만들었다면서 사명의 촉진을 위해 주어지는 재산을 받아들여야 한다고 주장했다. 1230년 그레고리 9세는 프란치스코의 유언이 절대적으로 적용될 수는 없다고 선언했다. 수도회는 이제 가난에 관한 규칙을 개정해 주도록 로마에 요청할 수 있게 되었다. 1245년부터 교황청이 재산의 소유권을 갖고 프란치스코 수도회가 사용권을 보유한다는 형식으로 재산을 소유하기 시작했다. 결국 이러한 형식마저 포기하고, 수도회는 막대한 재산을 소유하게 되었다.

이 과정에서 엄격파는 점차 교회의 지배층으로부터 유리되었다. 그들은 이러한 사건들을 프란치스코에 대한 배반으로 간주했다. 곧 어떤 이들은 프란치스코보다 거의 한 세대 전의 인물인 피오레의 요아킴(Joachim of Fiore)의 예언이 이루어지기 시작했다고 주장했다. 요아킴은 역사가 성부시대, 성자시대, 그리고 성령시대라는 세 단계로 나뉘어 있다고 주장했다. 아담에서부터 예수님까지의 첫 시대는 42세대 동안 계속되었다. 하나님은 질서와 균형을 사랑하시므로 성자시대 역시 같은 수의 세대로 이루어진다고 요아킴은 주장했다. 한 세대를 30년으로 계산한 요아킴은 1260년에 성자시대가 끝나고 성령시대가 시작된다고 주장했다. 성자시대에는 다른 신자들보다 더 영적인 수도사들이 성령시대의 선구자적 역할을 한다는 것이다.

1260년이 다가오고 있었으므로 많은 엄격파 프란치스칸들이 교회의 기존 성직계급으로부터 이탈하여 요아킴의 주장을 수용했다. 이들은 당시의 어려움들을 새 시대의 여명을 불러오기 위한 마지막 고난이라 생각했다. 즉 새 시대에 들어서면 이들의 입장이 정당한 것으로 밝혀지리라는 주장이었다. 한편 교황을 비롯한 교회 지도자들은 낮은 계층에 속하는 신자들이며 성령시대에는 이들이 필요 없게 된다는 것이었다.

스스로 "성령파"(spirituals)라 불렀던 이 프란치스칸들은 피오레의 요아킴의 이론들을 전파하기 시작했다. 수도회의 총회장인 파르마의 존(John of Parma)은 그들에게로 크게 기울었기 때문에 이단이라는 비난에 맞서 자신을 변호해야 했다. 그리하여 한동안 프란시스칸들은 과거 발도파와 비슷한 경로를 택하여 기존 성직 계급 교회와 결별하리라 생각했다. 그러나 파리 대학 교수였던 차기 총회장 보나벤투라(St. Bonaventura)가 심오한 경건성과 성직 계급에 대한 엄격한 복종을 결합했고, "성령파"는 기세를 잃었다. 이와 동일한 사상이 14세기에 "프라티첼리"(Fraticelli) – 이탈리아어로 "작은 형제들"이라는 의미 – 사이에서 출현했으나 박해를 받아 사라졌다.

한 목자 아래의 한 양떼

황제가 주교들에게 세속적 권위를 수여할 수 있지만 종교적인 권리를 수요할 수 없도록 규정한 보름스 협약(Concorcat of Worms, 1122)이 교황청의 문제들을 종식시키지 못했다. 로마에는 여전히 자기의 유익을 위해 교황직을 노리는 유력한 가문들이 있었다. 또다시 두 사람이 교황직을 자기 것이라 주장했다. 당시 클레르보의 베르나르가 인노센트 2세를 지지하지 않았다면, 유럽은 또다시 양분되었을 것이다. 적수에게 로마를 빼앗긴 인노센트는 프랑스를 찾아갔다. 한편 프랑스의 전통적 적국인 영국과 독일은 그에 대한 충성을 주저하고 있었다. 베르나르는 양국의 왕에게 인노센트의 편을 들도록 설득했다. 결국 황제군의 지원 아래 인노센트는 로마로 귀환할 수 있었다.

그러나 황제가 사망하고 그의 후계자와 인노센트의 관계가 악화되었다. 당시 이탈리아 내에는 공화주의 사상이 유포되고 있었다. 교황은 북쪽의 제국 도시들에서, 그리고 황제는 로마에서 공화주의를 조장했다. 일부 제국 도시들이 반란을 일으켜 스스로 공화국이라고 선포했다. 로마 시민들도 반란을 일으켜 공화국임을 선언하고 원로원을 선출했으며, 이들은 교황의 영적 권위에는 복종하지만 세속적 통치에는 복종할 수 없다고 선포했다. 그 후 몇 명의 교황은 로마에 거주할 수 없었다. 다음 황제 프리드리히 바바로사(Frederick Barbarossa, 1152-1190) 시대에 교황청과 제국의 긴장상태는 고조되었다. 바바로사는 일련의 대립교황들을 선출했다. 그러나 그가 이탈리아에서는 자신의 정책을 실현할 수 없었다. 왜냐하면 제국에 반항한 도시들이 롬바르드 동맹(Lombard League)을 조직하여 그를 패배시켰기 때문이다. 수년 동안의 분쟁 후 바바로사는 당시의 교황 알렉산더 3세와 화해했다. 대립교황 칼릭스투스 3세(Calixtus III)는 1178년에 사임했다. 알렉산더는 그의 사임을 받아들이고 그를 교회의 고위 성직에 임명했다.

프리드리히는 교황들의 전통적 동맹자였던 시실리의 왕위 계승자와 아들 하인리히를 결혼시킴으로써 자신의 위치를 강화했다. 그런데 프리드리히가 제3차 십자군 원정에서 익사했으므로 그의 아들 하인리히 6세가 즉위하여 독일 황제인 동시에 시실리 왕이 되었다. 곧 하인리히가 교황청을 지배하려 하는 것이 확실해졌으므로 교황 셀레스틴 3세는 그를 파문했다. 황제와 교황 사이에 공개적 대결이 불가피하게 되었을 때에 황제와 교황 모두 사망했다.

당시 제국은 하인리히 6세의 갑작스런 죽음이 가져온 충격에서 회복되지 못하고 있었으므로, 추기경들은 외부 압력을 받지 않고 새 교황을 선출할 수 있었다. 이들은 당시 37세인 로타리오 데 콘티 디 세그니(Lotario de Conti di Segni)를 새 교황으로 선출했으며, 그는 인노센트 3세라는 칭호로 기독교 역사상 가장 강력한 교황이 되었다.

하인리히의 미망인은 어린 아들 프리드리히가 독일 내의 권력 투쟁에서 해를 입을까 염려하여 그를 교황의 보호 아래 맡기고, 시실리 왕국을 교황의 봉토로 양도했다. 그리하여 하인리히 6세 때에 발생한 교황청에 대한 위협이 소멸되었다.

당시 하인리히의 수중에 있었던 황제의 직위는 세습적인 것이 아니었다. 황제는 귀족들에 의해 선출되었는데, 당시 귀족들은 프리드리히가 어리다는 이유로 그를 황제로 선출하지 않았다. 하인리히 6세 및 그가 속한 호헨스타우펜(Hohenstaufen)가를 지지했던 자들은 하인리히의 형 필립을 선출했다. 그러나 반대파는 오토 4세(Otto IV)를 선출했는데, 그는 곧 인노센트 3세의 지지를 얻었다. 당시 필립이 정당한 절차에 의해 선출되었음은 의심할 여지가 없다. 그러나 인노센트 3세는 그가 교황을 대적한 형의 범죄에 물들어 있을 뿐 아니라, 교황에게 정당한 황제를 결정할 권한이 있다고 선언했다. 즉 세속적 권력과 영적 권력이 모두 하나님에 의해 투입되었다는 것이었다. 이들은 마치 해와 달과 같다. 달이 해로부터 빛을 받아 반사하듯이, 황제도 교황에게서 권력을 받아야 한다는 것이다. 인노센트가 이러한 이론을 기초로 오토를 합법적 통치자라고 선언했으므로, 그 후 10년에 걸친 내란이 발생했고 필립이 암살당함으로써 종식되었다.

제국의 통치권을 장악한 오토 4세는 이제까지 그를 후원해준 교황과 결별했다. 그 주요 이유는 이탈리아에서 세력을 증가시키려는 황제의 노력과 이를 반대하는 교황의 거부 때문이었다. 오토의 첩자들은 로마 안에 있는 공화파를 자극하고 격려했으며, 동시에 오토는 시실리 왕국에 침입할 준비를 하고 있었다. 당시 프리드리히는 형식적으로 인노센트의 봉신이었으며, 시실리 왕국은 교황의 봉토였다.

이에 대한 복수로 인노센트는 오토를 파문하고 그의 폐위를 선언했으며, 프리드리히를 합법적 황제로 선포했다. 프리드리히는 교황의 지원 아래 알프스를 넘어 독일에 침공하여 삼촌의 황제위를 박탈했다. 이것은 프리드리히와 인노센트 모두에게 기이한 승리였다. 왜냐하면 인노센트는 프리드리히를 지원함으로써 전통적으로 교황을 대적해온 호헨스타우펜가의 회복에 기여했기 때문이다. 한편 새 황제 프리드리히 2세는 황제들과 국왕들 위에 군림하는 교황의 권위를 인정함으로써 제위를 차지할 수 있었다. 그리하여 인노센트는 프리드리히를 지원하는 한편, 프리드리히는 은연중 합법적인 세속의 군주를 결정할 수 있다는 교황의 주장을 인정한 꼴이 되었다.

인노센트 3세가 관여한 국가는 독일뿐만이 아니었다. 그의 영향력을 느끼지 않은 유럽의 국가는 거의 없었다고 할 수 있다.

그는 프랑스의 존엄왕 필립의 결혼 문제에 개입했다. 국왕은 상처한 후 덴마크 출신의 공주와 재혼했으나, 이 둘째 아내를 버리고 셋째 아내를 취했다. 인노센트는 국왕에게 합법적 아내에게로 돌아갈 것을 권면했으나 필립이 거부했으므로 전체 국가에 금령을 내려 성례를 금지시켰다. 필립은 교황의 명령에 대항하려고 귀족들과 주교들의 회의를 소집했으나 이들이 국왕에 대항하는 입장을 취했으므로, 셋째 아내를 떠나 둘째 아내에게 돌아갈 수밖에 없었다. 폐위된 셋째 왕비는 우울증에 걸렸다. 복위 혜택을 받은 둘째 왕비 역시 자기의 삶이 계속되는 고문 상태에 있는 것 같다는 불평을 그치지 않았다. 어쨌든 교황의 권위가 당시 가장 강력한 국왕 위에 군림한 셈이었다.

당시 영국의 지배자는 사자왕 리처드(Richard the Lionhearted)를 계승한 그의 동생 존(John Lackland)이었다. 존의 결혼생활은 필립의 그것보다도 한층 복잡했으나, 당시 오토를 독일 황제위에 올리기 위해 영국의 도움을 필요로 했던 인노센트는 아무런 조처도 추하지 않았다. 그러나 후에 인노센트와 존은 누가 합법적인 캔터베리의 대주교인가라는 문제를 두고 격돌했다. 당시 잉글랜드에서 가장 중요한 캔터베리 교구를 두고 두 명의 경쟁자가 나섰고, 양자는 모두 교황에게 항소했다. 인노센트는 양자 모두 합법적 대주교가 아니라고 응답했고, 스테픈 랭튼(Stephen Langton)을 그 직위에 임명했다. 존이 교황의 결정을 받아들이기를 거부했으므로, 교황은 그를 파문했다. 이에도 불복하자 인노센트는 존의 폐위를 선언하고 백성들의 충성 의무를 무효화했을 뿐만 아니라, 그에 대항한 전쟁을 소집했다. 잉글랜드와 전통적으로 적대 관계에 있었던 프랑스의 존엄왕 필립은 이 부름에 응했다. 당시 국민들의 충성을 확신할 수 없었으므로 왕위를 빼앗길까 염려한 존은 항복했고, 과거 시실리 왕국이 그러했듯이 왕국 전체를 교황의 봉토로 삼았다.

인노센트는 존의 항복을 받아들여 프랑스의 필립이 준비하고 있던 원정을 취소시켰고, 그 후 존의 후원자가 되었다. 따라서 스테픈 랭튼의 지원 아래 영국 귀족들이 존에게 마그나 카르타(Magna Carta)에 서명할 것을 강요하여 귀족들에 대한 왕의 권력을 제한했을 때, 인노센트는 이 행위를 반역으로 규정했다. 그러나 그의 반대는 효력이 없었다.

인노센트는 스페인에도 거듭 개입했다. 아라곤의 페드로 2세(Pedro II)는 자기의 왕국을 교황의 봉신 왕국으로 선언했다. 불신자들로부터 정복한 일체의 영토는 교황청에 귀속한다는 인노센트의 주장을 인정한 셈이었다. 한 가지 역사의 아이러니는 "가톨릭"(the Catholic)이라는 별명으로 알려진 이 국왕이 알비파를 보호하다가 인노센트가 소집한 전투에서 전사했다는 사실이다. 인노센트는 레옹 왕국과 카스티야 왕국에도 개입했다. 교황은 레옹의 왕과 그의 사촌인 카스티야 왕의 딸의 결혼을 불허했다. 이처럼 교황에 의해 금지된 결혼을 통해 태어난 카스티야와 레옹 연합왕국의 페르디난드 3세(Ferdinand III)가 교회의 성인으로 시성되었다는 사실도 아이러니이다.

이것들은 국제 정치문제에 널리 관여한 인노센트의 모습을 보여주는 몇 가지 예에 불과하다. 인노센트는 포르투갈, 보헤미아, 헝가리, 덴마크, 아이슬란드, 그리고 불가리아와 아르메니아 지방의 문제에도 개입했다. 또 그의 의사에 반한 것이었으나 제4차 십자군 원정 중 콘스탄티노플을 함락시키고 그곳에 라틴 제국을 건설함으로써 그의 세력과 영향력은 더욱 확대되었다.

그것만이 아니었다. 인노센트의 재위 기간 중 프란치스코 수도회와 도미니크 수도회라는 두 개의 중요한 탁발수도회가 설립되었으며, 스페인의 기독교 왕국들이 연합하여 나바스 데 톨로사(Navas de Tolosa) 전투에서 무어족을 물리쳤고, 알비파에 대한 무력 핍박이 발생했다. 이 모든 사건에서 인노센트는 지도적 역할을 했다.

인노센트는 1215년에 소집된 제4차 라테란 공의회를 통해 교회 개혁을 향한 의지를 표명했다. 이 회의에서 화체설, 즉 성찬식에서 떡과 포도주의 실체가 그리스도의 몸과 피의 실체에 의해 대체된다는 교리가 공포되었다. 이 공의회는 교황이 주도한 개혁 프로그램을 인정했고, 발도파, 알비파, 그리고 피오레의 요아킴의 주장들을 정죄했다. 이 공의회에서 종교재판을 설립했으니, 이는 모든 주교들이 자기 교구에 이단이 존재하는지 수사하여 이를 파괴해야 한다는 의미이다. 동 회의는 새로운 규율을 표방하는 새로운 수도회의 설립을 금지했다. 또한 모든 성당에 학교를 두며, 이 학교에서 행해지는 교육을 가난한 자들에게도 시행하도록 규정했다. 또 성직자들이 극장, 사냥, 도박, 오락 등에 손대지 못하도록 명령했다. 신자들에게 최소한 1년에 한 번 죄를 고해하도록 규정한 것도 이 회의였다. 동 회의는 교황의 허락 없이 새로운 성유물이 인정되는 것을 금했다. 기독교 영토 내에 거주하는 유대인들과 무슬림들에게 구별되는 의복을 착용하도록 명령했다. 신부들이 성례전을 집례하고 대가를 받는 것을 금지했다. 그런데 동 회의가 각각 하루에 불과했던 세 차례의 회기에서 이 모든 사항들을 결정한 것을 보면, 이 결정 사항들이 회의 자체의 논의에 의한 결론이 아니라 인노센트가 결정한 사항들을 회의에서 인정한 것에 불과함이 분명하다.

이러한 이유들 때문에 인노센트 3세 때에 기독교권은 "한 목자 아래 한 양떼"의 모습에 가장 근접한 형태에 이르렀다. 목자는 교황을 의미한다. 따라서 그 시대 사람들이 교황이 인간 이상의 존재이며 인간의 모든 생활에 미치는 권위와 권리를 가지고 있다고 생각하게 된 것도 무리는 아니다.

인노센트는 1216년에 사망했으며, 그 후 수십 년 동안 그의 후계자들이 그 혜택을 누렸다. 1254부터 1273년까지 독일은 무질서 상태에 있었으며, 마침내 합스부르크의 루돌프(Rudolf of Hapsburg)의 황제 선출을 지지한 교황 그레고리 10세가 질서를 회복했다. 새 황제는 그 대가로 로마 및 교황 직속령이 제국의 영토에서 제외된다고 선언했다.

한편 프랑스의 세력이 증가함에 따라, 교황들은 그 지지를 받기에 부심했다. 탁발수도회들의 영향도 증대했으므로 많은 이들이 그들 가운데서 교황이 선출되기를 원했다. 최초의 도미니크 수도회 출신의 교황은 인노센트 5세로서 1276년에 잠시 재위했다. 최초의 프란치스코 수도회 출신 교황은 니콜라스 4세로서 1288년부터 1292년까지 재위했다.

니콜라스가 사망한 후 교황 선출에 있어서 추기경들의 의견이 일치하지 않았다. 어떤 이들은 교황이 세속사에 있어 경험을 가진 인물로서 세상의 음모와 야망을 이해할 줄 알아야 한다고 주장했다. 또 다른 이들은 프란치스코 수도회의 이상을 내세워 이를 대표하는 인물을 선출할 것을 주장했다. 결국 후자가 우세하여 셀레스틴 5세가 선출되었다. 그는 프란치스코 수도회에서도 "성령파"를 대표하는 인물이었다. 그가 맨발로 당나귀를 타고 나타났을 때 많은 이들은 피오레의 요아킴의 예언이 성취

된다고 생각했다. 이제 성령시대가 도래하여 교회는 겸손하고 가난한 자들에 의해 이끌어질 것이라는 기대였다. 이십 만 명의 신자들이 그를 맞이하기 위해 순례했다. 그는 교황으로 선출된 직후 성령파 프란치스칸들에게 이전 교황들로 말미암아 가난의 원칙이 해이해진 수도회를 떠나 가난한 은둔수사로 살 권한을 주었다. 피오레의 요아킴의 견해에 동의한 성령파 프란치스코회 수도사인 유명한 시인 야코폰 다 토디(Jacopone da Todi)는 세상의 희망이 셀레스틴의 어깨에 놓였으며 만일 그가 실패한다면 큰 불행이 따를 것이라고 선언했다. 그런데 그는 실패했다. 그는 자기 시대의 정치적 현실을 알지 못했고 또 알려 하지 않았기 때문에, 곧 나폴리의 카를 2세(Charles II of Naples)의 꼭두각시가 되었다. 카를 2세는 자신의 정치적 의제를 개진하기 위해 그를 이용했다. 결국 셀레스틴은 교황위에 오른 지 일 년이 안 되어 양위하기로 결정했다. 그는 추기경들 앞에 나타나 교황의 제복을 벗고 땅에 무릎을 꿇고 앉아 마음을 바꾸지 않을 것을 서약했다. 그는 5년 쯤 엄격한 수도생활을 하다가 사망했다.

그의 후계자는 대조적인 성격을 지닌 인물로서 보니파시오 8세(Boniface VIII, 1294-1303)라는 칭호를 취했다. 그의 교서 「우남 쌍탐」(*Unam Sanctam*)은 세속 권력을 압도한 교황들의 전성기를 보여준다.

"하나의 검이 또 다른 검 아래 있어야 하듯 세속 권력은 영적 권력에 귀속되어야 한다.…따라서 지상의 권력이 바른 길에서 벗어날 때에는 영적 권력에 의해 심판받아야 한다. 만약 지존적 존재의 영적 권위가 정도를 벗어날 때에는 인간에 의해서가 아니라 하나님에 의해서만 판단 받아야 한다.…우리는 모든 인간의 구원에 절대적으로 필요한 일체의 교리가 로마 교황의 권위 아래 있음을 선언하고 비준하고 정의하는 바이다."[1]

그러나 다음 장에서 살펴볼 수 있듯이 이 오만한 주장은 여러 사건들을 통하여 빛을 잃었다. 보니파시오 8세의 재위 기간 중 교황청의 권력은 쇠퇴하기 시작했다.

신학 활동: 스콜라 신학

교황 권력의 전성기요 탁발수도회들의 설립이라는 특징을 지닌 13세기는 중세 스콜라 신학의 절정기이기도 했다. 이것은 나름의 특유한 방법론을 가지고 있는 신학으로서 "학교"(school)에서 발달한 신학에 붙여진 이름이다. 그 기원은 수도원이었지만 12세기경 신학 활동의 중심지가 된 성당 부속 학당들은 13세기 초에 대학교들로 대체되었다. 어떤 면에서 볼 때 이것은 도시 발전이 가져온 결과들 중 하나라 할 수 있다. 신학은 인구 중심지로부터 떨어진 곳에 소재한 수도원들로부터 교회와 주교들과 연관된 성당 부속 학당들로 옮겨졌다. 성당들은 대부분 도시에 위치했다. 그 후에는 중요한 대도시에 모인 학자들의 집결지라 할 수 있는 대학교가 무대가 되었다.

스콜라신학의 가장 중요한 선구자는 캔터베리의 안셀무스(Anselm of Canterbury)이다. 이탈리아 출생인 그는 1060년에 노르망디의 벡(Bec) 수도원에 들어갔다. 그는 당시 이곳 수도원장이었던 란프랑크(Lanfranc)

---

[1] *Corpus of Canon Law* 2.1245.

의 명성에 이끌려 이곳을 선택했다. 란프랑크는 1078년에 캔터베리 대주교로 임명되었다. 1066년에 잉글랜드를 정복한 노르망디의 윌리엄은 종교적·세속적 문제들에 관한 권위 있는 인물들을 노르망디 지방으로부터 모아들이고 있었다. 1093년에는 안셀무스가 캔터베리 대주교로서 란프랑크를 계승하기 위해 영국으로 초빙되어 갔다. 그는 교회와 국가 사이의 상대적 권위 문제로 국왕과의 대결이 불가피함을 알고 있었으나 마지못해 그 부름에 응했다. (70년 후 캔터베리 대주교였던 토마스 베켓이 비슷한 이유로 성당에서 살해되었다.) 안셀무스는 윌리엄과 그의 아들 헨리 시대에 대부분의 생을 캔터베리로부터 유배된 채 보냈다. 그러나 그는 베크 수도원 시절에 그랬듯이 유배 기간을 신학적 문제들에 관한 묵상 및 집필로 보냈다.

스콜라 신학의 발전에 있어서 안셀무스의 중요성은 신앙 문제에 관한 해답을 얻기 위해 이성(reason)을 적용하려 한 그의 욕구에서 찾아볼 수 있다. 그는 그러한 증거가 없이는 믿을 수 없는 것을 증명하려 한 것이 아니라 이미 믿고 있는 것을 보다 깊이 이해하려 했다. 이것은 그의 저서 『서언』(*Proslogion*) 제1장에 수록된 그의 기도에 표현되어 있다:

> "주님, 나는 당신의 높은 곳에 이르려 하지 않습니다. 이는 나의 지성이 그곳에 합당하지 못하기 때문입니다. 그러나 나는 내 마음으로 믿고 사랑하는 당신의 진리를 이해하고자 합니다. 나는 믿기 위해 이해하려는 것이 아니라 이해하기 위해 믿으려고 합니다."[2]

---

2) *Proslogion*, 1.

안셀무스는 하나님의 존재를 믿었다. 그러나 그는 이 존재의 의미를 보다 깊이 이해하고자 했다. 이러한 이유로 그는 자신의 저서 『서언』(*Proslogion*)에서 신 존재에 대한 본체론적 증명(ontological argument)이라고 알려진 것을 주장했다. 간단히 말하자면 안셀무스의 주장은 우리가 하나님을 생각할 때 "무엇보다도 가장 큰 존재"(that-than-which-no-greater-

수도사들의 주된 업무는 학문연구와 사본을 필사하는 것이었다.

can-be-thought)를 생각한다는 것이다. 따라서 문제는 과연 "무엇보다도 가장 큰 존재"가 존재하지 않는다는 것을 생각할 수 있는가이다. 물론 그렇게 생각할 수 없다. 왜냐하면 존재하는 사물이 그것보다 더 위대할 것이기 때문이다. 따라서 정의 자체에 의해 "무엇보다도 가장 큰 존재"는 그 존재 자체를 포함한다. 다시 말해 존저하지 않는 하나님에 관해 말하는 것은 네 변을 가진 삼각형을 말하는 것만큼 비합리적이다. 이러한 이론의 정확한 해석, 중요성, 그리고 정당성 여부가 수세기 동안 학자들과 철학자들의 논란의 대상이 되어 왔으며, 지금도 논란은 계속되고 있다. 그러나 우리에게 있어서 가장 중요한 것은 안셀무스의 신학 방법론이다. 안셀무스는 이미 신앙을 통해 알려진 진리를 보다 잘 이해하기 위해 이성을 적용한 것이다.

안셀무스의 논문 『왜 하나님은 인간이 되셨는가?』(Why God Human)에 관해서도 같은 이야기를 할 수 있다. 그는 이 논문을 통해 성육신의 근본 이유라는 문제를 탐구했는데, 그가 주장한 해답이 서방 신학에서 표준적 위치를 차지하게 되었다. 죄와 그에 대한 벌에 관한 봉건적인 견해에 의해 형성된 이 구조에서 범죄의 심각성은 피해를 받은 존재의 중요성에 따라서 측정된다. 따라서 하나님께 대한 범죄는 그 심각성에 있어서 무한하다. 그러나 인간만이 인간이 범한 죄에 대한 보상을 지불할 수 있다. 이는 불가능한 일이다. 인간은 유한한 존재이기 때문에 하나님의 위엄이 요구하는 무한한 보상을 지불할 수 없기 때문이다. 이러한 이유 때문에 신인(神人), 즉 성육하신 하나님의 존재가 필수적이다. 그는 자신의 고난과 죽음을 통하여 인류의 죄 값을 지불한 것이다. 그리스도의 사역에 관한 이러한 견해가 처음에는 일탄인들에게 널리 받아들여지지 못했지만 곧 대부분의 서방 기독교 신자들에 의해 가장 성경적인 해석으로 수용되었다. 여기서도 중요한 것은 안셀무스가 자신이 이미 믿고 있는 성육신의 과제를 보다 깊이 이해하기 위하여 이성을 사용했다는 점이다.

스콜라 신학의 또 다른 초기 인물은 피에르 아벨라르(Peter Abelard)이다. 1079년에 브리타니(Brittany)에서 태어난 아벨라르는 젊은 시절 당시에 가장 유명했던 학자들 밑에서 공부했지만 누구에게서도 만족을 얻지 못했으며, 그 사실을 본인들에게 알려 주었다. 이 때문에 그는 많은 적을 만들었으므로 그의 생애는 자서전의 제목처럼 『재난의 역사』(History of Calamities)였다. 그는 후에 파리에 가서 성당 참사회원의 조카딸 엘로이즈(Heloise)의 교육을 맡았다. 그런데 아벨라르는 제자인 엘로이즈와 사랑에 빠졌고, 그녀는 아벨라르의 아이를 임신했다. 노한 엘로이즈의 삼촌은 불량배들을 시켜 아벨라르를 거세했다. 아벨라르는 수도원으로 돌아가 은둔생활을 했으나, 아벨라르가 제한 없이 이성을 사용하는 것을 보고 그를 이단이라고 여긴 적들의 추적을 받았다. 이러한 적들 중 가장 유명한 인물이 클레르보의 베르나르이다. 그는 1141년 아벨라르를 이단으로 정죄했다. 아벨라르는 로마에 항소했으나 이미 베르나르에게 선수를 빼앗긴 뒤였다. 이 때문에 아벨라르는 자기의 생애를 재난의 연속으로 보았다. 그러나 그는 교회와의 관계를 회복한 뒤 1142년에 사망했다. 그 때까지 계속 그와 서신 왕래를 유지한 엘로이즈는 클뤼니에 있던 그의 유해를 원래 그가 창립했으나 강제로 떠나야 했던 파라클레트(Paraclete) 수녀원으로 옮겼다.

스콜라 신학 발달에 끼친 아벨라르의 중요한 공헌은 그의 저서 『긍정과 부정』(Yes and No)이다. 그는 이 저서에서 158개의 신학적 문제를 제시하고, 그 해답들에 있어서 성경 및 고대 기독교 저술들을 포함한 여러 전거들이 일치하지 않음을 증명했다.

물론 이 서적은 이단 혐의를 받는 사람의 저술이었으므로 큰 반대에 부딪혔다. 그러나 아벨라르의 원래 목적은 자신이 대치 상태로 나열한 전거들을 실추시키기 위함이 아니라 신학이 이전의 전거들을 인용하는 데 만족해서는 안 된다는 점을 보여주기 위함이었던 것인 듯하다. 따라서 결국 서로 모순된 것처럼 보이는 권위 있는 해답들을 조화시킬 수 있는 방법들을 찾는 것이 필요하게 된다. 스콜라 신학은 이러한 방법을 사용했다. 전형적인 스콜라 신학적 작품은 문제를 제기하는 것으로 시작하여 서로 다른 해답들을 지지하는 것처럼 보이는 여러 전거들을 인용한다. 그런데 아벨라르와는 달리 다른 스콜라 신학자들이 첨가한 작업은 인용된 전거들이 궁극적으로는 모두 맞는 해답임을 증명할 수 있는 대답과 "해결책들"을 제공하는 것이었다.

스콜라 신학의 역사에서 세 번째로 중요한 인물은 『신학 명제집』(Four Books of Sentences)의 저자인 피터 롬바르드(Peter Lombard)이다. 이 책은 신론에서 시작하여 종말론에 이르기까지 기독교 신학의 주요 주제들을 체계적으로 다루었다. 처음에 일부 학자들이 이 책에 나타난 많은 견해에 이견을 제기했을 뿐 아니라 이 저서를 정죄하려 했으나, 결국 이 책은 대학교에서 신학 강의의 기본 교과서로 사용되었다. 당시 신학 교육은 피터 롬바르드의 『신학 명제집』에 대한 주석 형식으로 행해졌으므로, 주요한 스콜라 신학자들의 작품 중에는 이들이 대학에서 교수하던 시절 쓰인 『신학 명제집에 관한 주석』(Commentary on the Sentences)이 포함되었다.

롬바르드는 세례, 견신례, 혼례, 종유식, 고해, 성찬, 서품 등 일곱 가지 성례를 결정함으로써 신학에 큰 족적을 남겼다. 이것은 그의 시대 이전에는 분명하지 않았으나 그의 영향을 받아 오늘날까지 가톨릭교회의 공식적인 가르침으로 전해져온다.

이 선구자들 외에 스콜라 신학의 초기 역사에서 두 가지 중요한 사건들이 있다. 그것은 대학교들의 발달, 그리고 아리스토텔레스의 가르침이 서유럽에 다시 소개된 것이다.

어떤 면에서 볼 때 대학교들은 도시 성장의 결과였다. 학생들은 주로 인구 밀집 도시들에 모여 처음에는 성당 부속 학당에서, 혹은 또 다른 형태의 학교에서 수업했는데, 이것들은 마침내 "일반 대학들"(general studies)이라 불리는 조직체로 연결된다. 이것들로부터 유럽의 주요 대학들이 발달했다. 그러나 이것들은 현대적 의미에서의 대학교라기보다 구성원들의 권리를 보호하고 동시에 이들의 생산성을 높이려는 취지에서 조직된 학자들, 즉 선생들과 학생들의 길드(guild), 즉 조합과 같은 형태를 띠고 있었다.

서유럽의 가장 오래된 대학들은 12세기 말부터 나타났다. 그러나 정작 대학이 학문의 중심지로 성장한 것은 13세기였다. 물론 대학교들은 모두 기본 교육을 실시했으나, 특정 대학들이 특정 부문에서 명성을 얻게 되었다. 그리하여 의학을 전공하는 이들은 몽펠리에(Montpelier)나 살레르노(Salerno)를, 법학을 연구하고자 하는 이들은 라벤나(Ravenna), 파비아(Pavia), 볼로냐(Bologna) 등을 찾았다. 당시 신학의 중심지는 파리와 옥스퍼드였다.

살라망카 대학의 이 중세 시대 교실에는 학생들이 앉아서 일하던 의자와 책상, 그리고 교수가 강의하던 교탁이 있다. 교수가 어느 텍스트에 대해 논평할 때면 교탁 바로 앞자리에 앉은 봉독자가 그 텍스트를 보여주었다.

신학자가 되려는 이들은 먼저 수년간 철학과 인문학을 공부해야 했다. 그 후에 비로소 신학에 입문하게 된다. 처음에는 "청강생"으로 시작하여 점차 "성경 학사", "문장 학사"(bachelors on the sentences), "기성 학사"(formed bachelors), "인허 석사", "박사" 등의 단계를 거치게 된다. 14세기에는 인문학을 마친 후 14년이 걸려야 이 과정을 마칠 수 있었다.

신학 연구는 주로 성경, 혹은 피터 롬바르드의 『신학 명제집』에 대한 주석, 설교, 토론 등으로 구성되었다. 토론은 가장 중요한 신학 분야라 할 수 있었다. 여기에서는 토론의 여지가 있는 질문들을 제기하고, 참석한 자격 있는 학생들에게 이에 관하여 나름대로의 이론을 제기하고 해답을 제시할 기회를 주었다. 이론의 근거는 주로 성경 혹은 옛 학자들의 전거에 기초해야 했다. 이에 따라 아벨라르의 『긍정과 부정』과 비슷한 상반되는 의견들의 목록이 만들어졌다. 교수는 이에 관해 연구한 후에 다음 시간에 자기의 의견을 개진한다. 그는 주로 자기들이 믿고 있었던 고대의 전거들이 서로 모순되지 않음을 증명하는 데 주력했다. 결국 이 방법이 일반화됨에 따라 각종 『신학 명제집에 관한 주석들』 (Commentaries on the Sentences)이 등장했다. 토마스 아퀴나스의 작품인 『대 이교도 대전』(Summa Contra Gentiles)과 『신학 대전』(Summa Theologica) 등은 좋은 예이다.

스콜라 신학의 발달에 큰 영향을 준 것은 아리스토텔레스의 서유럽에의 재도입이었다. 특히 서방의 경우 2세기의 저스틴 시대로부터 기독교 신학자들은 감각이 지식의 원천으로 적합하지 않다고 여기는 경향을 지닌 플라톤주의 혹은 신플라톤주의 철학에 익숙해져 있었다 . 아리스토텔레스의 작품들 중 일부가 학자들 사이에 읽히고 사용되었으나 주로 논리학에 관한 것으로서, 초기 중세 신학이 지니는 플라톤적 세계관에 모순되지 않는 정도로 이해되었다. 그러나 십자군 원정, 그리고 스페인 및 시실리에 거주하는 무슬림들과의 접촉을 통하여 아리스토텔레스의 철학사상이 대량으로 유입되었다. 이에 따라 그의 철학이 일반인들이 생각했던 것과는 많은 차이가 있다는 것, 특히 참 지식으로 이어지는 과정의 일부로서 감각을 평가하는 데 있어서 큰 차이가 있음을 깨닫게 되었다. 그뿐 아니라 아리스토텔레스의 가장 유명한 주석가인 아베로에스 (Averroes)의 사상의 많은 부분이 서유럽에 유입되었다. 이러한 현상을 이 새로운 철학에 비상한 관심을 가지고 있었던 파리대학 인문학부에서 뚜렷이 찾아볼 수 있었다.

파리대학교의 몇몇 인문학 교수들은 이 새로운 철학 사상들을 포용했다. 이들은 일반적으로 주석가 아베로에스의 관점을 통해 아리스토텔레스를 읽었으므로 "라틴 아베로에스 학파"(Latin Averroists)라고 불린다. 그런데 이들의 철학 속에는 당시 신학자들을 깊이 우려하게 했던 점들이 있었다. 그중에서도 가장 중요한 점이 이성과 철학은 신앙과 신학의 제한을 받지 말아야 한다는 점이었다. 아베로에스 학파는 이성의 길은 그 궁극적 종착점까지 추구되어야 하며, 비록 그 결론들이 신학의 그것들과 다르다고 할지라도 이는 철학자들이 아니라 신학자들이 풀어야 할 숙제라고 주장했다. 이러한 관점을 통해 이들은 전통적 기독교 사상과는 다른 아리스토텔레스와 아베로에스의 주장들을 받아들였다. 예를 들어 이들은 이성에 의하면 물질이 영원하다고 했는데, 이는 무로부터의 창조 이론에 모순되는 것이다. 또 이들은 모든 영혼이 궁극적으로 하나라고 주장했는데, 이것은 개인의 영혼이 죽음을 초월하여 영생한다는 기독 교리에 어긋난다.

일부 신학자들은 전통적 플라톤주의 혹은 어거스틴주의 이론들을 재확인함으로써 이러한 도전에 대응했다. 예를 들어 13세기의 유명한 프란치스코회 신학자인 보나벤투라(St. Bonaventura)는 올바른 이해에 도달하기 위해서는 신앙이 필수적이라고 주장했다. 예를 들어 창조의 교리는 세계를 어떻게 이해해야 할 것인지를 가르쳐 주며, 이러한 교리로부터 출발하지 않는 자들은 물질계가 영원하다는 잘못된 결론에 빠진다는 것이었다. 그뿐 아니라 일체의 지식은 그리스도 안에서 성육하신 하나님의 말씀으로부터 비롯된다. 그러므로 그로부터 유리된 지식을 주장하는 것은 스스로가 주장하는 지식의 핵심과 근원 자체를 부인하는 것이다.

그러나 아베로에스 학파와 전통적 어거스틴 신학 사이에는 또 다른 선택의 여지가 있었다. 이는 곧 이 새로운 철학을 통하여 기독교 신앙에 대한 보다 깊은 이해에 도달할 수 있는 가능성을 탐구하는 것이다. 도미니크 수도회의 위대한 학자인 대 알베르트(Albert the Great)와 토마스 아퀴나스(Thomas Aquinas)가 이 길을 택했다.

파리와 쾰른에서 학자생활을 했을 뿐만 아니라 각종 교회 정치 문제로 바쁜 생애를 보낸 대 알베르트는 철학과 신학을 명확하게 구분했다. 철학이란 독립된 원칙들의 기반 위에서 운용되며, 이러한 독립된 원칙들은 계시와는 상관없이 인간들에게 알려진 것으로서 순수한 합리적 방법을 통하여 진리를 발견하고자 하는 것이다. 당면한 문제가 신앙의 교리라 할지라도 진정한 철학자는 자기의 지성으로써 이해할 수 없는 것을 증명하려 하지 않는다. 반대로 계시된 자료들은 항상 이성에 의한 자료들보다 확실하다. 왜냐하면 이성은 잘못을 범할 수 있기 때문이다. 그러나 이는 이성을 통하여 운용할 수 있는 범위 안에 머무는 한 철학자들이 매 단계에서 신학의 안내를 받을 필요 없이 탐구를 자유스럽게 계속할 수 있음을 의미한다.

예를 들어 세계의 영원성에 관한 질문에 있어서, 알베르트는 자기가 철학자로서는 무로부터의 창조를 증명할 수 없음을 인정했다. 그는 개연성의 이론을 주장하는 데 그칠 뿐이다. 그러나 그는 신학자로서 세계가 무로부터 만들어졌으며 영원하지 않다는 사실을 알고 있다. 즉 이 경우에 탐구의 목적물 자체가 인간 이성의 한계를 초월하므로, 이성으로는 진리에 도달할 수 없다. 세계의 영원성을 증명할 수 있다고 주장하는 철학자나 무로부터의 창조를 증명할 수 있다고 주장하는 자들은 자격 없는 철학자들이다. 왜냐하면 이들은 이성의 한계를 무시하고 있기 때문이다.

알베르트의 가장 유명한 제자는 토마스 아퀴나스(Thomas Aquinas)였다. 토마스는 1224년경에 나폴리 외곽의 록카섹카(Roccasecca) 성의 귀족 가문에서 태어나 성장했다. 그의 형제자매들은 모두 이탈리아 사회에서 중요한 지위를 차지하게 된다. 부모는 그가 종교계로 진출하여 여러 가지 특권과 세력을 획득하기 원했다. 그는 다섯 살 때 교육을 위해 몬테 카시노(Monte Cassino) 수도원에 보내졌다. 14세 때에 나폴리 대학교에서 공부를 시작했는데, 이곳에서 아리스토텔레스의 철학에 처음 접했다. 이 모든 것은 부모가 그를 위해 계획한 바였다. 그는 1244년 도미니크회 수도사가 되기로 결심했다. 당시 상류층과 부유층에서는 아직 초기 상태의 이 수도회를 무시하는 편이었다. 그의 어머니와 형제들-그의 아버지는 이미 사망한 후였다-은 그에게 마음을 바꿀 것을 종용했다. 그러나 말을 듣지 않자 이들은 그를 1년 이상 가족들의 성에 가두고 협박하고 회유했다. 그러나 그는 탈출에 성공하여 도미니크 수도회에 들어가

토마스 아퀴나스가 태어난 로카세카

수련 기간을 마치고, 알베르트 밑에서 공부하기 위하여 쾰른으로 갔다.

처음 토마스의 동료들은 그의 천재성을 알아채지 못했다. 그가 몸집이 큰데다 조용했기 때문에 친구들은 그를 "멍청한 벙어리 황소"라고 불렀다. 그러나 그의 침묵을 뚫고 점차 그의 지성이 빛을 발하기 시작했으며, 도미니크 수도회는 그에게 특별한 지적 은사가 있음을 인정했다. 그리하여 그는 생애의 대부분을 특히 파리에서 학문 연구에 전념하며 유명한 교수가 되었다.

그는 방대한 저작을 남겼다. 그 중 가장 유명한 저술들은 『대 이교도 대전』(Summa Contra Gentiles)과 『신학 대전』(Summa Theologica)이다. 그는 철학 및 신학 논문들과 아울러 『신학 명제집』, 성경, 그리고 아리스토텔레스의 작품들에 관한 주석도 남겼다. 그는 50세 때인 1274년에 사망했다. 그는 사망하기 1년 전부터 일련의 신비체험을 했고 저술활동을 점차 줄였다. 그는 미사 도중 신비체험을 한 후 친구에게 "나는 더 이상 글을 쓸 수 없네. 내가 본 것에 비하면 내가 쓴 것들은 모두 지푸라기에 지나지 않아"라고 말했다. 그의 스승 알베르트는 제자보다 오래 살면서 토마스의 이론들을 강력하게 수호했다.

흔히 토마스주의(Thomism)라 불리는 그의 사상 중 중요한 부분들만 살펴보기에도 지면이 모자란다. 따라서 토마스주의의 정수라 할 수 있는 신앙과 이성의 관계, 그리고 하나님의 존재의 증명 이론들만 살펴보기로 하자. 왜냐하면 이를 통하여 토마스의 신학과 그의 선배들의 신학의 차이를 알 수 있기 때문이다.

신앙과 이성의 관계에 있어서 토마스는 알베르트의 이론을 답습했으나 자신의 입장을 명확하게 정의했다. 그에 의하면 어떤 진리들은 이성

토마스 아퀴나스는 역사상 가장 영향력 있는 신학자들 중 한 사람이다.

이 도달할 수 있는 한계 안에 있으나 어떤 진리들은 이 경계를 초월하여 존재한다. 철학은 첫째 범주만 취급하지만, 신학은 후자에 국한되지 않는다. 그 이유는 이성으로써 증명할 수 있으면서도 구원에 필요한 진리들이 있기 때문이다. 하나님은 지적으로 뛰어난 자들에게만 구원을 제한하지 않으셨으므로 이성에 의해 도달할 수 있는 것들을 비롯하여 구원에 필요한 모든 진리들을 계시하셨다. 그러므로 이러한 진리들은 철학과 신학 양쪽에서 모두 탐구할 수 있는 것들이다.

이러한 이론이 어떻게 적용되는지를 보여주기 위한 한 가지 예로서 토마스는 하나님의 존재 여부에 관한 질문을 제기했다. 하나님이 존재하신다는 것을 믿지 않고는 구원받는 것이 불가능하다. 이러한 이유 때문에 하나님의 존재는 계시된 진리이며, 교회의 권위만으로도 이를 믿기에 충분하다. 아무도 지성의 부족을 이유로 내세울 수 없다. 왜냐하면 하나님의 존재는 신앙의 교리이며, 가장 무식한 인간도 이러한 기반 위에서 받아들일 수 있기 때문이다. 그러나 이것이 하나님의 존재가 이성으로 도달할 수 없는 진리라는 의미는 아니다. 이 경우 이성은 결국 신앙이 받아들이는 것을 증명할 수 있다. 따라서 서로 다른 방법을 통하여 도달하지만 하나님의 존재는 철학과 신학 양측에서 취급하기에 정당한 문제이다. 그뿐 아니라 합리적 탐구는 우리가 신앙으로 받아들이는 진리들을 보다 잘 이해할 수 있도록 만들어 준다.

이것이 토마스의 다섯 가지 신 존재증명(five ways)의 목적이다. 일일이 설명할 수는 없으나 토마스가 제시한 다섯 가지 이론들은 서로 병행한다. 단지 그의 이론들은 우리의 감각들을 통해 알려진 세상으로부터 시작하여 이러한 세상이 불가피하게 하나님의 존재를 필요로 함을 보여준다는 것으로서 충분하다. 예를 들어 첫째는 운동을 통한 증명이다. 운동하는 사물은 운동하도록 만드는 자(mover)에 의해서 운동한다. 따라서 제일의 원동자, 즉 운동을 하도록 만드는 첫 번째 것(prime mover)이 존재하는데, 이 존재가 신이다.

이러한 이론들을 안셀무스의 것과 비교해 보는 것은 흥미로운 일이다. 안셀무스는 감각을 믿지 않았으므로 이 세상의 관찰에서 시작하는 것이 아니라 하나님에 관한 관념 자체를 검토하는 데서 시작한다. 토마스의 이론은 정반대의 경로를 좇는다. 그는 감각을 통해 알 수 있는 자료들로부터 시작하여 하나님의 존재를 향해 옮겨간다. 이것은 토마스의 아리스토텔레스적 경향과 안셀무스의 플라톤주의적 관점이 대조를 이루는 가장 좋은 보기라 할 수 있다. 안셀무스는 순수한 관념의 영역 속에서 진정한 지식을 발견할 수 있다고 믿었는 데 반해, 토마스는 감각이 지식의 첫걸음이라 주장했다.

토마스의 저술들은 신학의 발전을 위해 중요한 의미를 지녔다. 이는 조직적이고 체계적인 구조를 갖춘 그의 사고 때문이기도 했으나 무엇보다도 전통적 교리들을 당시의 새로운 철학적 경향과 결합시켰다는 데서 그 이유를 찾아볼 수 있다.

그의 저술들이 지니는 조직적 체계에 있어서 토마스의 『신학 대전』 (Summa Theologica)은 장려한 고딕 성당에 비교되곤 했다. 다음에서 살펴보는 바처럼 장려한 고딕식 성당은 창조의 모든 요소와 구속의 역사가 포함되어 있을 뿐만 아니라 이 모든 요소들이 균형을 이루고 있는 감탄할 만한 건축물이었다. 마찬가지로 『신학 대전』은 우리들을 압도할 만한 지적 건축물이다. 토마스의 이론에 찬성하지 않는 자라도 그의 건축적 구조, 균형과 대칭, 각 개의 요소들이 합당한 위치에 자리 잡고 다른 모든 요소들과 균형을 이루고 있는 점을 부인할 수는 없을 것이다.

그러나 무엇보다도 토마스의 중요성은 당시 많은 이들이 기독교에 대한 위협이라 생각했던 철학을 신학자들이 사용할 수 있는 도구로 전환시켰다는 데 있다. 수세기 동안 서방 신학과 동방 신학의 대부분은 일반적으로 플라톤적 경향을 띠었다. 이것은 순교자 저스틴, 어거스틴, 위 디오니시우스 등 중요한 인물들을 포함한 오랜 과정의 결과였다. 이러한 철학은 다양한 방향에서 기독교를 도왔다. 특히 눈에 보이지 않는 지존자, 감각이 느낄 수 없는 보다 높은 세계, 혹은 불멸의 영혼 등을 언급한 이교도들과의 투쟁에서 더욱 유용하게 사용될 수 있었다. 그러나 플라톤주의 역시 자체의 위험들을 가지고 있다. 기독교 신앙을 플라톤주의적 용어로 해석함으로써 성경에 의하면 분명히 하나님의 창조물인 현세의 가치를 과소평가했다. 또 플라톤주의는 특정한 시간과 공간 속에 위치하는 일시적 실재(temporal realities)보다는 불변의 진리에 관심과 흥미를 쏟았으므로 성육신의 사건, 육체를 가진 인간 속에 존재하셨던 하나님 등은 변두리로 밀려나기 마련이었다. 또 신학자들이 예수 그리스도를 역사적 인물로서 파악하지 않고 하나님의 영원한 말씀으로서만 파악하게 될 위험성도 내재했다.

새로운 철학의 발흥은 전통 신학의 많은 부분을 위협했다. 이러한 이유 때문에 많은 이들이 이에 반작용했으며, 종종 아리스토텔레스의 저술 및 이를 추종하는 이론들의 독서와 가르침이 금지되었다. 정죄된 아리스토텔레스의 이론들 중에는 토마스에 의해 수용된 주장도 포함되어 있었다. 따라서 토마스의 신학이 교회에서 인정하는 신학적 체계의 위치를 차지하기까지 상당한 저항을 겪어야 했다. 마침내 그 가치가 인정되었으며, 토마스(St. Thomas)는 교회의 역사에서 가장 위대한 신학자들 중 하나로 인정받게 되었다.

토마스와 그의 업적의 중요성은 아무리 강조해도 지나치지 않다. 그는 교회가 아리스토텔레스의 사상 부흥에서 비롯된 새로운 사상들에 대처할 수 있도록 도왔을 뿐만 아니라 그 과정에서 현대적 학문과 관찰의 길을 열었다. 감각을 불신하는 전통적인 플라톤주의는 특히 관찰과 실험에 적합하지 않았다. 그것은 어거스틴이 개탄했던바 자신이 하나님의 진리를 관상했어야 했던 때에 도마뱀의 움직임을 바라보고 있었다는 말, 또는 영혼이 신적인 것을 관상하기 위해 지음을 받았으며 한 순간이라도 하나님에게서 시선을 거두어 피조물을 바라보는 것이 죄라는 안셀무스의 주장에 표현된 것과 같은 태도, 즉 유형적인 자연계에 대한 기독교인의 태도를 만들어냈다. 이와는 대조적으로 토마스의 스승인 알베르트는 동물과 식물, 천상의 몸과 지상의 몸에 대해 저술했다. 토마스는 아리스토텔레스주의를 기독교 신학자들의 취향에 맞게 만들었고, 사람들로 하여금 알베르트의 본보기를 따를 수 있게 했는데, 이것은 결국 관찰과 실험과 확증이라는 과학적 방법들로 이어졌다. 이것을 기초로 하면 서구 현대화의 길을 연 것이 토마스였다고 말할 수 있을 것이다.

선교 사역

프란치스코는 무슬림 선교에 관심을 기울였고, 1219년에 이집트의 다미에타(Damietta)로 가서 술탄 알 카밀(al-Kamil)를 접견하고 정중한 대접을 받았다. 이 경험에서 비롯된 것인 듯 그의 구율집의 마지막 항목에서는 자신의 일부 추종자들이 선교사가 될 것을 당연하게 여겼으며 "하나님의 감화 아래 사라센인들과 불신자들의 사회로 가려는 사람들"은 수도회의 원장들의 허락을 받아야 한다고 명한다.

프란치스코의 추종자들은 기독교인들뿐만 아니라 다른 사람들에게도 복음을 전했다. 곧 스페인과 북아프리카의 무슬림 지역, 심지어 북경에서 프란치스코회 선교사들이 활동했다. 프란치스코회 수도사인 몬테 코르비노의 존(John of Monte Corvino)은 페르시아, 에티오피아, 인도 등지를 방문했고, 3년 동안 여행한 후 1294년에 북경에 도착했다. 몇 년 후 그는 수천 명을 개종시켰다. 교황은 그를 북경 대주교로 임명했고, 그의 밑에서 주교로 봉사할 일곱 명의 프란치스코회 수도사들을 파견했는데, 그 중 세 명만 북경에 도착했다.

십자군 원정이 실패한 후 성지에 남은 선교집단은 주로 프란치스코회 소속이었으며, 수세기 동안 이천 명이 순교했다.

프란치스코회 수도사가 아니지만 프란치스코와 작은 형제단의 감화를 받은 사람들도 비슷한 사역을 행했다. 그들 중 레이몽 룰(Raymond Lull)은 유럽 교회의 지도자들을 설득하여 아랍어와 동양의 언어를 공부할 학교를 세우려고 노력했으며, 마조르카에서 선교하다가 돌에 맞아 죽었다.

도미니크회 수도사들도 무슬림과 유대인 선교를 위해 노력했다. 초기 무슬림 사회에서 활동한 가장 유명한 전도자는 트리폴리의 윌리엄(William of Tripoli)이었다. 빈센트 페러(Vincent Ferrer)는 스페인의 유대인 개종을 위해 활동했다. 이 두 사람이 성공한 것은 강압에 기인한 것이었다. 트리폴리에서는 무슬림을 대적한 십자군들에 의해서, 그리고 스페인에서는 유대인들을 대적한 스페인 기독교인들에 의해 성공했다.

안타깝게도 프란치스코회 수도사들과 도미니크회 수도사들을 비롯한 사람들은 설득력에 의해 사람들을 기독교 신앙으로 이끌려 했지만, 다른 사람들은 불신자들을 개종시키는 가장 좋은 방법은 십자군 원정의 이상을 유지하는 것이라고 생각했다. 특히 발트해 연안에서 많은 사람들을 강제로 개종시킨 군사수도회인 튜튼 기사단(Teutonic knights)이 그 예이다.

동방 교회들은 러시아 너머로 크게 확장했다. 13세기에 몽골족이 이 지역을 정복했을 때 기독교가 러시아 민족주의의 결집점이 되었다. 그리하여 몽골족의 통치 시대에 교회가 많은 도전을 받았지만, 마침내 몽골족의 통치가 전복되었을 때 러시아 기독교는 그 국가에 깊이 뿌리를 내렸을 뿐만 아니라 핀란드와 라플란드와 백해(White Sea)쪽으로 확장되었다.

증언하는 돌들: 건축물

중세시대의 교회 건물에는 교육적인 목적과 종교적인 목적이 있었다. 교육적인 목적은 서적이 귀했을 뿐만 아니라 그것을 읽을 수 있는 인구가 극소수였던 당시의 상황을 반영한다. 이러한 이유 때문에 교회 건물들은 문맹자들을 위한 교과서 구실을 했다. 전체 성경 역사, 위대한 성자들과 순교자들의 생애, 덕성과 악덕들, 천국의 약속과 지옥의 형벌들을 건물을 통해 표현하기 위한 노력이 이루어졌다. 오늘날 우리들은 건물이라는 서적을 제대로 읽을 수 없다. 그러나 과거 그 안에서 예배를 드렸던 이들은 건물들의 세부까지 잘 알고 있었다. 그들은 선조들로부터 교훈을 전해들은 부모에게서 반복하여 설명을 들으며 자라났다.

교회 건물들의 예배 의식적 목적은 성찬의 중세적 이해에 초점을 두고 있다. 당시 성찬은 떡과 포도주가 기적적으로 주님의 몸과 피로 변화되는 과정, 그리스도 희생의 반복으로 해석되었다. 따라서 가능한 한 교회 건물은 이 기적적 사건들에 합당한 모습을 지녀야 했으며, 그리스도의 성체는 예배 의식이 끝난 후에도 그 속에 보관되었다. 교회는 일차적으로 성도들의 집회 혹은 예배를 위한 곳이 아니라 위대한 기적(Great Miracle)이 발생하는 장소로 이해되었다. 따라서 도시나 마을에 교회를 지을 때 고려한 것은 가장 귀중한 보석을 위한 환경 조성이었다.

초기의 바실리카(basilica)들은 로마네스크라는 건축 형식으로 발전되었다. 가장 중요한 차이점들을 세 가지 지적할 수 있다. 첫째로 교회 내부의 제단이 길어졌으므로, 이전의 바실리카들은 "타우"(Tau) 십자가(T자형) 모습을 했는 데 반해 로마네스크식 교회들은 일반적인 "라틴"(Latin) 십자가 모습을 띠었다. 이는 예배에 참석한 신자들과 예배 의식을 주관하고 찬양 순서를 맡은 사제들 및 수도사들 사이의 구별이 엄격해지기 시작했기 때문이다. 특히 수도원 예배당의 경우처럼 후자들의 수효가 증가함에 따라 성소를 확장할 필요가 있었기 때문이다. 두 번째로 고대 교회당들은 목조지붕이었는 데 반해, 로마네스크 양식의 건물들은 석조지붕이었다. 석조지붕은 일련의 반원형 아치를 지음으로써 가능했다. 아치(혹은 일련의 아치들을 연결한 데서 생겨난 궁륭)들의 경우 구조물의 무게가 측면으로 퍼져나가므로 거의 창문이 없이 두꺼운 벽을 쌓아야 했고, 외부에서 버팀벽(buttress)들로 이를 지탱했다. 버팀벽은 외부의 벽에 무게를 더하여 천정의 중력을 막으려는 형태이다. 이러한 까닭에 로마네스크 교회들의 내부는 어두컴컴했고, 교회당 동쪽 끝의 아프시스(apse)에만 창문들이 있다. 세 번째로 중세 때부터 교회 본 건물의 일부로, 혹은 별개로 종탑을 짓는 것이 일반화되었다.

그러나 12세기 중반부터 로마네스크 양식보다 고딕(Gothic) 양식이 우

상(上) 영국 소재 사우스웰 사원(로마네스크 양식) 하(下) 프랑스의 노틀담 사원(고딕 양식)

스페인의 아빌라에 있는 성 빈센트 성당은 로마네스크 양식의 훌륭한 본보기이다. 반원형의 아치들에 주목하라.

세하기 시작했다. 원래 "고딕식"이라는 명칭은 이 양식이 고트족에게 적당한 것이라는 경멸의 뜻으로 붙여진 것이었지만 지금까지도 독특한 건축 양식을 가리키는 용어로 사용되고 있다. 이 두 양식의 현저한 차이점에도 불구하고, 고딕식은 로마네스크식으로부터 발전한 것이다. 따라서 교회 건물의 기본 구조는 변화가 없었으며, 지붕들 역시 아치 형식에 근거한 천정으로 만들어졌다. 그러나 고딕 양식은 반원형 대신 뾰족한 아치를 사용함으로써, 그리고 로마네스크식의 "반원통형 둥근 천정"(barrel vault)이 아니라 "늑골궁륭"(ribbed vault) 세움으로써 이를 개량했다. 이러한 고딕식의 커다란 장점은 전체 무게가 벽돌 대신 구석에 위치한 기둥에 놓인다는 것이었다. 이러한 과정을 반복하여 길고 높은 지붕들이 두꺼운 벽에 의지하지 않고도 건축될 수 있었다. 그러나 이러한 천

세비야 대성당의 플라잉 버트레스

정들의 측면으로 뻗치는 장력이 굉장했으므로 부벽을 통하여 버텨주어야 했다. 이들은 벽으로부터 조금 떨어진 곳에 기둥을 세우는 "플라잉 버트레스(외벽을 떠받치는 반 아치형 벽돌 또는 석조 구조물)"을 사용함으로써 그 목적을 달성하여 천정의 무게에 균형을 맞출 수 있었다. 그리하여 기본 구조가 수직적이어서 마치 하늘을 향해 솟아오르는 듯한 느낌을 주는 건물들을 세울 수 있었다. 이러한 효과는 탑들과 망루들을 첨가함으로, 그리고 반원형 천정의 "신경들"(nerves)을 두드러지게 하여 기둥을 따라 지상에까지 연결함으로써 더욱 강조되었다.

이러한 전체 구조는 로마네스크 양식의 건물처럼 두꺼운 벽을 필요로 하지 않았다. 이 때문에 신비스러운 빛의 효과를 낼 수 있는 스테인드글라스 창문들을 위한 넓은 공간들이 마련되었다. 스테인드글라스에는 성경에 나타난 사건들, 성자들의 생애 등을 그려 넣을 수 있었다.

이를 통해 지금까지도 현대인들의 감탄을 자아내는 인상적인 건물이 이루어졌다. 마치 돌이 하늘을 향해 날아오르는 것처럼 보였다. 전체 건물은 안과 밖을 막론하고 신앙의 신비성과 피조물의 아름다움을 표현하는 한 권의 책이었다. 특히 내부의 긴 회랑들과 날씬한 기둥들, 그리고 찬란한 색채의 창문들이 어우러져 성찬의 기적에 합당한 공간을 마련했다.

파리의 노틀담 사원은 고딕 양식의 대표적 건물이다.

지금도 많은 도시들의 스카이라인을 이루고 있는 고딕식 성당들은 중세 시대가 후대들에게 남겨준 선물이다. 보베(Beauvais) 대성당처럼 천정이 무게를 이기지 못해 무너진 경우도 있었다. 이것도 인간 본성의 저항을 극복하고자 했던 힐데브란트, 프란치스코 등의 고상한 이상들이 출현한 이 시대의 상징인지도 모른다.

제7장
몰락

> 죽음에서 도망하는 것보다 죄를 피하는 편이 낫다. 오늘 준비되어 있지 않은 사람이 어찌 내일 준비되겠는가? 장래는 불확실한 것 이다. 당신이 내일까지 살 수 있을지 어떻게 아는가?
> - 토마스 아 켐피스 -

    13세기는 중세 문명의 전성기였다. 인노센트 3세 때에 교황의 권력은 절정에 달했다. 동시에 탁발수도회들은 세계를 그리스도에게 인도하기 위한 활동을 시작했고, 대학교에서는 뛰어난 신학 체계가 발달했으며, 고딕 양식의 건축 예술을 통해 돌의 구게들마저 극복된 것처럼 보였다. 이론상으로 유럽은 최고의 영적 권위를 갖는 교황과 세속적 권력을 보유한 황제 아래 연합되어 있었다. 십자군이 콘스탄티노플을 점령했으므로 동·서방 교회들 사이의 분열도 치유된 것처럼 보였다.

  그러나 이러한 일치의 요소들 안에 중세 기독교의 몰락을 초래할 약점들과 긴장들이 존재하고 있었다. 1261년 콘스탄티노플의 라틴 제국이 종식됨으로써 제4차 십자군 원정이 이룩한 동서방의 형식적 연합이 막을 내렸다. 14, 15세기에는 새로운 경제적·정치적 상황이 교황의 권위에 도전하여 약화시켰다. 국가주의, 전쟁, 전염병, 부패, 그리고 외부로부터의 침략 등이 13세기의 꿈들을 파괴하고 현대의 새 질서를 향한 새 길을 열었다.

새로운 상황

12-13세기에 발전한 화폐경제는 중세 말기의 상황을 결정짓는 요인으로 작용했다. 20세기의 기준에서 보면 사소한 규모이지만 신용제도, 교역, 공산품 생산 등으로 부르주아 계급이 점차 강한 영향력을 소유하게 되었다. 이 신흥계급의 이해관계는 봉건 영주들의 이해관계와 정면으로 대결했다. 귀족들 간의 잦은 전쟁, 자기 영토를 통과하는 상품들에 부과한 세금, 자급자족을 추구한 대 영주들의 욕망 등은 모두 교역을 방해하고 이익을 감소시켰다. 부르주아의 입장에서는 강력한 중앙집권 정부가 필요했다. 왜냐하면 이를 통해 교역이 보호받고, 산적들을 퇴치하며, 화폐제도를 통제하고, 사소한 전쟁들을 종식시킬 것이기 때문이었다. 따라서 부르주아들은 귀족들에 대항하여 국왕들을 지원했다.

국왕들도 이러한 동맹을 통하여 이익을 얻었다. 국왕들이 대군을 일으키기에 충분한 자금이 없을 때에만 강력한 귀족들은 군주들에게 반항할 수 있었다. 왕들은 이러한 군자금을 부르주아들에게서 얻었다. 따라서 중세 말기 중앙집권 군주제의 성숙은 은행가들 및 상인들의 점증하는 영향력과 병행했다.

이 과정에서 몇몇 현대 국가들이 발전했다. 프랑스, 잉글랜드, 스칸디나비아 등은 비교적 강력한 군주제도 아래 통일된 최초의 국가들이다. 스페인은 몇 개의 기독교 왕국들로 분열되어 있었고 그라나다 지방에 이슬람 왕국이 남아 있었으므로 중세 말에야 겨우 통일되었다. 독일과 이탈리아가 통일된 것은 그보다 한참 후의 일이다.

이 시대에 국가주의가 중요한 요인으로 작용했다. 대부분의 유럽인들은 스스로를 어느 도시, 혹은 어느 지방 출신으로만 생각했었다. 그러나 이제 주민들은 자신을 한 국가의 국민으로 간주하기 시작하면서 유럽의 다른 지역에 대항한 공동 연대의식을 느끼기 시작했다. 강력한 군주에 의해 통일되지 않은 지역에서도 이러한 현상을 볼 수 있었다. 예를 들어 13세기 말 알프스 산맥 일대의 공동체들이 반란을 일으켜 스위스 연방(Helvetic Confederation)을 결성했다. 이들은 그 다음 세기에 계속 성장했으며, 자기들을 공격하기 위해 파견된 제국 군대를 격파했다. 1499년 황제 막시밀리안 1세는 스위스의 독립을 인정했다. 독일은 하나의 국가로 통일되지는 못했으나, 여러 선거후국, 공국, 자유 도시들에 거주하는 주민들이 스스로 게르만족임을 인식하기 시작하면서 당시의 독일 내부 분열이 초래한 외국의 개입을 증오하고 혐오하는 경향이 나타나기 시작했다.

국가주의는 보편적 권위를 내세우는 교황의 주장을 잠식시켰다. 아비뇽 교황 시대에 볼 수 있었던 것처럼 교황들이 프랑스 쪽으로 기울어지면 영국인들이 불복하고 저항했다. 반면 교황이 프랑스인들의 영향권을 벗어나고자 하면, 프랑스에서 대립 교황을 선출함으로써 어느 교황을 따를 것인가에 관한 문제로 전체 유럽이 양분되었다. 그 결과 교황청은 하나의 기관으로서의 권위와 특권을 상실했으며, 많은 이들이 교황청 외의 다른 곳으로부터 시작될 교회의 개혁을 원하기 시작했다.

14-15세기에 가장 중요한 정치적 · 군사적 사건은 백년전쟁(1337-1475)

이었다. 이것은 기본적으로 프랑스와 영국의 대결이었으나 유럽 전체가 이에 개입해야 했으므로, 어떤 역사학자들은 이를 가리켜 "제1차 유럽 대전"(First European War)이라 불렀다. 영국의 에드워드 3세는 사촌인 필립 6세가 차지하고 있던 프랑스 왕위를 탐냈다. 영국이 스코틀랜드를 침입하고 프랑스는 스코틀랜드의 왕 데이비드를 지원함으로써 전쟁이 시작되었다. 일련의 동맹 관계들을 통하여 바바리아의 루이 황제, 나바르의 왕, 보헤미아의 왕, 그리고 카스티야의 왕 등 많은 유럽의 통치자들이 전쟁에 개입했다. 프랑스에 침입한 영국군은 크레시(Crecy)와 아쟁쿠르(Agincourt) 전투에서 승리했으나 자금이 부족하여 후퇴했다. 양측이 평화조약에 조인했을 때 스페인에서 전쟁이 발발했고, 프랑스와 영국은 이베리아 반도에서 전쟁하는 두 파와의 동맹관계 때문에 다시 전쟁을 하게 되었다. 샤를 6세가 프랑스 왕이 되었을 때, 영국은 우세한 위치를 차지했다. 샤를 6세는 정신병 증세를 보였으므로, 그를 위한 섭정의 선출을 두고 두 파가 싸우기 시작했다. 영국은 그 중 한 쪽 편을 들면서 다시 프랑스에 침입했다. 샤를 6세의 사망 당시에는 영국 및 친영파가 우세했다. 샤를 6세의 아들인 황태자가 샤를 7세라는 이름으로 왕위에 올랐다. 그는 오를레앙에서 포위되었고, 프랑스의 왕이 될 가능성이 거의 없는 듯했다. 그때 그의 이전의 대적들은 그의 아버지가 사망했으므로 샤를 7세에 대한 지지를 표명했다. 이때 돔레미(Domremy)라는 마을 출신의 처녀 잔 다르크(Joan of Arc)가 역사의 무대에 등장했다.

잔 다르크는 자기가 성 캐서린과 마가렛, 그리고 대천사 미가엘로부터 황태자의 군대를 이끌고 오를레앙의 포위를 뚫은 후 전통적으로 프랑스 국왕들이 즉위식을 행하던 랭스(Reims)에서 샤를 7세의 대관식을 행하게 하라고 명하는 환상을 보았다고 주장했다. 샤를은 이것을 믿지 않았으나 오락의 대상으로 삼으려고 했던지 사람을 보내어 잔 다르크를 데려왔다. 잔 다르크는 그에게 확신을 주었을 뿐만 아니라 블루아에 저장되어 있던 식량과 보급품을 오를레앙으로 수송해 왔다. 그녀는 적진을 관통하여 이 어려운 업무를 수행한 것이다. 그 후 그녀는 병사들을 거느리고 포위망을 뚫는 데 성공했다. 적진에서는 이 처녀가 갑옷을 입고 매일 도시에서 나와 자기들의 진지에 침입하여 일개 연대씩을 무찌른다는 소문이 돌았다. 마침내 포위는 무산되고 적군은 후퇴했다. 마침 그 때가 주일이었으므로 "오를레앙의 처녀"라고 불린 그녀는 적군을 추적하는 것을 허락하지 않았다. 주일은 기도를 위한 날이지 전쟁을 위한 날이 아니라는 이유였다. 이때부터 전쟁의 양상이 변하기 시작했다. 내란에 지친 프랑스 국민들이 황태자의 군기 아래 모여 들었으며, 잔 다르크는 황태자를 동반하고 랭스에 입성했다. 황태자를 대항했던 많은 도시들도 성문을 열었으며, 그는 마침내 오를리앙의 처녀가 제단 옆에 서서 지켜보는 가운데 랭스 성당에서 정식으로 대관식을 가졌다.

 그녀는 돔레미로 돌아가기를 원했으나 왕이 허락하지 않았으므로 계속 싸우다가 결국 잡혀 영국인에게 팔렸다. 이전의 동맹자들은 그녀를 저버렸고, 국왕도 그녀를 되찾기 위해 노력하지 않았다. 영국인들은 1만 프랑을 받고 그녀를 보베(Beauvais)의 주교에게 팔았다. 주교는 그녀를 이단자요 마녀로서 재판하려 했다.

 재판은 루앙(Rouen)에서 열렸다. 그녀는 천국으로부터 명령을 받았다고 주장했다는 것, 그리고 이 명령을 프랑스어로 받았다는 것, 그리고 남장(男裝)을 했다는 등의 죄목으로 이단이라 고소되었다. 그녀는 자기의 오류를 철회하는 문서에 서명하기로 동의하고 종신형을 받았다. 그러나 그 후 그녀는 성 캐서린과 마가렛이 다시 나타나 그녀를 꾸짖었다고 주장했다. 그리하여 그녀는 루앙의 옛 시장터에서 화형에 처해졌다. 그녀는 동반한 신부에게 십자가 고상(예수님이 달려 있는 십자가상)을 높이 들고 그녀가 불길의 요란한 소리를 넘어 들을 수 있도록 구원의 말씀을 외쳐 달라고 요청했다. 20년 후 샤를 7세가 루앙에 입성하여 이에 대한 재수사를 명령했다. 예상한 대로 이때 재판을 통하여 그녀는 무죄 판결을 받았다. 1920년 베네딕트 15세는 그녀를 가톨릭교회의 성녀로 추존했다. 그러나 그보다 훨씬 전에 이미 그녀는 프랑스의 영웅이 되어 있었다.

잔 다르크가 화형당한 1431년에 샤를 7세는 우세한 위치를 차지했다. 얼마 후 프랑스의 내란이 종식되었고, 1453년에는 영국과 프랑스 사이의 전쟁도 막을 내렸다. 1475년에 평화조약이 체결되었을 때 칼레(Calais)를 제외한 대륙의 영국령 토지들은 모두 프랑스의 수중에 있었다.(칼레는 1558년 프랑스령이 된다.)

이 오랜 전쟁은 교회 생활에 중요한 결과를 가져왔다. 전쟁 중 한동안 교황들은 프랑스의 비호 아래 아비뇽에 거주했으므로, 영국인들은 교황을 적으로 여겼다. 후일 전체 서방 교회가 두 명의 대립 교황들과의 동맹관계에 따라 분리된 대분열(Great Schism) 때에 각국은 백년전쟁으로 말미암아 발생한 동맹 및 적대 관계에 따라 교황들을 선택했다. 또한 전쟁 자체 때문에 대분열을 극복하기가 더욱 어렵게 되었다. 프랑스, 영국, 스코틀랜드 등에서는 당시의 국제 관계로 국가주의적 경향이 강화되었으므로, 보편적 권위를 주장하는 교황청의 영향력이 약화되었다.

중세 후기에 교회 생활의 배경이 된 또 하나의 사건은 1437년의 흑사병이다. 당시 기후가 "소빙기"(little ice age)로 변했다. 그로 인해 농업생산이 감소하고 기근이 증가했으며, 주민들이 쉽게 병에 걸렸다. 림프절 페스트는 벼룩에 의하여 전염되며, 검은 들쥐가 숙주 역할을 한다. 그런데 특히 제노바 사람들이 무어 족을 물리치고 지브롤터 해협을 기독교 항해에 개방한 이후 교역이 크게 증가했다. 이 때문에 북유럽과 지중해 지역 간의 지속적인 접촉이 있었으며, 북해 연안에서 발생하여 이탈리아로 옮겨간 흑사병이 곧 북유럽에 침투했다. 갑자기 분명한 이유도 없이 사람들에게 이상한 증세가 나타나기 시작했다. 고열과 두통, 구토 등이 생기고 림프절이 부어올랐으며, 심지어 치매 증세도 동반되었다. 이런 증상을 가진 사람들은 대체로 닷새 후에 사망했다. 1348년부터 1350년 사이에 이 전염병이 대륙 전체를 휩쓸었다. 어떤 통계에 따르면 유럽 전체 인구의 3분의 1이 전염병 혹은 이에 관련된 원인으로 사망했다고 전해진다. 3년 후 흑사병은 고개를 숙였으나, 그 후에도 10년 혹은 12년을 주기로 발생했는데 이때의 희생자들은 주로 젊은이들이었다. 그 이유는 어른들은 이 병에 대한 면역력이 생겼기 때문이었다.

흑사병은 엄청난 결과를 초래했다. 경제적으로 유럽 전체가 영향을 받았다. 우선 공산품의 소비 장소인 시장이 자취를 감추었다. 유럽의 다른 지역에 비해 사망률이 높지 않은 지역에서는 실업률이 크게 증가했다. 수세기가 지나서야 유럽은 겨우 인구학적, 경제적 안정을 회복할 수 있었다.

흑사병은 엄청난 종교적 결과를 초래했다. 면역성이 없는 젊은이들이 희생자가 되었으므로, 마치 죽음의 신이 젊은이들을 선호하는 것 같았

서유럽을 휩쓴 흑사병 때문에 어느 지역에서는 주민들 거의 대부분이 사망했다.

다. 평소에 건강했던 사람들을 무차별 공격한 흑사병의 성질 때문에 많은 이들은 조상들이 믿었던 바 합리적이고 질서 있는 우주의 실체를 의심하기 시작했다. 특히 지식인들은 인간 존재의 신비를 이해하는 데 있어서 이성의 한계를 의심하기 시작했고, 일반인들은 미신에 사로잡히기 시작했다. 항상 죽음이 눈앞에 있었으므로 삶 자체가 이를 위한 준비처럼 생각되었다. 많은 이들이 성지, 로마, 혹은 산티아고로 순례를 떠났다. 경제적으로 가난하여 이 먼 곳으로 순례할 수 없는 이들은 가까운 성지들을 순례했다. 제4차 라테란 공의회의 금지에도 불구하고 성유물 숭배와 매매가 성행했다. 전염병의 공포, 지옥의 공포, 그리고 많은 이들이 곧 직면해야 할 최후의 심판에 대한 공포 등이 만연했다:

흑사병의 창궐로 인하여 많은 유대인들이 학살당했다. 이는 기독교인들에 비해 유대인 사망자가 현저히 적었기 때문이었다. 오늘날 일부 의학자들은 당시 기독교인들이 고양이를 마술과 관련된 것으로 여겨 기르지 않았기 때문에 유대인 지역에는 쥐가 적고 고양이가 많았다고 주장한다. 어쨌든 유대인들이 기독교인들의 우물에 독을 집어넣었다는 소문이 돌았고, 이 때문에 폭력과 학살이 자행되었다. 이때는 공포의 시대였으며, 공포는 희생자들을 요구했다.

이런 일이 벌어지고 있는 동안 콘스탄티노플은 제4차 십자군 원정과 그 후 라틴 제국의 통치로 위태로운 상황에 처해 있었다. 비잔틴 제국이 회복된 후에도 라틴 침입자들의 통치 때에 독립을 쟁취한 지역들은 독립을 유지했다. 따라서 비잔틴 제국은 그 화려한 이름에도 불구하고 콘스탄티노플과 주변 일대에 불과했다. 투르크족의 세력이 강해졌으며, 그들은 시급한 적들인 알바니아인들, 헝가리인들, 그리고 동부의 몽고인들을 대적하기 위해 비잔틴 제국에 신경 쓸 여유가 없을 뿐이었다. 투르크군은 1422년 콘스탄티노플을 포위했으나 또 다른 대적들이 후방을 교란함으로써 철수했다. 당시의 술탄 모하메드 2세(Mohammed II)는 콘스탄티노플을 정복하여 제국의 수도로 삼으려는 꿈을 버리지 않았다.

비잔틴 황제들은 서방에 구원을 요청할 수밖에 없었다. 교황은 그 대가로 교회의 화합을 요구했는데, 이것은 1439년 페라라-플로렌스 회의를 통해 이루어졌다. 그러나 이것은 비잔틴 제국에 도움이 되지 못했다. 왜냐하면 교황은 포위된 도시를 구원하기 위하여 군주들의 도움을 얻는 데 실패했으며, 비잔틴 시민들은 자기들의 지도자가 이단과 타협했다고 생각했기 때문이었다. 1443년 예루살렘과 알렉산드리아와 안디옥의 총대주교들은 회의의 결정들을 거부하고 콘스탄티노플과의 교제를 끊었다. 러시아인들도 비슷한 조처를 취했다. 따라서 콘스탄티노플은 우방의 도움을 기대할 수 없는 상황에 처했으며, 당시 황제 콘스탄틴 11세는 로마와의 통일 작업을 추진하면서 유럽의 지원을 기대할 수밖에 없었다. 1452년 상호간의 파문이 행해진 후 거의 4세기 이상이 지난 후에 성 소피아 성당에서 로마식 미사가 거행되었다.

콘스탄티노플의 최후는 이미 결정된 후였다. 1453년 4월 7일 모하메드 2세가 콘스탄티노플을 포위했다. 기독교 기술자들이 금전적 이익을 위하여 지은 옛 성벽은 포화를 당해낼 수 없었다. 포위된 시민들은 용감하게 싸웠으나 도처에서 성벽이 무너졌다. 5월 28일에 성 소피아 성당에서 장엄한 예식이 거행되었다. 5월 29일에 도시가 함락되었다. 황제 콘스탄틴 11세 팔레오로구스(Constantine XI Paleologus)는 전사했다. 투르크군은 성벽을 뚫고 도시에 침입했고, 술탄이 병사들에게 약속했던 대로 사흘 밤낮 동안 무제한 약탈이 허락되었다. 그 후 모하메드 2세가 입성하여 점령했다. 동방제국의 장엄한 성 소피아 성당에 선지자 모하메드의 이름이 울려 퍼졌다. 새로운 기독교적 로마를 계획했던 콘스탄틴의 꿈은 사라지고 그의 이름을 딴 도시의 명칭은 이스탄불로 바뀌었다.

프랑스의 그늘 아래의 교황청

이제까지 13, 14세기에 발생한 일련의 사건들을 살펴보았다. 이것들은 이 어려운 시대를 겪어야 했던 교회생활의 배경을 이룬다. 이제 보니파시오 8세(1294)의 선출로 끝마쳤던 13세기 말로 돌아가기로 하자.

보니파시오 8세라는 이름으로 즉위한 베네데토 가에타니(Benedetto Gaetani)와 전임 교황 셀레스틴 5세 사이에는 현격한 차이가 있었다. 성품이 소박하고 엄격했던 셀레스틴은 자신이 접촉해야 했던 인물들의 음모와 술수를 이해하지 못했으므로 실패했다. 반면 귀족 출신으로서 외교관 생활을 거친 가에타니는 유럽의 궁정에서 발생하는 음모들을 잘 알고 있었다. 두 사람 모두 교회 개혁을 꿈꾼 열정적인 인물들이었다. 셀레스틴이 프란치스코회 수도사다운 소박성으로 개혁을 이룩하고자 한 데 반해, 보니파시오는 권력 투쟁을 통하여 동일한 목적을 성취하려 했다. 셀레스틴은 베드로의 보좌를 차지한 교황들 중 가장 겸손한 인물이었고, 보니파시오는 가장 오만한 인물들 중 하나였다.

보니파시오의 교황 선출을 모두가 좋아한 것은 아니었다. 원래 교황좌를 노리고 있던 이탈리아의 세도 가문인 콜로나(Colonna)가 외에도 셀레스틴을 지지한 급진적 프란치스코회 수도사들, 즉 "프라티첼리"(Fraticelli)들은 보니파시오를 경원했다. 프라티첼리와 일부 하층 계급들은 셀레스틴의 교황 선출을 피오레의 요아킴이 예언했던 "성령시대"의 여명이라고 확신했다. 따라서 그의 사임은 이들에게 절망을 가져다주었으며, 이들은 가에타니가 그의 사임을 강요했다고 주장하며 받아들이지 않았다. 어떤 이들은 셀레스틴의 사임이 자발적인 것이라 해도 교황직이 원칙적으로 종신제이므로 마음대로 사임할 수 없으며, 따라서 셀레스틴 자신은 원치 않더라도 아직 교황이라고 주장했다. 셀레스틴이 사망했을 때 이들은 보니파시오가 그를 학대하여 죽음에 이르게 했다는 소문을 퍼뜨렸다. 이는 거짓이거나 지나친 과장일 것이다.

이러한 반대에도 불구하고 보니파시오의 재위 초기는 성공적이었다. 그는 이탈리아에 평화를 가져오는 데 성공했다. 그는 이탈리아 내에서 강력한 적수인 콜로나가(家)에 대한 투쟁을 개시하여 이들에게서 토지와 성들을 몰수하고 유배시키는 데 성공했다. 독일에서는 합스부르크의 알베르트가 반란을 일으켜 낫소의 아돌프를 죽였다. 보니파시오는 그를 반란자요 군주 살해자로 규정했다. 알베르트는 교황의 특권을 고양시키는 조건을 수락하여 협상에 임할 수밖에 없었다. 또 당시 영국과 프랑스는 백년전쟁의 서막이 될 전쟁에 돌입할 순간에 있었는데, 보니파시오는 양측의 협상을 성립시켰다. 협상 중에 프랑스의 필립 4세와 영국의 에드워드 1세가 그의 호소에 귀를 기울이지 않자, 그는 1296년 「클레리키스 라이코스」(Clericis laicos)라는 교서를 발표하여 사제들이 세속 군주에게 기부하지 못하게 했다. 그가 이를 통해 두 왕에 대한 경제적 압력을 가하려 했으나, 왕들은 이에 대응하여 사제들과 교황청을 대적하며 이들과 전쟁을 계속했다. 그러나 어느 쪽도 전쟁을 통해 결정적 승리를 얻지 못하여 지루한 소모전이 계속되었다. 마침내 두 왕은 보니파시오의 중재를 인정할 수밖에 없었다. 이때에도 필립은 교황이 아닌 베네데토 가에타니 개인의 중재를 받아들인다는 주장을 명백히 했다. 한편 당시 영국의 침입에 직면한 스코틀랜드는 스스로를 교황의 봉토라고 선언했다. 영국은 스코틀랜드가 누려야 했던 보호권을 무시했으나, 보니파시오의 입장에서는 이것이 교황의 보편적 권력의 확인이었다.

보니파시오는 자신의 교황 재위 기간의 절정이라 할 수 있는 1300년을 맞았다. 그는 희년(Jubilee)을 선포하고, 베드로의 무덤을 방문하는 사람들에게 전대사(全大赦)-죽은 후 죄를 정화하기 위해 연옥에 머물러야 하는 기간을 사해주는 것-를 약속했다. 이에 따라 로마 시에는 베드로뿐만 아니라 그의 후계자에게 경의를 표하기 위해 몰려온 순례자들이 가득했다. 당시 교황은 유럽 제일의 존재인 듯이 보였다.

그러나 프랑스와의 관계가 악화되었다. 국왕 필립은 보니파시오의 숙적인 시아라 콜로나(Sciarra Colonna)에게 망명처를 제공하고 보호했다. 또한 그는 교회의 토지를 몰수했고, 보니파시오가 반란자요 왕위찬탈자로 규정한 독일 황제 알베르트에게 여동생을 출가시킴으로써 교황에게 정면으로 도전했다. 당시 프랑스와 로마 사이에 왕래된 서신들은 욕설과 저주로 가득 차 있었다. 교황은 교황청에 파견된 프랑스 대사를 혐오했으며, 국왕도 보니파시오의 사절을 모욕하고 학대했다. 1302년 프랑스 왕 필립은 궁정에서 교황의 교서를 태웠고, 그 해 말 로마에 대항하기 위한 정책들을 승인받기 위해 프랑스 삼부회(Estates General)를 소집했다. 이 삼부회는 전통적인 두 계급, 즉 귀족과 고위성직자들뿐만 아니라 제3의 계급인 평민을 포함시켰다는 데 중대한 역사적 의미가 있다. 이 의회는 필립의 정책들을 후원하는 몇 개의 공식성명서를 로마로 보냈다.

이에 대해 보니파시오는 종교 부문과 정치 분야의 보편적 권위를 주장하는 교서「우남 쌍탐」(Unam Sanctam)을 발표했다. 그 후 그는 프랑스 고위 성직자들을 로마로 소집하여 회의를 열고 필립에 대한 조처를 의논했다. 필립은 자기의 승낙 없이 주교들이 프랑스 영토를 떠나는 것을 금했으며, 이를 범할 경우에는 재산을 몰수하겠다고 선포했다. 그는 급히 영국의 국왕 에드워드와 화친을 맺었다. 교황은 자신이 반역자요 국왕 살해자로 규정했던 독일의 황제 알베르트와 동맹을 맺고, 모든 독일 귀족들에게 그를 황제로 받아들이라고 명령했다. 프랑스 삼부회에서 필립의 충복 윌리엄 노가레(William Nogaret)는 보니파시오를 이단자요 동성애자요 가짜 교황이라고 고소했다. 삼부회는 "신앙의 수호자"인 국왕의 원대로 "가짜 교황"을 심판하기 위한 회의를 소집했다. 필립은 회의가 개최되기 전에 성직자들의 지원을 확실히 하기 위해 "개혁 조례"(Ordinances of Reform)를 반포하여 프랑스 성직자들의 전통적인 특권들을 재확인했다.

보니파시오의 최후 무기는 전임자들이 고집불통의 통치자들에게 사용했던 파문 조처였다. 그는 절친한 고문들을 자신의 고향 아나니(Anagni)에 모으고, 9월 8일에 발표할 파문령을 준비했다. 그러나 프랑스인들은 양자의 대결이 절정에 달할 것을 알고 있었다. 시아라 콜로나와 윌리엄 노가레는 필립의 이름으로 이탈리아 은행들로부터 막대한 자금을 대출 받아 병사들을 무장시켰다. 이들은 파문 선포 예정일 하루 전인 9월 7일에 아나니에 침입하여 교황을 납치했는데, 이때 교황과 친척들의 집이 폭도들에게 약탈당했다.

노가레는 보니파시오에게 양위를 강요했다. 그러나 노령의 교황은 굴하지 않았고, 만일 자기를 죽이고 싶다면 "여기에 내 목이, 여기에 내 머리가 있다"고 대답했다. 노가레는 그를 구타한 후 당나귀 위에 거꾸로 앉히고 온 동네를 돌게 하는 모욕을 가했다.

아나니에 있던 추기경들 중 두 사람, 스페인의 피터(Peter of Spain)와 니콜라스 보카시니(Nicholas Boccasini)만 교황 편을 들었다. 마침내 보카시니의 지도 아래 일부 백성들이 교황을 구출하고, 프랑스인들과 지지자들을 그 도시에서 축출했다.

그러나 이미 받은 상처는 돌이킬 수 없었다. 로마로 돌아온 보니파시오는 전처럼 존경을 받을 수 없었다. 그는 아나니 사건 이후 곧 사망했다. 적들은 그가 자살했다는 소문을 퍼뜨렸으나, 실제로는 가까운 친구들에게 둘러싸여 조용히 숨을 거둔 것으로 보인다.

이처럼 어려운 상황에서 추기경들은 서둘러 보카시니를 다음 교황으로 선출하고 베네딕트 11세의 칭호를 택했다. 그는 평범한 집안에서 태어난 경건한 도미니크회 수도사로서 화해정책을 수행했다. 그는 콜로나를 용서하고 보니파시오가 압수한 토지를 돌려주었으며, 노가레와 시아라 콜로나를 제외한 모든 보니파시오의 원수들을 용서했으며, 필립까지도 용서할 의향이 있다고 전했다. 그러나 사태는 여기서 끝나지 않았다. 필립은 이미 사망한 교황을 재판하기 위해 회의를 소집할 계획을 가지고 있었다. 이것은 교황의 권위에 대한 중대한 위협이 될 것이었으므로 베네딕트는 이를 받아들일 수 없었다. 당시 로마에는 새 교황이 원수들과 지나친 화해 정책을 수행한다고 생각하는 사람들이 있었다. 따라서 그가 매우 짧은 기간(1303-1304) 재위 후 사망했을 때, 안팎으로 적들을 가지고 있었다. 얼마 후 그가 독살되었다는 소문이 돌고, 관련된 당파들은 서로를 비난했다. 그러나 실제로 베네딕트가 독살되었다는 증거는 없다.

  각 당파가 자기 계열의 사람이 교황으로 선출되어야 한다고 주장했으므로, 후임 교황을 선출하는 것은 어려운 문제였다. 결국 친불파가 음모를 통하여 추기경들로 하여금 클레멘트 5세를 교황으로 선출하게 하는데 성공했다. 새 교황은 겉으로는 보니파시오를 추모하는 사람들의 편을 드는 듯했으나 실상 프랑스인들과 관계를 맺고 있었기 때문에 교황으로 선출될 수 있었다. 이러한 상황에서 선출된 교황이 용감하고 견실할 리 만무했다. 클레멘트 5세는 재위 기간 중(1305-1314) 한 번도 로마를 방문하지 않았다. 로마 시민들은 그에게 로마로 돌아오기를 주장했으나, 필립은 자기가 계속 통제할 수 있도록 하기 위해서 여러 가지 핑계로 그를 프랑스에 잡아 두었다. 클레멘트 5세는 재위 기간 중 24명의 추기경을 지명했는데, 한 사람을 제외하고는 도두 프랑스 출신이었다. 뿐만 아니라 이들 중 상당수가 그의 친척이었으므로, 이를 통해 그 후 16세기에 이르기까지 교회의 가장 큰 약점들 중 하나인 족벌주의가 성행하기 시작했다.

클레멘트는 보니파시오의 입장을 회복시키기 위해 아무런 조처도 취하지 않았다. 그는 프랑스인들이 원한 회의 소집에 동의하지 않았다. 그러나 회의는 필요하지 않았다. 왜냐하면 클레멘트는 노가레와 그 일당을 사면하고, 전체 사건에서 필립이 "경탄할 만한 열정"을 가지고 행동했다고 선언하는 등 보니파시오의 정책을 차례로 철회했기 때문이다.

이처럼 허약한 교황의 재위 기간 중에 가장 치욕스러운 사건은 템플기사단원들의 체포와 재판이다. 템플기사단은 십자군 원정 기간에 창립되었으므로 이미 그 기능을 상실한 기사수도회였다. 그러나 이들은 여전히 막대한 재산과 영향력을 행사하고 있었다. 템플기사단의 부와 세력은 전통적인 귀족들을 강력하게 통치하려는 왕의 중앙 집권화 정책에 거슬리는 장애물이었다. 템플기사단은 직접 세속 권력의 명령 계통에 속하지 않았으므로, 필립은 이들을 이단으로 기소하기로 마음먹고 클레멘트에게 압력을 가해 기사단의 재산을 프랑스 국고에 귀속시킬 수 있는 방법으로 처리하도록 했다.

예기치 않게 프랑스 국내에 있던 모든 템플기사단원들이 체포되었다. 고문을 이기지 못한 몇 사람은 자기들이 기독교 신앙을 대적하는 비밀 결사로서 예배 중에 우상숭배를 행하며, 그리스도를 저주하고, 십자가에 침을 뱉을 뿐만 아니라, 동성애자들이라고 고백했다. 대부분은 고문과 악형에 굴하지 않았으나, 이를 이기지 못한 몇 회원들의 자백을 기초로 재판을 행했다. 절개를 굽힌 기사들 중에는 총사령관이었던 자크 드

몰레(Jacques de Molay)가 있다. 그는 고소의 내용이 어처구니가 없었으므로 아무도 이것을 믿지 않으리라 생각하고 자백했던 것으로 보인다.

템플기사단원들은 교황이 자기들을 보호하고 자기들에게 가해지는 불의를 응징해 줄 인물이라고 믿었다. 그러나 클레멘트는 정반대로 행했다. 그는 국왕의 신하들로부터 템플기사단원들이 자백한 내용을 보고받자마자 프랑스 국외에 있는 모든 기사단원들의 체포를 명령함으로써, 그 후에 복수극이 발생하는 것을 방지했다. 그런데 그는 자백들이 고문과 악형을 통해 얻어진 것을 알게 되자 이를 중지시키고, 세속 권력 기관이 이들을 취조할 수 없으므로 자기가 직접 심문하겠다고 나섰다. 그러나 피의자들은 계속 투옥되어 있었으며, 교황은 이들을 석방하기 위한 조처를 취하지 않았다. 국왕은 클레멘트를 템플기사단이 범한 범죄 사실들을 조장한 장본인이라고 비난했고, 클레멘트는 그 사건을 다룰 특별회의 소집에 동의했다.

필립과 노가레의 예상과는 달리 회의는 교황보다 더 엄격했다. 참석한 주교들은 자기들의 지도자인 교황의 허약함에 수치를 느꼈을 것이다. 어쨌든 그들은 사건을 법정 심리할 것 및 피의자들에게 변론의 기회를 주어야 한다고 주장했다. 그러나 공의회에서 다른 문제를 다루는 동안 필립과 클레멘트가 합의에 도달하여 템플기사단을 죄목에 의해 재판하는 대신 교황의 행정 명령에 의해 해산시키고 템플기사단의 재산을 다른 군사 수도회로 넘기기로 했다. 더 이상 맡을 사건이 없었던 회의는 해산되었다. 필립이 막대한 재판 비용을 교황에게 청구했으므로 템플기사단의 재산 대부분이 필립의 수중에 들어갔다.

대부분의 템플기사단원들은 여생을 감옥에서 보냈다. 자기들의 죄악

수십 년 동안 교황들은 프랑스 국경의 아비뇽에 거주했다.

상을 공개적으로 고백함으로써 이 사건에 의문을 품은 인사들의 입을 막는다는 구실로 노틀담(Notre Dame) 성당으로 이송된 자크 드 몰레와 그의 동료는 자백을 철회하고 일체의 고발 혐의를 허위라고 선언했다. 바로 그날 그들은 화형당했다.

클레멘트 5세는 1314년에 사망했다. 그의 교황 재위 기간은 미래의 불길한 징조 같았다. 그는 1309년부터 프랑스 국경 근처에 있는 교황령의 도시 아비뇽(Avignon)에 거주했다. 거의 70년 동안 교황들은 명목상으로는 로마 주교임을 주장하면서 주로 아비뇽에 거주했다. "아비뇽 교황 시대"(Avignon Papacy) 혹은 "교회의 바벨론 포로 시대"라 불리는 이 시기는 교황들이 로마에 부재(不在)한 것뿐만 아니라 자발적으로 프랑스의 정치적 도구로 전락한 암흑기였다.

클레멘트의 사후 추기경들은 차기 교황 선출에 합의하지 못했다. 결국 그들은 72세의 노인을 선출하여 그의 짧은 재위 기간 동안에 다음 교황을 위한 합의에 도달하고자 했다. 그러나 요한 22세라는 칭호를 취한 이 교황은 정력적인 활동과 장기간의 즉위(1316-1334)로 세계를 놀라게 했다. 그는 프랑스인들의 도움을 받아 이탈리아에서의 교황의 권위를 옹호하려 했으므로 끊임없이 전쟁에 개입했다. 그는 이를 위한 자금 마련 및 아비뇽에 소재한 그의 교황청을 유지하기 위해 종교세(宗敎稅)를 거두어 들였는데, 이 때문에 특히 그의 친불(親佛) 정책에 반대하는 사람들로부터 큰 반발을 사게 되었다.

차기 교황 베네딕트 12세(Benedict XII, 1334-1342)는 로마인들에게 곧 귀환하겠다고 약속하는 한편, 아비뇽에 웅대한 궁전 건축을 명령했다. 그는 교황청 문서국을 아비뇽으로 이전함으로써 약속을 지킬 의사가 없음을 명백히 했다. 당시 백년전쟁이 벌어지던 가운데 그는 프랑스인들에게 교황청의 재산을 마음대로 운용하도록 허락함으로써 그 때까지 교황의 동맹자들이었던 영국과 당시 독일을 중심으로 하고 있던 신성로마제국을 저버렸다. 클레멘트 6세(Clement VI, 1342-1352)는 프랑스와 영국 사이를 중재하려 했으나 영국인들이 그를 프랑스의 주교로 간주했으므로 노력은 수포로 돌아갔다. 특히 족벌주의가 판을 친 그의 재위 기간에 아비뇽의 교황청은 세속 영주들 못지않게 사치와 향락에 젖어 있었다. 많은 신자들은 당시 창궐한 페스트를 교황이 로마에 부재한 데 따른 하나님의 심판이라고 믿었다. 다음 교황 인노센트 6세(1352-1362)는 로마로 귀환할 준비를 시작했으나 이를 실행에 옮기기 전에 사망했다. 우르반 5세(1362-1370)는 엄격한 금욕생활을 한 개혁주의자였다. 그는 자기의 절제를 본받지 않는 인물들을 축출함으로써 아비뇽 교황청을 개혁했다. 그는 1365년에 로마에 귀환하여 시민들의 환영을 받았다. 그러나 그에게는 로마 시민들의 충성심을 계속 유지할 능력이 없었으며, 이 때문에 이탈리아 전체가 무질서 상태에 빠졌으므로 아비뇽으로 귀환하기로 결정했다. 다음 교황은 삼촌인 클레멘트 6세에 의해 17세에 추기경이 된 그레고리 11세(1370-1378)였다. 그가 교황에 선출되었을 때 시에나의 카타리나(Catherine of Siena)가 교황의 로마 귀환을 촉구했다.

시에나의 카타리나는 어려서부터 수도생활을 흠모했다. 중산층이었던 부모는 그녀를 설득하려고 타이르고 위협하고 벌했지만 그녀의 결심은 확고했고 결혼을 거부했다. 그 가정의 25명의 자녀들 중 하나인 그녀의 언니 보나벤투라의 사망이 카타니라에게 전환점이 되었다. 그녀는 친척인 도미니크회 사제의 지도를 받아 "성 도미니크 보속 수녀회", 또는 도미니크 제3회에 가입했다. 그것은 회원들이 집에 거주하면서 보속과 관상생활에 헌신하는 형태의 조직이었다. 2년 후 그녀는 예수님이 영적 혼인을 통하여 그녀와 결합하는 환상을 보았는데, 이때 예수님은 그녀에게 사람들을 섬기라고 명하셨다. 그리하여 그녀의 생애의 제2단계가 시작되었는데, 그녀는 대부분의 시간을 가난한 자들과 병자들을 돌보는 데 바쳤다. 그녀는 곧 신비주의의 교사로서 유명해졌다. 그녀의 주위에는 많은 사람들이 모여들었는데, 그들은 대부분 그녀보다 유식했다. 그녀는 그들에게 관상생활의 원리와 실천을 가르쳤다. 이들 중 일부는 신학적 논쟁에 정통한 도미니크회 수도사들이었으므로, 카타리나는 이들에게서 배운 덕분에 교회로부터 정죄된 많은 신비주의자들의 오류를 피할 수 있었다.

1370년 그레고리가 교황으로 선출되던 해에 그녀는 또 다른 신비체험을 했다. 그녀가 네 시간 동안 잠자는 것 같은 상태에 있었기 때문에 친구들은 그녀가 죽었다고 생각했다. 그녀는 깨어난 후 자기가 환상을 보앉음을 선포하고, 교황청을 로마로 귀환시키는 운동을 벌였다. 이를 위해서 우선 교황이 거주하기에 불안할 정도로 전쟁과 난리가 계속된 이탈리아의 평온을 되찾아야 했다. 그녀는 이를 위해 도시에서 도시로 순례했는데, 그녀를 보려고 몰려든 많은 군중들의 영접을 받았다. 그들은 그녀가 행한 많은 기적들에 관한 소문을 퍼뜨렸다. 그녀는 교황을 "우리의 자애로운 아버지"라고 부르면서도 오랫동안 아비뇽에 체류함으로써

시에나의 카타리나의 신비적 결혼. 프란치스코 데 주르바르딘(1598-1664)의 작품

하나님께 범죄했다고 불평하면서, 겸손하지만 완강하게 로마로 돌아오라는 내용의 편지를 보냈다. 그것이 그레고리의 결정에 얼마나 영향을 미쳤는지는 알 수 없다. 어쨌든 1377년 1월 17일 그레고리는 군중들의 환호 가운데 로마로 입성했다. 기나긴 아비뇽 포로생활이 끝난 것이다.

이 사건이 있는 지 3년 후 카타리나가 사망했다. 그로부터 1세기 후 그녀는 로마교회의 성인으로 시성되었으며, 1970년 바오로 6세는 그녀에게 "교회 박사"(Doctor of the church)라는 칭호를 하사했다. 이러한 명예를 받은 여성은 두 명뿐이다.

간단히 말해서 교황의 아비뇽 장기 체류는 교회 생활에 불행한 결과들을 초래했다. 그 시기는 백년전쟁 기간이었고 교황들이 프랑스 정책의 도구로 사용되었으므로, 프랑스를 대적한 국가들은 교황청을 적대적 외국 세력으로 여겼으며, 이 국가들의 국가주의는 곧 교황청에 대한 적대감으로 이어졌다. 아비뇽의 교황청과 교황들이 관여한 전쟁들과 음모에

시에나에 있는 카타리나의 무덤

는 막대한 자금이 필요했으므로, 요한 22세 및 그의 후계자들은 이를 조달하기 위해 수단을 강구했다. 성직이 공석이 되면 1년분 수입이 로마로 보내졌다. 성직의 공백 상태가 오래 계속되면 그 수입이 아비뇽으로 보내졌다. 그러므로 교황들은 성직이 자주 비기를 바랐다. 이 때문에 교회의 목회 기능은 상실되었으며, 성직들은 긴 공백 상태에서 벗어나기 힘들었다. 설상가상으로 그레고리 7세를 비롯한 여러 개혁가들이 비난했던 성직매매가 성행했다. 성직을 통해 상당한 수입을 얻을 수 있었으므로, 어떤 자들은 몇 개의 성직을 동시에 중임했으며, 이 때문에 책임을 소홀히 하기 일쑤였다. 이와 같은 성직매매, 성직 중임제 혹은 복수성직제, 그리고 궐석성직제뿐만 아니라 족벌주의까지 흔히 볼 수 있었다. 교회의 바벨론 포로 시대가 끝날 때쯤 많은 이들이 교회의 개혁을 부르짖었다. 교황제도 자체의 개혁이 시급했으므로, 교회 개혁을 부르짖는 사람들은 교황 권력의 제한을 시도했다. 이러한 시도는 교황직의 성격을 순전히 영적인 방면으로 통제하는 데로 발전되었다.

서방교회의 대분열

그레고리 11세의 로마 귀환과 함께 시에나의 카타리나의 꿈이 이루어진 것처럼 보였다. 그러나 "교회의 바벨론 유수"를 초래한 정치적 상황들은 사라지지 않았다. 얼마 후 그레고리는 다시 아비뇽으로 귀환할 가능성을 고려했다. 만약 그가 사망하지 않았다면, 그 일이 이루어졌을지도 모른다. 이러한 시기에 바벨론 유수보다 더 좋지 않은 상황이 발생했다.

로마 시민들은 교황의 부재와 함께 다음에 선출될 교황이 아비뇽으로 돌아가거나 여러 교황들이 그리했듯이 프랑스의 노리개가 될 것을 염려했다. 이 두려움은 근거가 있는 것이었다. 왜냐하면 프랑스 출신 추기경들이 이탈리아인 추기경들보다 훨씬 많았으며, 그 중 일부는 로마보다 아비뇽을 선호했기 때문이었다. 추기경들이 로마를 떠나 다른 곳에서 모이거나, 프랑스의 보호 아래 프랑스 출신 교황을 선출하여 아비뇽으로 돌아갈 가능성이 컸다. 추기경들이 도망칠 가능성이 있다는 소문 때문에 폭동이 일어났다. 새 교황 선출을 위한 비공개 추기경 회의 장소가 폭도들의 침입을 받았다. 폭도들은 추기경들이 도망할 통로를 차단한 후에 물러났다. 건물 안팎을 점령한 폭도들은 로마인 출신, 혹은 최소한 이탈리아인 교황의 선출을 요구했다.

이러한 상황이었으므로 콘클라베(교황선출비밀회의, conclave)는 프랑스인 교황을 선출하지 못했다. 이들은 오랜 회의 끝에 이탈리아인 바리(Bari) 대주교를 새 교황 우르반 6세(Urban VI)로 선출했다. 우르반은 1378년 부활절에 프랑스인들과 이탈리아인들을 포함한 모든 추기경들이 참석한 가운데 교황에 즉위했다.

우르반 6세의 즉위와 함께 새 시대가 도래한 듯했다. 그는 미천한 집안 출신으로서 엄격한 생활에 익숙했으므로, 당시 많은 이들이 요구하는 개혁의 의미를 이해하고 있었다. 그러나 사치와 방탕에 젖었을 뿐만 아니라 직위를 이용하여 재산을 모으는 데 혈안이 되어 있는 많은 추기경들과 충돌해야 했다. 당시의 상황으로 볼 때 아무리 신중하고 온건한 교황이라도 개혁의 수행을 위해서 많은 어려움을 겪으리라는 것은 자명한 일이었다.

그러나 우르반은 신중한 인물도 아니고 온건한 인물도 아니었다. 그는 궐석성직제를 종식시키려는 열정에 사로잡힌 나머지 자기 교구를 지키지 않고 교황청의 직원으로 일하고 있는 주교들을 그리스도의 배반자요 부패한 자들이라고 선포했다. 그는 강단에서 추기경들의 사치한 생활을 비난했고, 선물을 받는 고위 성직자들을 성직매매 죄로 파문해야 한다고 주장했다. 그는 프랑스인들에게서 권력을 탈취하기 위해 보다 많은 이탈리아인 추기경들을 임명하려 했다. 그런데 그는 이 계획을 실행에 옮기기 전에 프랑스인들에게 누설하는 어리석음을 범했다.

이것은 많은 사람들이 원했던 개혁이었다. 그러나 추기경들에 대한 우르반의 행동들 때문에 그가 미쳤다는 소문이 생겼다. 소문에 대한 그의 반응은 소문을 더 뒷받침해줄 뿐이었다. 뿐만 아니라 그는 개혁을 부르짖으면서도 가까운 친척들을 요직에 임명했으므로 족벌주의라는 비난을 받았다.

그에 대항하는 추기경들이 계속 증가했다. 처음에는 프랑스인들, 그리고 많은 이탈리아인들이 로마로부터 도주하여 아나니(Anagni)에 집결했다. 그들은 이곳에서 자기들이 강제로 우르반을 선출했으므로 그 선거는 무효라고 선언했다. 이들은 그의 교황 선출뿐만 아니라 대관식에 참여했을 때 이의가 없었으며, 몇 달 동안 우르반의 교황청에 머물면서도 전혀 항의하지 않았던 인물들이었다.

우르반은 자기의 지지자들 중 26명을 새 추기경으로 임명했다. 그는 이를 통해 과반수의 추기경을 얻게 되었으나, 반대하는 자들은 가짜 교황이 임명한 추기경들도 가짜이므로 올바른 교황을 선출해야겠다고 나섰다.

우르반을 선출했던 추기경들 중 한 명을 제외한 모든 추기경들이 비공개로 모여 새 교황을 선출했다. 이 자리에 참석한 이탈리아인 추기경들은 선거에 참여하지 않았고 항의하지 않았다.

그리하여 전대미문의 상황이 벌어졌다. 이전에도 자기가 정당한 교황이라고 주장하는 자들이 있었다. 그러나 이제 동일한 추기경들에 의해 선출된 두 명의 교황이 공존하게 된 것이다. 그중 하나인 우르반 6세는 원래 자기를 선출해주었던 추기경들로부터 배척당하고, 스스로 추기경들을 임명했다. 또 다른 교황 클레멘트 7세(Clement VII)는 과거와 연결된 추기경들을 장악하고 있었다. 전체 서방 기독교권은 불가불 어느 한 편을 선택해야 할 지경에 처했다.

그것은 쉬운 결정이 아니었다. 우르반 6세는 정당한 과정에 의해 선출되었었다. 그의 대립 교황이 클레멘트라는 칭호를 택한 것을 보아도 알 수 있듯이 아비뇽에 거주했던 교황들의 정책을 답습할 의도를 가지고 있었다. 그의 지지자들조차 인정했던 바와 같이 클레멘트가 경건한 인물은 아니었으나 유능한 외교가였는 데 반해, 우르반은 난관을 헤쳐 나가는 데 필요한 지혜를 가지고 있지 못했다.

클레멘트는 교황으로 선출되자마자 우르반에 대항한 군대를 일으켜 로마를 공격했다. 그러나 그는 공격에 실패한 후 아비뇽에 거주했다. 그 결과 로마에 거주하는 교황과 아비뇽에 거주하는 교황이 존재하게 되었다. 그들은 각기 자기의 추기경들을 거느리고 유럽 각국의 지지를 획득하는 데 혈안이 되었다.

예상했던 바처럼 프랑스는 아비뇽의 교황을 지지했으며, 영국에 대항한 전쟁에서 프랑스의 동맹국이었던 스코틀랜드도 그 뒤를 따랐다. 영국은 우르반을 지지했다. 왜냐하면 아비뇽의 교황청은 영국의 국익에 방해가 되었기 때문이었다. 스칸디나비아, 플랑드르, 헝가리, 폴란드 등도 우르반을 지지했다. 독일의 경우, 프랑스에 대항하여 영국과 동맹했던 황제도 같은 노선을 취했으나 여러 가지 이유로 황제를 대적해야 했던 귀족들과 주교들은 클레멘트를 지지했다. 포르투갈은 여러 차례 입장을 바꾸었다. 카스티야와 아라곤은 처음에 우르반을 지지했지만 결국 클레멘트의 편에 섰다. 이탈리아의 경우 각 도시들과 그 지도자들이 각기 다른 입장을 취했으며, 나폴리 왕국은 여러 차례 입장을 바꾸었다.

시에나의 카타리나는 얼마 남지 않은 여생 동안 우르반을 지지했다. 그러나 당시 우르반은 자기 조카를 위한 왕국을 세우기에 분주했고 이 때문에 쓸데없이 전쟁을 일삼았으므로, 그를 옹호하는 것도 쉬운 일이 아니었다. 그는 이러한 정책에 반대한 몇몇 추기경들을 체포했는데, 그들의 최후에 관해서는 잘 알려져 있지 않다.

분열의 원인이 두 교황의 존재 이상의 깊은 게 있었으므로, 이들이 사망한 후에도 계속 그 뒤를 이은 교황들이 선출되었다. 1389년에 우르반이 사망하자 그의 추기경들은 보니파시오 9세를 새 교황으로 선출했다. 새 교황은 이러한 칭호를 택함으로써 프랑스의 숙적이었던 보니파시오 8세의 정책을 따를 것을 공표한 셈이다. 그러나 보니파시오 9세는 우르반의 개혁 정책을 포기하고 성직매매를 성행시켰다. 실제로 분열 자체가 성직매매를 조장했다고 보아야 할 것이다. 왜냐하면 이 교황들은 적에 대항하기 위해 막대한 자금이 필요했는데, 성직매매는 이러한 자금을 마련하기에 편리한 수단이었기 때문이다. 1394년 파리대학교의 신학자들은 분열을 종식시킬 수 있는 세 가지 방책을 국왕에게 건의했다. 첫째는 두 교황이 사퇴하고 새 교황을 선출한다는 것이었다. 둘째는 협상과 중재에 의해 이 문제를 해결하자는 것이었다. 셋째 방책은 이 문제를 해결하기 위해 전체 공의회를 소집하자는 것이었다. 신학자들은 이 세 가지 중 첫째를 선호했다. 왜냐하면 중재자의 선출이라든지, 누구에게 공의회를 소집할 권한이 있는지 등의 문제들이 해결하기 어려운 것이었기 때문이었다. 국왕 샤를 6세는 신학자들의 의견을 받아들여, 클레멘트 7세가 사망하자 아비뇽 측 추기경들에게 새 교황을 선출하지 말라고 요청했다. 이는 그가 로마의 교황을 설득하여 퇴위시키려 마음먹고 있었기 때문이었다.

그러나 프랑스의 국익이 일부 이유가 되었던 분열은 이제 그 자체로서 존재했다. 새 교황을 선출하지 않으면 자기들의 세력이 약화될 것을 우

스페인의 지중해 연안에 있는 페니스콜라 성은 베네딕트 13세의 마지막 성채였다. 그의 죽음과 함께 아비뇽 교황 시대가 끝났다.

려한 아비뇽의 추기경들은 곧 스페인 출신의 추기경 페드로 데 루나(Pedro de Luna)를 선출하여 베네딕트 13세(Benedict XIII, 로마가톨릭교회에서는 대립교황으로 간주되는 인물이다. 18세기의 교황인 베네딕트 13세와 혼동하지 말아야 한다)로 옹립했다. 이러한 상황에서 왕이 자기의 해결책을 고집하려 한다면, 두 명의 교황 모두를 사퇴시켜야 했다. 샤를 6세는 자기의 정책을 실행에 옮기기로 했다. 그가 파견한 사절들은 유럽 각국의 통치자들을 움직여 두 명의 교황 모두를 사임시키도록 압력을 가할 방도를 강구했다. 프랑스에서도 국가회의가 베네딕트에 대한 충성을 철회했고, 프랑스 군대는 아비뇽을 포위했다. 그러나 베네딕트는 정치의 조류가 바뀌어 샤를이 그 정책을 취소해야 할 때까지 견뎌냈다. 샤를은 또다시 아비뇽에 소재한 교황에 대한 지지를 확인할 수밖에 없었다.

이러한 사건들을 지켜본 기독교권은 지쳤다. 만약 두 명의 교황들이 스스로 분열을 종식시키지 않는다면, 다른 사람이 이 과업을 수행해야 할 형편이었다. 이러한 이유 때문에 베네딕트 13세와 로마 교황들-베네딕트 9세, 인노센트 7세, 그리고 마지막으로 그레고리 12세-은 자기들이 분열을 종식시키려고 노력하고 있으며, 문제가 해결되지 않는 것은 상대방의 잘못이라고 주장하기 시작했다. 1407년 9월 베네딕트 13세와 그레고리 12세가 회담을 갖기로 합의했다. 그러나 다음 해 5월까지 회담은 이루어지지 않았다. 두 교황은 몇 킬로미터 떨어진 곳에 있다. 결국 베네딕트는 약속된 장소에 나타났지만, 그레고리는 나타나지 않았다.

이러한 사태가 발생하기 전 유럽 전체의 불만이 고조되는 것을 감지한 로마의 추기경들은 자기들의 교황을 포기하고 아비뇽파와의 직접 협상을 제시했다. 프랑스도 베네딕트에 대한 지지를 철회하고 분열을 종식시킬 노력을 재개했다. 그리하여 여러 해 동안 발전되어온 공의회운동이 그 모습을 드러내게 된다.

제8장
개혁의 갈망

> 따라서 교황은 머리가 아니며, 추기경들은 거룩한 보편교회의 온전한 몸이 아니다. 오직 그리스도만 머리이시며, 그의 택함을 받은 자들만 그 몸이며, 각 사람은 그 몸의 지체이다.
> ― 존 후스 ―

    14-15세기에 교회의 유감스러운 상태로 말미암아 다양한 개혁운동이 등장했다. 그중 하나인 공의회 운동(conciliar movement)은 분열을 종식시키는 동시에 성직매매와 족벌주의 등 타락한 관습들을 종식시키려 했다. 공의회 운동은 그 때까지 교회가 받아들여온 기독교 교리에 대해서는 이의를 제기하지 않았다. 그러나 위클리프(John Wycliffe)와 후스(John Huss) 같은 이들은 교회생활뿐만 아니라 교회가 지켜온 교리 자체의 개혁이 필요하다는 결론에 도달했다. 어떤 사람들은 가난하고 학대받는 자들 사이에서 특히 성행한 종말론적 기대에 부응했다. 이 장에서는 이 다양한 개혁운동을 취급한다. 문제를 명확하게 취급하기 위하여 연대적 순서를 따르는 것이 아님을 독자들은 주지할 필요가 있다. 전장에서 취급했던 대로 대분열 해결을 위한 유럽의 모습을 살펴본 후에 공

의회 운동의 전성기 이전을 살았던 위클리프에 대해서 살펴보기로 한다.

공의회 운동

4세기에 아리우스 논쟁으로 말미암아 교회가 분열의 위기에 처했을 때, 콘스탄틴은 공의회를 소집했다. 그 후에도 공의회를 통해서 위기들이 해결되었다. 후일 교황들의 권력이 강해짐에 따라 공의회는 제4차 라테란 공의회의 경우처럼 교황청의 정책들을 수행하기 위한 도구로 전락했다. 이제 교황의 바벨론 유수 및 대분열로 말미암아 교황직의 도덕적 권위가 약화됨에 따라 많은 이들은 통일성을 회복하고 교회를 개혁함으로써 큰 폐해들을 제거할 수 있는 보편공의회를 원했다. 이러한 공의회에 관한 이론들이 발전함에 따라 그 주창자들은 전체 교회를 대표하는 보편공의회가 교황보다 더 큰 권위를 지닌다고 주장하기 시작했다. 그렇게 될 경우 누가 합법적인 교황인지 결정하는 데는 교황들이 아닌 공의회가 더 적절하다는 결론을 내렸다. 그런데 이 해결책에 난관이 된 요소는 회의를 소집할 권한이 누구에게 있는가 하는 의문이었다. 어느 한 당파에서 회의를 소집할 경우에 그 결과 또한 편파적이므로 분열이 해결되지 못할 가능성이 존재했다.

이 난제는 결국 협상을 거부하는 교황들의 고집에 지친 두 파의 추기경들이 1409년에 피사에서 공동으로 대회의를 소집함으로써 해결되었다. 적대 관계에 있던 두 교황은 피사(Pisa) 회의를 방해하기 위해 자기들 나름의 회의를 소집했으나 실패했다. 스스로 합법적 교황이라고 주장하는 두 교황들은 각기 자기의 요새에 은둔했다.

피사에서 개최된 회의는 양측 추기경단뿐만 아니라 유럽 대부분 국가들의 지지를 받았다. 이들은 두 사람 중 누가 합법적인 교황인지를 결정하고자 노력하는 대신, 두 교황 모두의 비합법성을 선언하고 해임했다. 피사 회의는 알렉산더 5세를 교황으로 선출한 후 분열이 종식되었다고 여겨 정회했다.

그러나 이전의 두 교황이 공의회의 결정을 받아들이기를 거부함으로써 사태가 악화되어 이제 세 명의 교황이 존재하게 되었다. 알렉산더 5세가 유럽 주민들 대부분의 지지를 받았으나, 다른 두 교황들 역시 나름의 지지자들을 보유하고 있었기 때문이었다. 알렉산더는 선출된 지 1년이 안 되어 사망했으므로 추기경들은 요한 23세를 교황으로 선출했다. 알렉산더와 요한 모두 분열을 종식시키지 못했으며, 요한은 당시의 정치적 혼란 때문에 이탈리아를 떠나 독일의 지기스문트(Sigismund) 황제-황제의 권리를 주장한 세 사람 중 하나로서, 세 사람은 각기 다른 교황의 지지를 받았다-에게 피했다. 지기스문트는 분열을 영구히 종식시킬 또 다른 회의를 소집할 때가 왔다고 판단했다.(독자들은 20세기에 교황 요한 23세가 존재했는데, 어떻게 15세기에도 교황 요한 23세가 있을 수 있었는지 의문을 제기할 것이다. 그 이유는 로마 가톨릭교회가 로마에 거주했던 우르반 6세를 비롯한 그의 후계자들을 합법적 교황의 법통으로 인정하기 때문이다. 따라서 아비뇽에 거주했던 교황들뿐만 아니라 피사 공의회에서 선출된 알렉산더 5세와 요한 23세는 대립 교황들로 간주된다.)

당시 프랑스에서는 백년전쟁이 벌어지고 있었으므로, 교황 요한이 찾아간 황제 지기스문트가 유럽에서 가장 강력한 군주였다. 그는 요한이 또 다른 공의회 소집에 동의한다는 조건으로 그의 신변을 보호했다. 이

1409년 피사 공의회에서는 분열을 종식시키고 합법적인 교황을 결정하려 했다.

에 따라 1414년 콘스탄스(Constance)에 공의회가 소집되었다. 요한 23세는 이 공의회가 자기를 지지하리라고 기대했다. 그러나 요한의 야망과 생활방식은 개혁을 원하는 공의회의 목표와 일치하지 않았으며, 그는 회의의 결과를 확신할 수 없었다. 공의회가 사임을 요구하자 요한은 도주했다. 그는 몇 달 동안 도피생활을 했다. 결국 아무런 도움도 받지 못한 채 체포되고 콘스탄스로 송환되어 강제로 퇴위되었다. 그는 여생을 감옥에서 보냈다. 얼마 후 로마 교황 그레고리 12세는 경쟁자들이 사임할 경우에 자기도 그 뒤를 따르겠다는 약속대로 사임했다. 공의회는 교회의 개혁을 위해 몇 가지 칙령을 통과시킨 후 새 교황 선출을 위한 절차를 밟았다. 추기경들은 공의회에 의해 지명된 위원회와 합동으로 마르티누스 5세(Martin V)를 교황으로 선출했다. 아비뇽 계통의 최후 교황인 베네딕트 13세는 스페인 해안의 피네스콜라 성채에 도피하여 계속 자신의 합법성을 주장했다. 그러나 아무도 그의 말에 귀를 기울이지 않았으며, 1423년 그가 사망한 후에는 후계자가 선출되지 못했다.

콘스탄스에 모인 인사들은 분열의 종식뿐만 아니라 교회에서 이단과 부패를 제거하기 위한 작업에 착수했다. 이러한 이유 때문에 후스가 정죄되었다. 그러나 성직매매, 성직 중임제와 궐석성직제 등의 문제에 관해서는 일반적 칙령들을 반포하는 데 그쳤다. 그들은 콘스탄스에서 시작된 개혁을 계속하기 위해 정기적으로 비슷한 공의회를 소집할 것을 의결한 후 폐회했다.

마르티누스 5세는 1423년 파비아(Pavia)에 공의회를 소집했다. 그러나 페스트 때문에 장소를 시에나(Siena)로 옮겨 속개하였으나 중도에 끝나고 말았다. 참석자들이 얼마 되지 않았으므로 몇 가지 칙령을 반포한 후 폐회시켰다.

다음 공의회 일자(1430)가 다가왔으나 마르티누스는 이를 소집할 의도가 없는 듯했다. 그러나 그는 공의회우위설이 여전히 강력하며 회의를 소집하지 않을 경우 위기가 닥치리라는 것을 의식했다. 그는 바젤(Basel) 공의회가 소집된 직후에 사망했고, 그의 후계자 에우게니우스 4세(Eugene IV)는 공의회의 정회를 선포했다. 그러나 공의회는 정회를 거부하고, 교황을 심판하겠다고 나섰다. 이때 황제 지기스문트가 중재에 나섰고, 에우게니우스는 해산 명령을 철회했다. 초기에는 사람들의 주의를 끌지 못했던 공의회가 이때에는 막강한 존재로 군림했으며, 교황보다 우위를 차지한 것처럼 보였다. 어떤 이들은 회의를 영속적으로 소집하여 교회를 직접 다스려야 한다고 주장했다.

이때 투르크족의 위협을 받고 있는 콘스탄티노플이 도움을 요청했다. 비잔틴 황제와 콘스탄티노플 총대주교는 도움을 확실히 얻기 위해서 서방 교회에 합류할 의사가 있으며 공의회를 콘스탄티노플 근처의 도시로

바젤 공의회의 인장

이동하여 개최한다면 참여하겠다고 선언했다. 에우게니우스는 이 기회를 틈타 공의회를 페라라(Ferrara)로 옮겼다. 대부분의 회의 참석자들은 이에 복종하지 않았으나, 수백 년간 지속되어온 동서방의 분열을 종식시키기 원하는 인사들은 페라라에 소집된 공의회에 참석했다. 그리하여 교황청의 분열 문제를 해결하기 위한 세력으로서 발생한 공의회 운동 자체가 분열되어, 이제 두 개의 공의회와 하나의 교황이 존재하게 되었다.

후에 플로렌스(Florence)로 옮겨간 페라라 공의회는 많은 이들의 인정을 받았고, 콘스탄티노플 황제와 총대주교는 어쩔 수 없이 교황지상권(papal supremacy)을 포함한 재결합 조건을 받아들였다.

한편 바젤 공의회는 점차 극단적인 양상을 띠었다. 공의회의 지도적 인물들이 하나씩 떠나 교황이 주재하는 공의회에 합류했다. 남은 사람들은 에우게니우스의 폐위를 선포하고 펠릭스 5세(Felix V)를 교황으로 선출했다. 이제 두 개의 공의회와 두 명의 교황이 존재하게 됨으로써,

교황들의 분열을 해결했던 공의회 운동이 동일한 문제를 재발시켰다. 그러나 바젤 공의회 및 여기서 선출된 교황은 전체 교회의 생활에 영향을 미치지 못했다. 결국 남은 자들은 로잔(Lausanne)으로 옮겨갔다가 해산했다. 펠릭스 5세는 1449년에 교황직을 포기했다. 드디어 공의회에 대항한 교황의 승리가 명백해졌으며, 그 후 공의회는 교황에게 예속되었다.

존 위클리프

지금까지 이야기의 흐름을 단절시키지 않기 위해 15세기 중반까지의 교황 및 공의회가 걸어간 길을 살펴보았다. 또 공의회 운동이 성직매매와 궐석성직제 등과 같은 도덕적, 목회적 문제들에 주로 개혁의 초점을 맞추었던 사실도 살펴보았다. 그러나 당시 교회 생활뿐만 아니라 근본적 교리의 개혁을 추구하는 움직임들이 있었다. 이러한 경향을 보인 개혁운동의 가장 뛰어난 지도자가 위클리프와 후스이다. 위클리프는 아

위클리프는 교회 개혁 운동의 중심이 되었다.

비농 교황청 시대에 살았으며, 교황 계승을 둘러싼 대분열이 시작된 직후인 1384년에 사망했다. 후스는 30년 후 콘스탄스 공의회에서 처형되었다.

위클리프의 초기 생애는 거의 알려져 있지 않다. 그의 이름은 요크셔 주의 위클리프 언 티즈(Wycliffe-on-Tees)라는 마을의 명칭에서 유래되었다. 그의 가족들은 그곳에 토지를 소유하고 있었고, 그는 그곳에서 태어났다. 그가 12살 때에 그 마을은 국왕 에드워드 3세의 둘째 아들 곤트의 존(John of Gaunt)의 관할 구역이 되었는데, 위클리프의 삶은 존과 엉키게 된다. 그는 생애의 대부분을 옥스퍼드에서 보냈는데, 15세 때인 1345년에 공부를 시작하여 박식함과 엄격한 논리로 명성을 얻었다. 그러나 그에게는 유머감각이 없었다. 그는 동료 교수들의 강력한 지원을 받았으나 결국 교수직을 떠나 처음에는 외교가로, 그리고 후에는 논쟁가로서 왕실에 봉사했다.

당시 영국은 불확실했지만 중요한 시기로서 독립 국가로서의 지위를 주장하고 있었다. 위클리프가 태어났을 때 정부와 엘리트층에서는 노르만 프랑스어가 사용되고 있었다. 1362년 위클리프가 옥스퍼드 대학 학생일 때 영어가 왕실의 언어가 되었으며, 그가 사망한 직후에는 초등학교의 일차 언어(primary language)였다. 옥스퍼드 대학 및 고등교육의 중심기관에서 교육에 사용하는 언어는 라틴어였다. 당시 교황청은 아비뇽에서 프랑스의 주구 노릇을 하고 있었으므로 영국의 분노와 저항을 초래했다. 영국은 일련의 법규(1351, 1353, 1363)에 의해 교황청의 세력을 제한하려 했다. 처음에는 교황과 관계없이 독자적으로 교회의 직분자들을 선출했고, 다음에는 영국이 아닌 다른 국가에 상소하는 것을 금지했다.

따라서 영국 정부는 위클리프의 저서 『하나님의 통치에 관하여』(On Divine Dominion)와 『세속의 통치에 관하여』(On Civil Dominion)에 표현된 바 지배 혹은 통치의 속성 및 한계에 관한 위클리프의 이론을 환영했다. 위클리프에 의하면 모든 합법적 통치권은 하나님에게서 온다. 이 통치권은 섬김을 받기 위해서가 아니라 섬기기 위해 오셨던 그리스도의 모범에 따른 특성을 지녀야 한다. 피지배자가 아닌 지배자의 이익을 위해 사용되는 통치 형태는 진정한 통치가 아니라 반역이다. 아무리 합법적이라 하더라도 권위의 한계를 벗어나 영역을 확장하려 하는 지배 형태에 대해서도 동일한 비판을 할 수 있다. 따라서 자체의 이익을 위해서, 혹은 영적 문제의 한계를 벗어나 세력을 확장하려는 교회의 권력도 비합법적이다.

당시 세금 징수 및 교황들의 세속 권력에 관한 문제로 교황청과 분쟁을 벌이고 있었던 영국의 세속 권력자들은 이러한 견해들을 환영했다. 이러한 갈등들로 말미암아 1374년 부뤼헤(Burges)에서 회의가 개최되었는데, 위클리프는 영국 대표단의 한 사람으로 그곳에 파견되었다. 그러한 활동에 대한 포상이었는지 위클리프에게 루터워스 교구가 하사되었다. 그는 그곳에서 중 1382년과 1384년 뇌졸중을 앓았고, 그로 인해 사망했다.

그러나 위클리프는 신념의 사람이었으므로 종교적 지배의 한계에 관하여 내세운 그의 주장은 세속 권력에도 동일하게 적용되었다. 즉 세속 권력도 시민들에 대한 봉사 혹은 섬김의 관점에서 측정되어야 한다는 것이다. 결국 위클리프는 그의 솔직함을 환영했던 사람들의 지지를 잃었다.

이 시기에 그의 주장은 더 급진적인 형태를 띠었다. 그는 당시 대분열의 추문에 힘입어 그리스도의 교회는 교황 및 눈에 보이는 유형적 계급 제도가 아니라 구원받도록 예정된 자들로 이루어지는 몸, 눈에 보이지 않는 무형의 몸이라고 가르치기 시작했다. 이 이론은 힙포의 어거스틴에게서 연유된 것이다. 누가 예정된 자들인지 확실히 알 수 없지만, 각 사람의 신앙생활에서 맺어지는 열매를 통해 짐작할 수 있다. 이러한 관점에서 보면 당시의 많은 종교 지도자들은 구원에 참여하지 못할 유기된 자들이라 생각되었다. 말년에 위클리프는 교황도 구원 받지 못한 자들 안에 포함될 것이라고 선언했다.

위클리프는 성경이 교회의 소유이며, 교회만이 성경을 바르게 해석할 수 있다고 주장했다. 그러나 성경을 소유한 교회는 예정된 사람들로 이루어진 몸이며, 따라서 성경은 이들이 이해할 수 있는 언어로 해석되어 그들의 손에 들어가야 한다고 확신했다. 이러한 주장 때문에 위클리프는 불가타 성경을 영어로 번역하기 시작했는데, 위클리프의 사후에 그 추종자들이 그 일을 계속했다. (그보다 1세기 전에 카스티야의 국왕 알퐁소[Alfonso the Wise]가 성경을 스페인어로 번역할 것을 명령했는데 그 결과가 Biblia alfonsina이다. 그것은 서유럽의 지방어로 번역된 가장 오래된 성경들 중 하나이다.) 이처럼 성경을 영어로 번역한 것은 단 번에 그친 현상이 아니었다. 위클리프가 살아 있는 동안 영어가 왕실의 언어가 되었고, 요크의 존 토레스비(John Toresby) 대주교는 성직자들과 평신도들을 위한 교리 교육서를 영어로 번역했었다.

그러나 신학적으로 위클리프의 교리가 가장 격렬한 논쟁을 낳은 것은 성찬에 있어서 그리스도의 임재에 관한 문제였다. 제4차 라테란 공의회는 1215년에 화체설을 선언한 바 있었다. 그러나 위클리프는 『성찬에 관하여』(*On the Eucharist*)에서 이 교리가 성육신에 나타난 원칙을 부인한다고 생각했다. 하나님이 인간의 본성과 연합하셨을 때 신성의 임재는 인성을 파괴하지 않았다. 마찬가지로 성찬에서 발생하는 사건은 그리스도의 몸이 실제로 떡 속에 임재하면서도 이를 파괴하지 않는 것이었다. 그리스도의 몸은 "성례전적"(sacramental)이며 "신비적"(mysterious) 형태로 성찬에 임재하지만, 그 곳에 떡이 공존한다.

1377년 그의 신학 때문에, 그리고 곤트의 존이 전처럼 확고하게 지지하지 않았기 때문에, 위클리프는 거듭 공격을 받았다. 그해에 교황 그레고리 11세는 위클리프를 공격하는 다섯 개의 교서를 발표하여 하나는 국왕 에드워드 3세에게, 또 하나는 옥스퍼드 대학에, 나머지 셋은 캔터베리 대주교와 런던의 주교에게 보냈다. 그의 견해가 교회의 공식 교의에 어긋나는 것이었으므로 세속 당국자들의 인기가 시들기 시작했으며, 그가 옥스퍼드로 돌아갔을 때 많은 사람들이 그를 이단이라고 비난했다. 그는 한동안 투옥되어 지냈지만, 그의 인기와 영향력이

위클리프는 은퇴하여 자신의 교구인 루터워스로 돌아갔다.

제8장_ 개혁의 갈망 233

높았으므로 연구와 저술을 계속할 수 있었다.

그는 1381년 루터워스에 있는 그의 교구로 은퇴했다. 그가 교구를 소유했다는 사실, 그리고 이 교구가 그의 봉사에 대한 대가로 왕실로부터 하사받은 것이라는 사실은 개혁가들이 증오했던 부패가 교회 전체에 얼마나 만연했었는지를 보여준다. 개혁의 열렬한 옹호자였던 위클리프마저 자신의 성직에서 나오는 수입으로 옥스퍼드에서 생활한 것이다. 후일 현금이 필요하게 되자, 그는 상당한 금전을 보상으로 받고 수입이 적은 교구와 이 교구를 교환했다.

1381년 영국에서 와트 타일러(Wat Tyler)의 농민혁명이 발생했다. 위클리프는 농민들의 주장을 지지했기 때문에 반란을 선동했다는 혐의를 받았다. 오랫동안 위클리프에 반대해왔던 윌리엄 코트니(William Courtenay) 대주교는 위클리프의 저술과 가르침을 조사하기 위해 그에게 법정에 출두하라고 명했다. 그가 출두하던 날 땅이 흔들렸는데, 양측에서는 각기 그것을 상대편을 하나님이 기뻐하시지 않는다는 표식이라고 주장했다. 결국 위클리프의 교리들 중 열 가지가 이단이라고 선언되었고, 그의 저술들은 금서가 되었다. 대주교는 위클리프의 추종자들을 압박하기 시작했고, 그중 다수가 위클리프에 대한 지지를 철회했다. 그러나 당시 위클리프는 "롤라드파"(Lollards)—이것은 기원이 분명하지 않는 경멸어로서 그들이 중얼거리며 기도한다는 것을 의미하는 듯하다—라고 알려진 사람들의 폭넓은 지지를 받고 있었다. 위클리프는 여전히 인기가 있었기 때문에 파문되지 않고 자신의 교구를 보유하였다.

위클리프는 1384년에 뇌졸중으로 사망했고, 당시 교회에 속해 있었으므로 부속 묘지에 안장되었다. 그러나 후일 콘스탄스 공의회가 그를 정죄함에 따라 그의 유골을 파내어 태우고 재를 스위프트(Swift) 강에 뿌렸다.

위클리프가 살아 있을 때에 제자들 중 일부가 그의 교리를 전파하기 시작했다. 이것이 위클리프의 지시에 의한 것인지, 또 "롤라드파"(Lollards)라고 불린 집단이 위클리프의 추종자들이었는지는 확실치 않다. 어쨌든 곧 위클리프와 비슷한 신념을 가진 사람들이 증가했다. 이들은 성경을 영어로 번역하고 자기들이 확신하고 있는 기독교 신앙과 이론을 전파하기 시작했다. 이들은 성경이 원래 일반 대중에게 속한 것이므로 그들에게 돌려주어야 하며 성직자들은 세속 관직을 겸직할 수 없다고 여기고, 성상 사용이나 성직자들의 독신제도, 순례 등을 가증한 것이라고 여겼다. 이들은 화체설과 죽은 자들을 위한 기도를 거부했다. 이러한 여러 가지 측면에서 살펴볼 때 이들은 종교개혁의 선구자들이라 할 수 있다.

처음에는 주로 귀족층에서 롤라드파에 가입했으나, 이는 곧 대중운동이 되었다. 이들은 한때 이단에 관한 법률을 의회에서 개정하고자 시도하기도 했다. 그러나 이 작업에 실패함으로써 이들의 상황이 위험해졌다. 롤라드파의 귀족들은 대부분 자기의 의견을 철회하고 교회로 복귀했다. 그러나 소수의 귀족들이 이를 고수했는데, 1413년에 존 올드캐슬(John Oldcastle)경이 반란에 실패하여 처형당했다. 이때 이 운동은 향사 계층의 지지를 상실했다. 그러나 하류 계층에서 계속 전파되면서 급진적으로 변화했다. 1431년에 적발된 롤라드파의 음모는 교회의 개혁과 아울러 정부 전복을 시도하고 있었다. 계속되는 박해 속에서도 롤라드파 운동은 근절되지 않았다. 16세기 초에 잠시 부흥했으며, 그 추종자들의 대부분이 사형에 처해졌다. 결국 잔류 롤라드파 때문에 그 후 영국의 프로테스탄트 운동은 큰 힘을 얻게 된다. 그러나 이러한 시대가 도래하기 오래 전에 위클리프의 교훈은 멀리 보헤미아 지방에 영향을 미쳤다.

후스

오늘날의 체코 공화국인 보헤미아에서 발생한 개혁운동의 불길을 교회는 진압할 수 없었다. 그 지도자인 경건한 후스(John Huss, 1362-1415)는 논쟁이 시작되기 직전인 1393년 죄 사함을 받기 위해 면죄부를 사는 데 자금의 대부분을 사용했었다. 당시 그는 프라하 대학 학생이었다. 그는 근면한 사역자요 훌륭한 설교자였으며, 1401년에 프라하 대학 철학과 학장이 되었고 1402년에는 베들레헴 성당의 설교자로 임명되었다. 1392년에 세워진 이 성당은 체코어 설교의 중심지였다.

당시 체코인들의 민족주의가 증대되고 있었다. 그들은 자기 국가에서 발휘되고 있는 독일인들의 과도한 영향력에 대해 분개했다. 그들은 지기스문트의 이복형제인 바츨라프(Wenceslas) 왕-이 왕은 3세기 전의 선한 바츨라프와는 다른 인물이다-의 다스림을 받았다. 바츨라프는 지기스문트에 의해 신성로마제국 황제직에서 해임되었음에도 불구하고 여전히 황제라고 주장하고 있었다. 당시는 서방 대분열, 로마와 아비뇽에서 두 사람이 각기 합법적 교황이라고 주장하던 때였다. 로마의 교황 보니파시오 9세가 바츨라프의 해임을 지지했으므로, 왕은 아비뇽 교황을 지지했고 자신이 벌이고 있는 정치게임에서 우위를 차지하기 위해 체코 민족주의를 자극했다.

당시 영국 왕 리처드 2세가 보헤미아의 공주와 결혼했으므로 프라하 대학과 옥스퍼드 대학의 교수들과 학생들 사이에 긴밀한 유대가 형성되어 있었다. 영국에 유학했던 많은 체코인들이 위클리프의 저술들을 보헤미아로 들여왔는데, 이 저술들은 대학교에서 큰 파문을 일으켰다. 초기의 논쟁은 주로 위클리프의 철학적 입장에 초점을 두고 있었다. 프라하 대학교는 독일인들과 체코인들로 양분되었다. 이 분열은 위클리프의 철학에 관한 상반된 입장으로 표출되었다. 체코인들은 이를 받아들였는데 반해, 독일인들은 고루하다는 이유로 거부했다. 일부 독일 학자들이 논쟁의 내용에 위클리프의 정통성 여부를 끌어들임으로써 체코인들을 난처한 입장에 빠뜨렸다. 물론 체코인들이 위클리프의 모든 사상에 동조한 것은 아니었다. 예를 들어 후스는 학자들에게 위클리프의 저술들을 읽고 토론할 권리가 있음을 인정했지만, 그리스도의 성찬 임재에 관하여는 위클리프와 의견을 달리하여 전통적인 화체설을 따랐다. 결국 보헤미아 국왕의 지원 아래 체코인들이 유리한 입장을 차지하게 됨에 따라 독일 출신 교수들은 프라하를 떠나 라이프치히에 대학을 설립했다. 이들은 프라하를 떠나면서 그곳이 특히 위클리프의 사상을 중심으로 한 이단의 온상이 되고 있다고 비난했다. 그리하여 위클리프의 저술을 두고 발생한 논쟁은 체코인들이 이단이라는 인상을 남겼다.

한편 후스는 근처에 있는 베들레헴(Bethlehem) 성당의 강단에서 당시 공의회 운동 주창자들이 부르짖었던 것과 비슷한 개혁을 주장했다. 그때만 해도 그는 교회의 전통적 교리에 도전하려는 의도 없이 단지 교회 생활, 특히 성직자들의 생활의 회복시키려 했었다. 그의 불같은 설교의 공격 목표는 성직자들의 부패였다. 그는 그들을 "주님의 살진 자들"이라고 부르며, 백성들을 희생시키면서 자신을 부유하게 하며 간음과 궐석성직제를 자행한다고 비난했다. 그는 교회의 고위 성직자들의 성직매매를 공격했다. 후스가 25세 때인 1402년에 즈비네크(Zbynek) 대주교가 돈을 주고 그 직위를 샀다는 사실이 널리 알려져 있었다. 이러한 상황에서 후스는 체코 백성들 사이에 깊이 뿌리박고 있는 운동을 계속했다. 약 30년 전에 부유한 고위성직자인 밀리치(Jan Milic)가 민족주의와 개혁 요구를 결합한 운동을 주도하면서 개혁을 위해 자신의 재산을 포기했었다. 후스가 설교하던 베들레헴 성당은 밀리치의 추종자들에 의해 세워졌으며, 체코어로 설교하는 관습은 그 운동의 특징인 민족주의를 반영하는 것이었다.

보헤미아에서 논쟁이 격화되고 있을 때 서방 교회 대분열은 악화되었다. 분열을 종식시키려 한 피사 공의회는 원래 의도와는 달리 세 명의 교황을 탄생시켰다. 바츨라프는 피사 측 교황들, 즉 알렉산더 5세와 요한 23세를 지지했다. 즈비네크는 처음에는 왕의 명령에 저항했지만 결국 동의하여 피사 측 교황들을 지지했다. 후스를 적대시하던 그는 알렉산더 5세에게 도움을 구했다. 알렉산더는 위클리프의 교리가 보헤미아에 전파된 것에 대해 조사할 것을 명령했고, 또 설교를 대성당과 교구교회와 수도원에서만 행하도록 명했다. 베들레헴 예배당은 이 세 범주에 속하지 않았으므로, 이 칙령은 실질적으로 후스의 침묵을 명령한 것이었다. 후스는 자신의 내면을 깊이 성찰해 본 후 이 명령에 순종할 수 없다고 판단하고 설교를 계속했다. 이에 대한 반응으로 즈비네크는 위클리프의 저술들을 불태웠지만, 대중의 저항 때문에 프라하로 도망쳐서 어느 성에 피신했다. 1410년 후스는 불복종 혐의로 로마에 소환되었다. 그는 소환에 응하지 않았고 1411년에 파문당했다. 그러나 그가 보헤미아 국왕과 국민들의 지지를 받고 있었으므로, 교황의 조처는 효과가 없었다. 즈비네크는 성례전을 행하지 못하게 함으로써 적들을 자신에게 동의하게 만들려는 의도로 프라하에 대해 금지제재(interdict)를 반포했다. 그러나 후스의 한결같은 지지자인 소피아 여왕은 남편에게 흔들리지 말 것을 요구했고, 후스가 계속 설교할 것을 허락하라고 촉구하는 편지를 교황 요한 23세에게 보냈다. 그런데 후스는 이미 설교를 계속하고 있었다.

피사 측 교황과의 대결을 통해 후스는 더 급진적인 견해를 지니게 되었다. 첫째로 그는 자격 없는 교황에게 복종할 필요가 없다는 결론에 도달했다. 그가 피사 측 교황들의 합법성에 의문을 제기한 것은 아니었다. 그가 질문을 던진 것은 교황들이 교회의 복리를 위해서가 아니라 사익을 위해 행동할 때에도 교황으로서의 권위를 지니는가 하는 문제였다. 그는 성경이 교황을 포함한 모든 기독교 신자들을 심판할 수 있는 궁극적 권위라는 결론에 도달했다. 즉 성경에 순종하지 않는 교황에게는 순종할 필요가 없다는 것이었다.

그때까지 후스의 입장은 다소 강경한 공의회주의자들의 입장과 별로 다르지 않았다. 그런데 이때 요한 23세가 이탈리아 정치에 관련된 문제 때문에 나폴리를 공략할 것을 선언했으며, 이를 위한 군자금을 면죄부 판매를 통해 거출하기로 결정했다. 그러나 20년 전에 면죄부를 구매한 경험이 있는 후스가 이때에는 하나님만이 죄를 용서하실 수 있다는 결론에 도달했었다. 따라서 하나님으로부터만 올 수 있는 처분을 매매하는 것은 하나님께 대한 반역으로 간주되었다. 특히 이 경우에 그는 단지 교황의 야망에 합치된다 해서 기독교인들 간의 전쟁을 성화시킬 수 있다는 관념에 격분했다.

　교황 요한의 도움을 필요로 했던 국왕은 후스에게 침묵을 명했다. 그러나 이미 그의 입장이 널리 알려졌으므로 군중들은 체코인들에 대한 교황청의 착취에 반대하는 공개 시위를 벌였다. 요한 23세는 재차 후스를 파문했다. 조국 전체를 복잡한 신학 논쟁에 끌어들이고 싶지 않았던 개혁자 후스는 프라하와 그의 강단을 떠나 시골에 은거하면서 시급한 개혁을 위해 필요한 저술을 계속했다. 이곳에서 그는 콘스탄스에 공의회가 소집되었으며 당시 황제 지기스문트가 그를 초청하여 회의석상에서 그의 입장을 변호하도록 했다는 것, 그리고 회의에 참여하는 그의 신변의 안전을 보장했다는 소식을 들었다.

　이 공의회가 교회를 위한 새 시대의 여명을 약속하고 있었으므로, 후스는 초청을 거절할 수 없었다. 그는 이 회의가 행하고자 하는 대 개혁의 물결에 공헌할 수 있기를 원했다. 그러나 그가 콘스탄스에 도착했을 때 요한 23세는 공의회와는 상관없이 직접 그를 재판하려 했다. 후스는 교황의 법정으로 잡혀가 이단 사상을 철회하라는 명령을 받았다. 그는 만약 누군가 자기가 이단이라는 사실을 증명해 준다면 기꺼이 응하겠다고 대답했다. 심문 끝에 그는 죄수로 취급되어 처음에는 자기의 처소에, 후에는 주교의 저택에, 그리고 마지막으로 여러 수도원 독방에 감금되었다. 황제는 자신이 발행한 신변보장에 위배되는 교황의 행동에 항의했다. 그러나 그곳에서 후스의 사상이 별로 환영을 못 받고 있을 뿐만 아니라 자칫하면 자신이 이단을 지지하는 것처럼 보이게 될 것을 깨달았으므로 이 문제에서 손을 뗐다. 요한 23세는 콘스탄스에서 도망치면서 후스를 석방할 수 있도록 지기스문트에게 감방 열쇠를 주었지만, 지기스문트는 그 일이 자신의 정치적 야망에 방해가 될 것으로 여겨 후스를 더 안전한 감방으로 옮겼다고 한다. 후스는 죽기 직전에 자신의 임박한 처형과 관련하여 지기스문트의 약함과 속임수를 비난하는 편지를 친구에게 보내면서 하나님이 그를 용서해주시기를 기도했다.

  1415년 6월 5일 후스는 공의회에 불려갔다. 이곳을 떠나 도주했던 요한 23세도 며칠 전 죄수로서 잡혀온 뒤였다. 따라서 어떤 이들은 공의회가 요한의 적수였던 후스를 방면하리라고 짐작했다. 그러나 황제와 마찬가지로 공의회는 정통신학의 수호자처럼 보이기를 원했다. 후스는 쇠사슬로 결박된 채 회의석상에 출두했다. 후스의 순종을 얻고자 했던 공의회 지도자들은 그가 이단 사상을 철회한다면 방면해 주겠다고 약속했다. 후스는 그들이 고발한 죄목들에 해당되는 바가 없다고 주장했다. 회의 참석자들은 긴 설명 없이 무조건 철회하라고 강요했다. 그러나 그렇게 하는 것이 이단임을 자인하는 결과가 될 뿐 아니라 그를 지지했던 체코 출신 친구들과 지지자들까지 이단으로 몰릴 가능성이 있음을 감지한 후스는 끝내 이를 거부했다. 회의에서 공정한 판결을 받을 수 없음을 깨달은 후스는 다음과 같이 선언했다: "나는 전능하실 뿐만 아니라 완전히 공의로우시며 유일한 심판관이신 예수 그리스도에게 항소할 것이다. 그분의 손에 처분을 맡긴다. 왜냐하면 그분은 거짓 증인들이나 오류에 가득한 회의들에 의해서가 아니라 오직 진리와 공의 위에서 모든 사람을 심판하실 것이기 때문이다." 그는 다시 감옥으로 보내졌으며, 많은 이들이 그 뒤를 따라가면서 그를 권면했다. 당시 공의회의 지도자들이 추구한 것이 후스를 정죄하는 것이 아니라 공의회의 권위를 인정하는 철회였으므로, 이들은 이에 응하라고 후스에게 권면했다.

7월 6일 후스는 대성당으로 끌려갔다. 그의 몸에 사제복이 입혀졌다가 관리들의 손에 의해 찢겨졌다. 그의 머리를 삭발하여 성직자의 상징 부분을 없앤 후 악마들이 가득 그려져 있는 종이관을 씌웠다. 그는 사형장으로 끌려가면서 길가 장작더미 위에서 불타고 있는 자기의 저술들을 볼 수 있었다. 그가 기둥에 묶였을 때, 이들은 그의 견해를 철회할 마지막 기회를 주었으나 그는 거부했다. 그는 큰 소리로 기도했다: "주 예수님, 당신을 위하여 이 잔인한 죽음을 불평 없이 맞이합니다. 적들에게 자비를 내려 주소서." 그가 죽는 순간까지 시편을 낭송하는 것을 주위 사람들은 들을 수 있었다. 며칠 후 보헤미아에서 가장 유명한 위클리프주의자였을 뿐만 아니라 콘스탄스에서 후스와 합류했던 그의 동료 프라하의 제롬(Jerome of Prague)도 화형에 처해졌다. 사형 집행관들은 재를 모아 호수에 뿌림으로써 이 이단들의 흔적이 남지 못하게 했다. 그러나 몇 명의 체코인들은 후스가 죽은 자리에서 약간의 흙을 파가지고 돌아가 콘스탄스에서 자행된 죄악을 기념했다.

분노한 보헤미아인들은 거의 만장일치로 공의회를 부인했다. 452명의 귀족들이 모여 후스의 신념에 동조함을 맹세하고, 자격 없는 교황에게 복종할 필요가 없음을 선포했다. 공의회는 프라하대학의 해산을 명령하고 저항하는 귀족들을 콘스탄스로 소환했으며, 보헤미아 국왕이 이단을 지원하고 있다고 선포했다.

보헤미아에는 공의회에 반대하는 몇 개의 집단이 나타났다. 원래 후스 파는 대부분 귀족과 부르주아들이었으나, 이들은 곧 하류 계층에서 출현한 보다 급진적인 운동들의 지지를 받아들였다. 그중 가장 중요한 것이 "타볼파"(Taborites)로서 후스 이전에 이미 농부들 사이에 널리 퍼져 있던 종말론 운동이었다. 원래 후스파는 성경에서 구체적으로 거부된 것들 외에는 기꺼이 유지하고자 했는 데 반해, 타볼파는 성경에서 찾아볼 수 없는 것들을 모두 부정했다. 타볼파와 비슷했으나 종말론에 있어서는 덜 급진적인 운동으로서 "호렙파"(Horebites)가 있었다.

이 다양한 집단은 무력 개입의 위협을 피하기 위하여 4개 조항(Four Articles)에 동의했으니, 이것이 보헤미아 저항 운동의 기초가 되었다. 4개 조항 중 제1조는 하나님의 말씀이 자유스럽게 왕국 전체에 전파되어야 한다는 것이었다. 제2조는 "이종 성찬"을 거행해야 한다는 것이었으

후스는 안전통행이 보장되었음에도 불구하고 이단으로 정죄되어 화형당했다.

니, 즉 떡뿐만 아니라 포도주도 평신도들에게 베풀어야 한다는 것이었다. 이는 후스가 그의 생애 말기에 도달한 결론으로서, 곧 후스파의 주요한 요구 조건이 되었다. 제3조는 성직자들이 재산을 포기하고 "사도적 가난"(apostolic poverty)을 규범으로 생활해야 한다는 것이었다. 네 번째 조항은 공적인 범죄, 특히 성직매매를 처벌해야 한다는 주장이었다.

이때 국왕 바츨라프(Wenceslas)가 사망했다(1419). 그의 뒤를 이은 합법적 후계자는 콘스탄스에서 후스를 저버린 독일 황제 지기스문트였다. 보헤미아인들은 그에게 4개 조항을 인정할 것, 예배의 자유를 허락할 것, 그리고 독일인들을 공직에 임명하지 않을 것을 약속하라고 요구했다. 지기스문트는 이 조건을 받아들이려 하지 않았으며, 교황은 왕의 요청에 따라 후스 파를 공격할 전쟁을 소집했다. 지기스문트와 그의 군대는 프라하 인근에까지 진격했으나, 주로 타볼 파로 구성된 보헤미아군에게 대패했다. 당시 타볼 파를 조직하여 군대로 양성한 것은 하위 귀족 출신인 지스카(John Zizka)였다. 지스카는 농부의 수레에 칼날들을 부착하여 강력한 전차로 사용했다. 두 번째 전투에서 지기스문트의 잔류 병력은 궤멸했다. 1년 후인 1421년 약 10만 명의 병사들이 지스카의 군대에게 다시 패배했다. 1년 후 또 다시 일으킨 제3차 원정은 적군을 만나기도 전에 해산 당했다. 얼마 후 1421년의 전투에서 원래 애꾸눈이었던 지스카는 한 쪽 눈마저 실명한 후 자신의 신념에 비하여 지나치게 열광적인 모습을 띠기 시작한 타볼 파를 떠나 호렙 파에 합류했다. 그는 1424년 페스트로 사망했다. 그러나 보헤미아인들은 투쟁을 계속했으며, 1427년과 1431년 두 번의 전쟁에서 승리했다.

이때 바젤 공의회(Council of Basel)는 콘스탄스 공의회가 보헤미아 문제를 지혜롭게 다루지 못했음을 인정하고, 후스 파에게 이 새 공의회에 참여하여 가톨릭과의 이견을 조정하라고 제안했다. 그러나 후스의 재판과 사망을 기억하고 있었던 후스 파는 회의에서 받아들일 수 없는 안전보장을 요구했다. 가톨릭측은 다시 보헤미아 원정군을 조직했고, 또다시 패배했다.

이 최후의 패배로 말미암아 가톨릭측은 협상을 통해서만 문제를 해결할 수 있다는 결론에 도달했다. 협상을 통해 보헤미아 교회는 다시 서방 기독교권에 합류했으며, 이종 성찬을 비롯하여 프라하의 4개 조항의 여러 요소들을 유지할 수 있게 되었다. 특히 귀족층을 비롯한 많은 후스 파 사람들이 이에 동의했고, 마침내 지기스둔트는 보헤미아 왕이 될 수 있었다. 그러나 그는 16개월 후 사망했다.

그러나 모든 보헤미아인들이 이 협상을 받아들인 것은 아니다. 많은 사람들이 기성교회를 떠났고, 결국 형제교단(Unitas Fratrum), 즉 형제연맹(Union of Brethren)을 조직했다. 이들의 수효는 보헤미아에서 뿐만 아니라 인근 모라비아 지방에서도 급격히 증가했다. 이들은 16세기 종교개혁 당시 프로테스탄트들과 긴밀한 관계를 맺었으며, 루터 파(Lutherans)에 가입할 뻔했다. 그런데 그 직후 로마 가톨릭주의의 강력한 지지자들이었던 합스부르크(Hapsburg)가 출신 황제들이 이들을 박해했다. 이들은 흩어졌고 형제교단은 거의 사라졌다. 이들을 이끈 감독 코메니우스(John Amos Comenius, 1592-1670)는 유배지에서도 계속 이들을 격려하고 용기를 북돋아 잔인하게 짓밟힌 이들의 신앙이 다시 꽃 피기를 희망했다. 그의 소망은 그가 사망하고 나서 오랜 후에 달성되었다. 왜냐하면 형제교단의 잔류 세력은 그 후 교회사에 큰 발자취를 남긴 "모라비아파"(Moravians)로서 계속 생존하기 때문이다. 그 외의 다른 잔류 세력들은 칼빈주의 신학을 따르게 되었다.

지롤라모 사보나롤라

1490년 늦은 봄 어느 도미니크회 수도사가 플로렌스의 성문 앞에 서 있었다. 페라라(Ferrara) 출신인 지롤라모 사보나롤라(Girolamo Savonarola)는 당시 33세로서 생애의 대부분을 학문 연구와 기도에 보냈다. 그는 과거 플로렌스에서 살았으므로, 이번이 플로렌스의 첫 방문은 아니었다. 플로렌스 시민들은 그의 성경 지식을 존경했으나 페라라 어투가 섞인 그의 준엄한 설교를 좋아하지 않았었다. 그는 당시 실질적으로 플로렌스를 소유하고 있었던 로렌조 데 메디치(Lorenzo de Medici)의 초청을 받아 돌아가고 있었다. 유명한 학자 피코 델라 미란돌라(Pico della Mirandola)가 그의 추천인이었다.

사보나롤라는 성 마가(St. Mark) 수도원에 입회한 후 동료 수도사들에게 성경을 강해하기 시작했다. 곧 많은 사람들이 그의 강해를 듣게 되었으므로 강연장을 정원에서 교회로 옮겼고, 그의 강연은 설교로 변했다. 1491년 사순절에는 플로렌스의 가장 큰 교회에서 설교를 부탁 받을 정도의 명성을 누리게 되었다. 당시의 폐해, 그리고 참 기독교적인 삶과 사치의 차이점에 대한 그의 설교는 권력자들의 비위를 거슬렀다. 특히 분노한 로렌조 데 메디치는 사보나롤라를 공격할 설교자를 고용했다. 그러나 플로렌스 시민들이 사보나롤라를 옹호했기 때문에 이 계획은 수포로 돌아갔으며, 문제의 설교가는 사보나롤라를 제거할 음모를 꾸미기 위해 로마로 떠났다.

사보나롤라는 유창하고 열렬한 설교자였다.

  사보나롤라가 성 마가 수도원 원장으로 선출되었을 때 일부 수도사들은 로렌조를 찾아가 수도원에 대한 그의 지원에 감사의 뜻을 표하라고 조언했다. 그러나 이 새 수도원장은 로렌조가 아니라 하나님의 은혜로 이 직책을 차지하게 된 만큼 은둔하여 하나님께 기도로 감사하겠다고 응답했다. 얼마 후 그는 수도원의 재산 대부분을 팔아 가난한 자들에게 나누어 주었다. 그가 수도원 내의 생활을 개혁하자 시민들은 곧 수도사들의 변화된 경건한 모습과 봉사를 찬양하기 시작했다. 다른 수도원들도 개혁운동에 동참하기 시작했다. 로렌조마저도 임종 시에 사보나롤라에게 최후를 지켜달라고 부탁했다.

  로렌조의 후계자인 피에트로 데 메디치(Pietro de Medici)는 플로렌스 주민들의 신망을 잃었다. 당시 프랑스의 샤를 8세가 나폴리 왕좌를 차지하기 위해 남진하고 있었다. 이러한 샤를의 진로에 위치하고 있는 플로렌스의 방어에 자신이 없었던 피에트로는 뇌물을 주기로 작정했다. 이에 분노한 플로렌스 시민들은 사보나롤라가 이끄는 사절들을 파견했고 동시에 피에트로를 시에서 추방했다. 샤를이 플로렌스에 입성하여 터무니없는 보상을 요구했을 때 사보나롤라가 중재에 나서서 해결함으로써 플로렌스 시민들은 프랑스의 동맹이 되었다.

당시 사보나롤라의 신망은 샤를과 그의 군대들이 떠난 후 플로렌스 시민들로부터 정부 형태에 관한 자문을 받을 정도였다. 그들은 그가 추천한 대로 공화정체를 수립하고 침체 상태에 빠진 경제 부흥하기 위한 조처를 취했다. 그는 교회들이 소유한 금과 은을 팔아 가난한 자들을 구제할 것을 제안했다.

이때가 사보나롤라가 주창한 개혁운동이 절정에 달한 시기였다. 그는 종종 광신적이고 무지한 수도사로 묘사되지만, 실제로는 학문 연구가 개혁의 중심이 되어야 한다고 확신했다. 이러한 이유 때문에 성 마가 수도원의 수도사들은 그의 지도 아래 라틴어, 헬라어, 히브리어, 아랍어, 갈대아어 등을 공부했다. 그러나 그는 당시의 부자들이 귀중하게 여기는 사치와 향락이 허영이며 물질을 향한 탐욕이야말로 그가 개탄한 모든 죄의 근원이라고 여겼다. 그의 주도 아래 정기적으로 "허영의 화형식"(burnings of vanities)이 거행되었다. 중앙 광장에 나무로 만든 피라미드가 만들어지고 그 아래 화약을 묶은 짚단과 장작이 쌓여졌다. 피라미드의 계단 위에 시민들은 자기들의 "허영들", 즉 사치스러운 의복, 보석, 가발, 값비싼 가구 등을 가져다 놓았다. 그 후 찬양과 행진 등의 의식을 거행하면서 이것들을 불태웠다. 사보나롤라와 그의 추종자들에 의해 금지되었던 바 사순절 금식을 시작하기 전에 행하는 전통적인 의식인 사육제 대신에 불꽃놀이를 행한 것이라고도 볼 수 있다.

 인근의 도시들이 사보나롤라의 개혁 호소에 응답했다. 플로렌스의 경쟁도시인 시에나 공화국이 그에게 도움을 청했으므로, 그는 20명의 동료 수도사들과 함께 시에나로 갔고, 얼마 동안 그가 제안한 개혁이 활발히 이루어졌다. 그러나 곧 사보나롤라가 수도원에서 쫓아냈던 수도사들을 중심으로 한 저항이 커졌고, 결국 사보나롤라는 발에서 먼지를 털어 버리고 그 도시를 떠났다. 그의 개혁은 당시 플로렌스가 지배하던 피사에서 성공했다. 그는 산타 카테리나 수도원에서 자신의 엄격한 요구에 반대한 수도사들을 쫓아냈는데, 그의 개혁은 그곳에서 인근의 다른 수도원으로 퍼졌다.

 사보나롤라의 몰락은 정치적 상황에서 기인된 것이었다. 역사상 최악의 교황들 중 하나라고 할 수 있는 알렉산더 6세는 프랑스에 대항하여 이탈리아, 독일, 스페인 등과 동맹을 맺었다. 플로렌스의 입장에서는 교황 측에 가담하는 것이 유리했지만 사보나롤라는 샤를 8세에 대한 약속을 지킬 것을 주장했다. 교황은 우선 사보나롤라, 그 다음에는 도시 전체에 대항한 조처들을 취했다. 얼마 후 플로렌스 주민들은 사보나롤라가 주장하는 신의 때문에 자기들의 교역에 막대한 피해가 올 것을 깨달았다. 그로 인하여 특히 부유층에서 사보나롤라와 그의 정책들에 대한 반대가 증가하기 시작했다. 그의 지지자들은 점차 그가 예언자라고 확신하게 되었고, 그에게 기적들을 요구했다. 어떤 문제에 관한 그의 예언이 적중하자 그에 대한 지지는 더욱 가열되었다. 그러나 그가 그들이 요구한 기적들을 이루지 못하자, 그들 역시 그를 대적했다.

 마침내 폭도들이 성 마가 수도원에 침입했다. 사보나롤라는 지지자들이 자기를 구하기 위해 플로렌스 시민들에 대항하여 무력을 사용하는 것을 금했다. 폭도들은 그를 결박하고 폭행한 후 세속 당국자들에게 넘겼는데, 그들 중 일부가 그 사건을 계획해오고 있었다.

　이제 그들에게는 사보나롤라를 기소할 근거가 필요했다. 그러나 며칠 동안 고문 끝에 밝혀낸 것은 그에게 예언 능력이 없다는 것이었다. 물론 그는 자신이 이러한 능력을 가지고 있다고 주장한 적이 없었다. 교황은 재판을 위해 사절들을 파견했는데, 이들도 사보나롤라를 고문했다. 그들이 겨우 받아낸 것은 그가 공의회에 항소할 계획이었다는 "고백"이었다. 사보나롤라는 자신이 개혁을 요구함에 있어서 지나치게 교만했을 수도 있음을 인정하고 "주님, 당신에게서 많은 은사와 은혜를 받은 베드로가 그토록 철저히 실족했는데, 내가 어찌 실족하지 않을 수 있겠습니까?"라고 고백했다. 구체적 혐의를 밝혀내지 못한 재판장들은 사보나롤라와 그의 가장 가까운 두 사람의 추종자를 "이단이요 분파주의자들"이라는 막연한 죄목으로 정죄했다. 물론 이단의 구체적 사실을 밝히지 못했다. 교회에게는 죄인들을 처형할 권한이 없었으므로, 이들은 "세속 당국"에게 인도되었다. 이들에게 허락된 유일한 자비는 이들을 화형에 처하기 전에 미리 교수형에 처한다는 것이었다. 이 세 사람은 모두 용감하게 죽음을 맞았다. 이들에 대한 기억을 없애기 위해 시신을 태운 재를 아르노(Arno) 강에 뿌렸다. 이러한 처분에도 불구하고 많은 이들이 이 거룩한 수도사의 유물들을 간직했다. 몇 년 후 로마가 게르만족에 의해 함락되었을 때 어떤 이들은 이를 사보나롤라의 예언이 성취된 것이라고 믿었다. 그 후 20세기에 들어서까지도 가톨릭교회 내에는 이 도미니크회 수도사가 성자였으며 그의 이름이 교회의 공식 성인 명단에 포함되

사보나롤라와 두 명의 동료는 이단 죄목으로 화형을 당했고, 그 재는 강에 뿌려졌다.

어야 한다고 주장하는 이들이 끊이지 않았다.

신비주의

14, 15세기는 특히 신비주의자들이 활발하게 활동한 시기였다. 스페인, 잉글랜드, 이탈리아 등지에는 후대인들에게 영감을 주는 작품을 남긴 신비가들이 많았다. 그러나 신비주의가 활발했던 곳은 라인 강을 따라 존재하는 독일 및 저지대 국가들이었다.

독일 신비주의의 가장 위대한 교사는 마이스터 에크하르트(Meister Eckhart)라 알려진 에크하르트 폰 호크하임(Eckhart von Hochheim)이다. 그는 13세기 말부터 14세기 초까지 살았던 인물이다. 그의 신비적 교리는 근본적으로 신플라톤주의적인데, 이는 거룩하고 형언할 수 없는 존재에 대한 관상이 그 목표였기 때문이다. 에크하르트에 의하면 하나님에 관한 모든 단어들은 정확하지 못하며, 따라서 엄격하게 말해 오류이다. "만약 내가 '하나님은 선하시다'라고 말한다면, 이는 진실이 아니다. 나는 선하다. 하나님은 아니다." 이런 식의 선언은 오해를 불러일으켜, 그에게 하나님에 대한 존경심이 부족했다는 인상을 주기 쉽다. 그러나 그의 동기는 정반대였다. 그는 하나님이 악하다고 주장한 것이 아니었다. 하나님에 관한 모든 단어들이 유추적인 것이므로 정확하지 못하다는 의미였다. 어쨌든 그의 표현은 인간의 개념으로는 신성을 파악할 수 없음을 증명함으로써 하나님을 더 높이고, 따라서 하나님에 관한 진정한 지식은 합리적이라기보다 직감적이라는 그의 신비 사상의 특징을 여실히 보여준다. 하나님은 연구나 합리적 이론을 통해서 알려지는 것이 아니라, 인간이 신성 속에서 무아(無我)의 경지로 소멸되는 신비적 명상을 통해 알게 된다.

영원 전부터 모든 피조물은 하나님 속에 존재했다. 우주의 기초가 놓이기 전에 이미 앞으로 존재할 모든 사물들의 관념이 위대한 조물주(Great Artificer)이신 하나님의 마음 안에 있었다. 이것도 전반적으로 플라톤적 전통의 주제가 갖는 특징으로서, 에크하르트는 이러한 신 플라톤적 신비주의를 포용했다. 이러한 기초 위에서 그는 다음과 같이 선언했다.

"모든 존재와 경계를 초월하는 신격의 진정한 정수 속에 나는 이미 존재했다. 거기서 나는 스스로를 원했다. 그곳에서 나는 스스로를 알았다. 그곳에서 나는 나 자신인 인간을 창조하기를 의도했다. 바로 이러한 이유 때문에 나는 나의 존재에 따른 스스로의 원인인 바 이는 영원한 것이다. 물론 나의 존재의 생성과정은 시간적인 것이다."[1]

이러한 주장 및 이와 유사한 주장들 때문에 같은 사람들이 그를 이단으로 간주했다. 그들은 그가 세상과 모든 피조물이 영원하다고 가르쳤다고 이해했으며, 그가 하나님과 세상을 혼동함으로써 범신론(pantheism)-모든 피조물이 신성의 일부라는 이론-에 빠졌다고 생각했다. 그는 특히 영혼이나 영혼의 일부가 피조된 것이 아닌 영원한 존재라고 주장했다는 비난을 받았다. 에크하르트는 이러한 비난들이 그의 교훈을 잘못 이해한 해석 때문이라고 반박했다. 그는 영혼의 신성에 관한 교리와 아울러 범신론을 피하기 위해 노력했지만, 그의 표현들은 많은 이들로 하여금 그러한 해석을 할 수밖에 없게 했다. 그는 말년에 이단의 혐의를 받아 정죄되었고, 로마에 항소했으나 사건이 해결되기 전에 사망했다.

에크하르트의 가르침에 관한 많은 해석들이 지나친 단순화 혹은 과장의 오류를 범하고 있으나, 그의 신플라톤주의적 신비주의와 클레르보의 베르나르나 아씨시의 프란치스코가 주장한 그리스도 중심의 신비주의 사이에 큰 차이가 있다. 베르나르와 프란치스코는 예수님을 역사적 인간으로, 즉 특정한 시간과 장소에 성육신하신 하나님으로서 묵상하는 중에 영감을 받았다. 반면 에크하르트는 성경적 사건들의 역사적 시간

---

[1] *Sermon on Blessed Are the Poor in Spirit.*

이나 지리적 장소에 관심을 갖지 않았다. 그는 "예루살렘은 내가 지금 서있는 이곳만큼이나 나의 영혼에 근접해 있다"라고 말했다. 그는 이러한 진술을 통하여 인간은 내적 관상을 통해 하나님을 발견하는 것이며, 따라서 "중재자들 없이" 하나님께 간다는 것을 의미하고자 했다.

마이스터 에크하르트는 생전에 이단이라는 비난을 받았지만 사후에 그가 소속되었던 도미니크 수도회를 중심으로 많은 추종자를 얻었다. 그 중 가장 유명한 사람은 요한 타울러(John Tauler)와 하인리히 수소(Henry Suso)이다. 이 두 사람은 비록 스승의 방대한 지식의 양에 미치지 못했으나 전문적인 신학 수업을 받지 않은 이들도 잘 이해할 수 있도록 에크하르트의 이론을 해석했다. 그들의 사역을 통해 에크하르트의 신비주의는 많은 이들에게 수용될 수 있었다.

라인 강의 저지대에는 플랑드르 출신의 신비주의자 루이스브렉의 존(John of Ruysbroeck)이 살았다. 그도 에크하르트의 저술들을 읽었을 것이다. 루이스브렉의 신비주의는 어떤 점들에 있어서 이 독일 출신 스승을 따르고 있지만 더 실제적인 것으로서 평범한 인간들의 일상생활과 직접적으로 관련되어 있었다. 그의 이러한 사상은 또 다른 플랑드르의 신비주의자 게르하르트 그루테(Gerhard Groote)에 의해 더욱 발전되었다.

루이스브렉과 그루테는 "근대경건운동"(*devotio mederna*)을 형성하고 유행시킨 인물들이다. 그것은 주로 그리스도의 생애를 묵상하고 본받는 데 중심을 둔 삶으로 이루어져 있다. 이 학파가 낳은 가장 유명한 저술은 토마스 아 켐피스의 『그리스도를 본받아』(*The Imitation of Christ*)로서 그 후 수세기 동안 가장 널리 읽히는 경건 서적이 되었다.

루이스브렉과 그 추종자들은 자유영의 형제단(Brethren of Free Spirit)의

가르침을 반박할 필요성을 느꼈다. 자유영의 형제단이란 자기들은 하나님과의 직접적인 체험을 가지고 있으므로 교회나 성경과 같은 중재 수단이 필요치 않다고 주장하는 신비주의자들이었다. 이들 중 일부는 자기들이 영적 인간이므로 육체는 정욕을 따라 마음대로 행해도 좋다고 주장했다.

그루테의 가장 위대한 업적은 공동생활 형제단(Brethren of the Common Life)의 설립이다. 그는 자기의 수입원인 명목상의 성직을 포기하고, 당시 교회의 부패를 공격했으며, 추종자들에게 성결과 경건의 생활에 전념할 것을 요구했다. 그러나 비슷한 개혁운동을 주장했던 많은 이들과는 달리 그루테는 추종자들에게 수도생활을 강요하지 않았다. 그는 수도생활의 소명을 받았다고 확신하지 않는 한 이미 종사하고 있는 직업에 충실하면서 이를 통해 근대경건운동의 원칙들을 따르라고 주장했다. 그럼에도 불구하고 결국 그의 제자들 중 다수가 수도생활에 입문하여 어거스틴회의 규율을 지켰다. 그러나 이들도 수도생활의 소명을 받지 않은 많은 사람들의 "공동생활"(common life)에 관한 관심을 잊지 않았다. 이러한 이유 때문에 공동생활 형제단은 수도생활에 뜻을 둔 사람들뿐만 아니라 계속 직업에 충실하려 하는 사람들을 위한 뛰어난 학교들을 설립했다. 이 학교들은 학문과 경건을 강조했으며, 교회 부흥의 중심지들로 화했다. 왜냐하면 여기에서 배출된 졸업생들 대부분이 기성 교회에 대한 날카로운 비판력과 개혁 의지를 소유하고 있었기 때문이었다. 이들 중 가장 유명한 인물은 16세기의 지도적 인사가 된 로테르담의 에라스무스(Erasmus of Rotterdam)였다.

독일과 플랑드르의 신비가들은 대체로 지나치게 감정에 흐르지 않았다. 이들은 신비적 관상이 감정의 흥분이 아니라 내면의 평화를 이루는 것이라고 믿었다. 이러한 내면의 평화는 시간에 따라 변화하기 쉬운 감정적 자극이나 열정이 아니라 내면적이면서도 확고부동한 이지적 관상을 통해 이루어지는 것이라고 믿었다.

종교와 관상에 헌신한 많은 사람들 중에서 특히 노리치의 줄리안(Julian of Norwich, 1342-1417)을 언급할 필요가 있다. 그녀는 30세 때인 1373년에 중병을 앓으면서 그리스도와 성모 마리아에 대한 15개의 환상을 보았다. 그녀가 이 환상들의 진위를 의심하고 있을 때에 그 환상들을 확인해주는 새로운 환상이 주어졌다. 그녀는 다른 신비가들과는 달리 이 환상들 외에 다른 환상을 보지 않았으며 평생 그 환상들의 깊은 의미를 찾으며 묵상했다. 그녀는 교회 옆에 있는 수실에 들어가서 여생을 보내려 했다. 이 수실의 하나뿐인 문은 폐쇄된 정원으로 이어져 있었고, 그녀는 창문을 통해 하인 및 많은 방문객들과 대화했으며, 성찬식을 거행하는 동안 교회의 제단을 바라보았다. 많은 사람들이 위로와 충고를 받기 위해 찾아왔다. 그녀는 자신의 저술 『계시』(Showings)에서 자신이 본 환상들의 의미를 탐구한다. 신학적 지혜와 결합된 그녀의 대담한 비유들 때문에 이 책은 중세 시대의 신앙저술들 중에서 가장 많이 논의된 존경받는 문서가 되었다. 그 외의 유명한 영국인 신비가들은 리처드 롤(Richard Rolle, 1290-1349)과 마저리 켐프(Margery Kempe, 1373-1438)이다.

신비주의 운동은 교회나 성직계급을 대적하지 않았다. 이들의 지도자들 중 일부가 고위 성직자들의 잘못, 특히 사치와 향락을 비난했으나, 대부분은 그들의 경건이 가져다주는 내적 평화에 만족했으므로 교회의 권위에 대적할 필요를 느끼지 않았다. 그러나 신비주의적 경향 자체가 부패한 고위 성직자들뿐만 아니라 계급 조직을 가진 교회 자체를 약화시키는 양상을 띠게 된 것은 불가피한 일이다. 만약 직접적 관상을 통해 하나님과의 교제가 가능하게 된다면, 전통적인 은혜의 수단이었던 성례, 설교, 혹은 성경까지도 그 중요성을 잃게 되는 것이다. 14, 15세기의 신비주의자들이 그처럼 극단적 결론에 도달한 적은 거의 없었으며, 주도적인 신비가들과 교회는 자유영의 형제단처럼 극단적인 결론에 도달한 사람들을 배격했다. 그러나 이들의 가르침이 도입한 의심의 싹이 그 후 교회의 성직계급의 권위를 약화시키게 되었다.

대중 운동

이미 언급한 개혁운동의 대부분은 부유하고 유식한 계층에서 생겨난 것들이다. 현존하는 자료들의 대부분은 이러한 운동들만을 취급하고 있다. 가난하고 무식한 이들은 자기들의 이상에 관한 저술을 남기지 못했으므로, 권력자들과의 폭력적 대결로 폭발될 때에만 역사책에 남았다. 그러나 중세 후기에 이처럼 평범한 대중들의 이루지 못한 꿈들이 무수히 존재했다.

위클리프의 교훈들은 원래 그것들을 지지한 옥스퍼드의 학자들이나 귀족들을 통해 생존한 것이 아니라, 당시 교회의 권위자들이 가르치던 것과는 상치되는 복음을 들고 이 마을 저 마을로 돌아다닌 롤라드 파를 통해 전파되었다. 만일 옥스퍼드의 교수들이 그의 교리의 합법성을 인정하지 않았다면, 이러한 설교자들이 일반 대중들의 전폭적인 지지를 획득하지 못했을 것이다. 처음에는 주로 향사(gentry)와 학자들 사이에서 시작된 후스 파는 결국 타볼 파에게서 가장 열렬한 지지를 받게 되었다.

타볼 파는 후스파보다 먼저 시작된 것으로 보이며, 그들의 신념은 후스로부터가 아니라 가난한 자들의 종말론적 기대로부터 생성된 대중들의 종교성에서 추출되었다.

여성들 사이에서도 이와 비슷한 현상이 발생했다. 여성들에게 있어서는 수도원운동이 그들의 부친이나 남편이나 아들들로부터 자유로운 생활을 영위할 수 있는 유일한 길이었다. 이 때문에 여성들이 프란치스코 수도회나 도미니크 수도회 등에 모여들었다. 그리하여 이 수도회들의 남성 지도자들은 여성 가입자를 제한하기 시작했다. 그러나 수도생활을 염원하는 여성들의 열의를 꺾을 수는 없었다. 이들은 곧 기도, 경건 생활, 그리고 빈곤을 실천하면서 공동생활을 하기 위해 소규모 집단들을 형성하기 시작했다. 이러한 여성들은 "베긴"(beguine)이라고 불리고 그들의 수녀원은 *beguinage*라고 불렸다. 이 단어의 어원은 확실히 알 수 없으나 주로 여성들과 연결된 이단 사상들과 관련된 듯하다. 일부 주교들이 이들을 지지했으나 대부분은 이들을 금지시켰다. 13세기말 이후부터 교회가 합법적으로 구성되지 않은 이러한 수도생활 및 집단들을 제한하는 법령들을 발표했으나, 실제 그 구성원들의 생활은 공식적 수도회의 그것을 무색케 하는 바 있었다. 이와 비슷한 집단을 이룬 남성들은 "베가드"(beghard)라 불렸으며, 이들 역시 의심의 대상이 되었다.

또 다른 대중운동은 채찍질 고행자들(flagellants)들이다. 이들은 1260년경에 처음으로 나타났고, 14세기에 그 수가 급증했다. 많은 수도원에서 죄를 참회하면서 스스로를 채찍질하는 것이 일반적인 관습이었지만, 이제 교회와는 상관없이 대중 운동의 양상을 띠게 되었다. 세계의 종말이 임박했다거나 인간이 회개의 모습을 보이지 않으면 하나님이 세상을 멸하실 것이라고 확신한 수천 명의 신자들은 피가 나올 때까지 스스로를 채찍질했다.

이것은 순간적이고 무질서한 히스테리가 아니었다. 이 운동은 엄격하고 의식적인 규율을 준행했다. 그들은 33일과 반나절 동안 이를 행했는데, 그 기간에는 상급자들에게 절대 복종했다. 이 기간이 끝난 후에 집으로 돌아갔으나, 그 후에도 매년 성 금요일에 스스로를 채찍질했다.

이들은 처음 33일 동안 규율에 따라 엄격하게 정해진 의식을 좇았다. 하루에 두 번 두 명씩 짝을 지어 찬송을 부르면서 각 도시의 교회를 향해 행진했다. 교회 안의 성모상에 기도를 드린 후 광장으로 돌아갔다. 그들은 이곳에서 어깨가 드러나도록 옷을 벗은 후 원형으로 둘러앉아

채찍질 고행자들은 규정된 채찍질 의식 및 자기고행의 규정을 다뤘다.

제8장_ 개혁의 갈망 259

무릎을 꿇고 기도했다. 기도가 끝난 후에 무릎을 꿇은 채 계속 찬양하며 피가 날 때까지 등을 채찍질한다. 어떤 경우에는 지도자들이 그리스도의 고난에 관한 설교를 행하기도 했다. 채찍질이 끝난 후에는 일어나서 등을 가린 후 행렬을 지어 해산했다. 매일 두 차례씩 공개적으로 채찍질하고 한 번은 개인적으로 채찍질했다.

처음에 기성교회는 이 운동에서 위험을 느끼지 못했다. 그러나 채찍질 고행자들이 자기들의 의식을 속죄의 형태라고 주장할 뿐만 아니라 이를 마치 초대 교회의 순교처럼 "제2의 세례"(second baptism)라고 주장하기 시작했으므로, 이들은 곧 베드로와 그 후계자들에게만 허락된 "열쇠들의 권위"에 도전하는 자들이라는 비난을 받게 되었다. 일부 국가에서는 공식적으로 이들을 박해했다. 결국 공개적인 채찍질은 사라졌으나, 그 후 수세대에 걸쳐 이 운동은 비밀리에 계속되었다.

한스 뵘(Hans Böhm)이 주도한 또 다른 운동은 당시의 분위기를 잘 보여준다. 뷔르츠부르크(Wurzburg) 교구의 니클라스하우젠(Nicklashausen) 마을에 많은 순례자들을 끌어들인 성모상이 있었다. 1476년 사순절에 한스 뵘이라는 젊은 목동이 순례자들에게 설교하기 시작했다. 당시 흉년이 든 데다가 뷔르츠부르크 주교가 과도한 세금으로 가난한 자들을 억압했으므로 인심이 흉흉했다. 처음에 뵘은 주로 회개의 필요성에 관해 설교했다. 그러나 청중들의 가난함에 충격을 받은 그는 보다 극단적인 설교를 행하기 시작했다. 그는 복음서에 나타난 예수님의 명령과는 판이한 성직자들의 탐욕과 부패를 지적했다. 그 후에는 언젠가 모든 인간들이 평등해지고 생활을 위해 노동해야 할 날이 올 것을 예언했다. 마침내 당시 5만 명 이상인 그의 추종자들에게 그 위대한 날의 도래를 준비하기 위해 세금과 십일조의 납부를 거부하라고 촉구했고, 모든 이들이 자기들의 권리를 주장하기 위해 행진할 날짜를 정했다.

븜이 어떻게 그 행사를 이끌려 했는지는 알 수 없다. 왜냐하면 예정된 날의 전날 밤 주교의 병사들이 그를 체포하고 대포를 쏘아 군중들을 해산시켰기 때문이었다. 븜은 이단으로 화형에 처해졌다. 그러나 그의 추종자들은 계속 니클라스하우젠에 회집했다. 즈교는 마을 전체에 금령을 내렸다. 그럼에도 불구하고 군중들은 계속 모여들었다. 결국 마인츠 대주교가 개입하여 그 마을의 교회를 파괴하도록 명령했다. 구심점이 될 지도자를 상실한 이 운동은 해체되었다. 그들은 16세기의 재세례파 운동에 기여한 듯하다.

이것은 당시에 있었던 비슷한 사건들 중 하나에 불과하다. 중세의 마지막 시기는 종교적 불만과 사회적 문제들이 결합된 불안정의 시대였다. 기존 질서를 의지하고 있던 종교 지도자들은 부유한 권력자들을 지지하는 동시에 일체의 저항 운동을 억압했다. 이러한 분위기 속에서 반성직자주의가 성행했는데, 이것은 근대적 세속화의 움직임이 아니라 고대로부터 전해진 공의(公義)에의 소망에서 영감을 발견했다.

제9장
르네상스와 인문주의

> 오, 성부 하나님의 후하심이여! 오, 피조물 인간이 갖는 기쁨의 고상함과 뛰어남이여! 인간에게는 자신이 선택한 것을 가질 권리와 원하고자 하는 것이 될 수 있는 특권이 주어졌다.
> — 피코 델라 미란돌라 —

    중세시대 말에는 사상과 철학이 나뉘었다. 한 편으로는 스콜라 신학의 전통을 견지했던 인물들, 또 다른 편으로는 고전으로부터 영감과 방향을 발견하고 르네상스를 낳게 한 인물들이 함께 존재했다.

스콜라 신학의 후기 양상

    토마스 아퀴나스에서 절정에 달한 스콜라 신학은 세 가지 특징을 지녔다. 첫째는 난해한 질문들―예를 들어 하나님이 움직일 수 없을 만큼 큰 바위를 만드실 수 있는가? 하나님이 항상 선한 것을 행하시는가, 혹은 하나님이 행하시는 것들은 하나님의 행동이기 때문에 선한가?―을 제기하면서 이에 대한 해답을 제공하기 위해 미묘한 구분들을 찾기 시작했다는 점이다. 이와 함께 특별한 지식이 없는 사람들이 이해할 수 없는 어려운 문체와 기술적 용어들을 개발하기 시작했다. 둘째 특징은 철학과 신학 사이의 괴리였다. 즉 이성에 의해 발견할 수 있는 것과 신적 계시를 통해서만 알려지는 진리 사이에 틈이 증가했다. 마지막으로 구원을 인간의 행위에 의해 획득되어야 할 목표로 삼으려 하는 서방 신학의 경향이 중세 후기의 신학에서 절정에 달했다. 심지어 성찬에 참여하는 것이 구원의 공덕이 되는 경건한 행위가 되었다. 16세기 종교개혁은 대체로 중세 후기 신학의 이러한 경향들에 대한 반작용이라고 볼 수 있다.

토마스 아퀴나스와 그 시대의 학자들은 신앙과 이성 사이에 기본적인 지속성이 있다고 주장했다. 이것은 하나님의 존재와 같은 특정의 계시된 진리들이 이성의 합당한 사용에 의해 추론될 수 있다는 의미였다. 그러나 이 위대한 도미니크회 신학자가 사망하고 나서 얼마 후 신앙과 이성의 연계성을 의심하는 이들이 출현했다.

보나벤투라(Bonaventura) 이후 가장 유명한 프란치스코회 신학자인 둔스 스코투스(John Duns Scotus, 1265-1308)는 "영민한 박사"(Subtle Doctor)라고 일컬어져 왔다. 이것은 존경의 표식으로 붙여진 이름이었지만 또한 많은 지식인들의 배척을 받았던 후기 중세 신학의 특징을 지적하고 있기도 하다. 그의 난해성과 정교한 용어 사용은 복잡하고 다양했기 때문에 평생 철학과 신학을 연구한 인물들만 이해할 수 있었다. 어쨌든 스코투스가 이전 세대의 신학자들과는 달리 영혼의 불멸성이나 하나님의 전지성 등이 이성의 합당한 사용에 의해서만 증명될 수 있다는 가설에 반대했음이 분명하다. 그는 이러한 교리들을 부인하지 않았고, 이러한 교리들이 이성과 공존할 수 있음을 부인하지도 않았다. 그는 인간 이성이 이것들을 증명할 수 있다는 데 반대했다. 이성은 단지 이러한 교리들이 진리일 수 있다는 가능성을 보여줄 수 있는 데 불과하다고 주장했다.

이러한 경향은 14-15세기에 더욱 분명해졌다. 이 시대의 전형적인 인물들은 오캄의 윌리엄(William of Occam, 1280?-1349)과 그 제자들이다. 오캄은 "오캄의 면도날"(Occam's razor) 또는 "검약의 원리"(law of parsimony)로 유명하다. 간단히 설명하자면 하나의 질문에 응답하거나 어떤 사건을 설명하기 위해 필요치 않은 존재를 제기해서는 안 된다는 것이 오캄의 원리이다. 다시 말해서 설명은 간단할수록 좋다는 것이다. 오캄의 시대 이후 이 원리는 하나님의 존재를 대적하는 논거로 사용되어왔지만, 그것은 오캄의 목적이 아니었다. 왜냐하면 그는 하나님의 존재는 합리적 논거에 의해 증명될 수 있는 것이 아니며 믿음에 의해 받아들여야 하지만, 그럼에도 불구하고 하나님의 존재하신다고 확신했기 때문이다. 믿음은 하나님이 존재하신다는 것뿐만 아니라 전능하시다는 것을 확인해준다. 오캄과 그의 추종자들은 하나님의 전능성이라는 속성에서부터 출발하여 인간의 자연 이성은 하나님 혹은 하나님의 목적에 관해 아무것도 증명할 수 없다는 결론에 도달했다. 이들 중 대부분은 하나님의 "절대적"(absolute) 능력과 "제한적"(ordered) 능력을 구분했다. 신적 전능성을 전제로 할 때에 "절대적" 능력어는 한계가 없다. 하나님이 원하시는 것은 무엇이든 가능하다. 문자 그대로 아무것도−인간 이성이나 선악의 구별도−하나님의 절대 능력 위에 존재하지 못한다. 만약 그렇지 않다면 하나님의 절대 능력이 인간 이성이나 선악의 구별에 의해 제한당한다고 인정할 수밖에 없게 된다. 따라서 하나님은 단지 "제한적" 능력에 의하여 합리적으로 운행하시며, 선한 사역을 행하신다. 엄밀하게 말해 하나님이 항상 선을 행하신다고 하기보다는 차라리 하나님이

하시는 일은 그 무엇을 막론하고 선한 것이라고 표현해야 할 것이다. 하나님이 무엇이 선인가를 결정하시는 것이지 그 반대가 아니다. 하나님이 합리적으로 행동하셔야 한다고 말하는 것도 정확하지 못하다. 왜냐하면 인간 이성은 하나님의 행동을 결정할 수 없기 때문이다. 반대로 하나님의 주권적 의지가 무엇이 합리적인가를 결정하며, 그 후에 비로소 "하나님의 제한적 능력에 의하여" 이러한 범주에 따라 행동하시는 것이다.

이것은 그 이전의 신학자들이 어떤 교리가 합리적이라거나 "적당"하다는 것을 증명하기 위해 사용했던 전통적 이론들이 무효화됨을 의미한다. 예를 들어 성육신의 교리를 살펴보자. 안셀무스 및 그 후의 모든 신학자들은 하나님이 인간 안에 성육신하신 사실을 합리적인 것이라고 주장했다. 왜냐하면 인류가 하나님에게 진 빚이 무한하므로 인간이 되신 하나님에 의해서만 보상될 수 있기 때문이다. 그러나 14, 15세기의 신학자들은 이러한 교리가 인간의 관점으로부터 볼 때에는 합리적이라 할지라도, 하나님의 절대 능력을 염두에 둘 때에는 그렇지 않음을 지적했다. 하나님은 절대 능력에 의하여 우리의 죄를 취소하실 수 있었으며, 인간을 죄인이 아니라고 선포하실 수도 있었으며, 혹은 그리스도의 공로 외에 다른 것을 그 보상으로 간주하실 수도 있었다. 우리가 그리스도의 공로에 의해 구원함을 받은 것은, 그것이 유일한 방도였거나 그리스도의 성육신과 고난이 인간의 대속을 성취하기 위해 가장 적당한 방도였기 때문이 아니라, 하나님이 그 방법을 사용하기로 결정하셨기 때문이었다.

이것은 또한 피조된 인간 안에 무언가 하나님의 성육신을 이루시기에 적당한 요소가 있다는 생각을 버려야 함을 의미했다. 피조물 가운데 거하신 하나님의 임재는 항상 기적으로서, 하나님을 수용할 수 있는 우리의 능력과는 전혀 관계가 없다. 이러한 이유 때문에 오캄의 제자들 중 일부는 하나님이 당나귀 안에 성육신하실 수도 있었다고까지 주장했다.

그러나 이는 이 신학자들이 단지 사상의 유희를 위해 난해한 질문들을 제기한 불신자들이었다는 의미는 아니다. 이제까지 알려진 기록들을 보면 이들은 대부분 경건하고 헌신적인 신자들이었으며, 이들의 목적은 하나님의 영광을 찬양하기 위함이었다. 창조주는 무한히 피조물들 위에 계시다. 인간 지성으로는 하나님의 신비를 짐작할 수조차 없다. 즉 하나님의 전지성은 이를 이해하고자 하는 인간의 노력조차 불가능하게 하신다는 것이다.

이것은 이성으로 증명할 수 있는 것만 믿으려 하는 불신 신학이 아니다. 이성으로는 하나님의 깊음에 도달할 수 없음을 보여준 후에 모든 것을 하나님의 손에 맡기고 하나님이 계시하신 모든 것을 기꺼이 믿으려 한 신학이었다. 따라서 이들은 어떤 교리나 진리가 합리적이었기 때문이 아니라 계시되었기 때문에 믿으려 했다.

이것은 14, 15세기 신학자들에게 있어서 권위의 문제가 특히 중요했음을 의미한다. 인간은 이성으로 교리의 진리나 오류를 증명할 수 없었으므로 무오(無誤)한 권위의 토대 위에서 이러한 결정을 내려야 했다. 오캄은 교황 및 전체 공의회도 오류를 범할 수 있으며 성경만이 무오(無誤)하다고 주장했다. 그러나 그 후 서방 교회의 대분열로 말미암아 공의회운동이 촉진되었고, 많은 이들은 보편공의회야말로 모든 이들이 승복해야 할 최종적 권위라고 확신했다. 이러한 이유 때문에 콘스탄스 공의회에서 유명한 신학자 제르송(Jean Gerson, 1363-1429)과 다이(Pierre d' Ailly, 1350-1420)가 후스에게 공의회의 권위에 복종할 것을 명령했었다. 그에게 공의회에 대항할 기회를 준다면, 공의회의 권위 자체가 위협을 받을 우려가 있었다. 또한 이들이 이미 주장했던 바대로 인간 이성의 능력이 보잘것없었으므로, 공의회가 아니고는 더 이상 교회 분열을 종식시키고 교회를 개혁하며 특정 교리의 진리 여부를 결정할 권위 자체가 존재하지 못하게 되는 것이다.

이들 중세 말기의 신학자들은 믿음으로서만 아니라 의존(trust)으로서의 신앙의 중요성을 강조했다. 하나님은 우리의 복리를 위해 신적 능력을 명령하셨다. 따라서 우리는 이성이 의심하게 이끌어도 하나님의 약속을 의지하고 의존해야 한다. 하나님의 전능하심은 우리의 대적들까지도 주관하신다. 이를 의존하는 자들은 결코 수치를 당하지 않을 것이었다. 중세 말의 전형적인 모습을 보여주는 이 주제는 그 후 마르틴 루터에게서 다시 나타나게 된다.

이 신학자들이 아무리 경건했어도, 그들의 난해하고 번잡한 이론과 사고의 전개는 당시 학문적 신학의 복잡성과 복음의 단순성의 차이를 감지한 많은 이들의 반발을 받았다. 이러한 반발의 일부가 "근대 경건운동"으로 나타났다. 그 운동의 감화를 받은 책들 중 가장 잘 알려진 『그리스도를 본받아』는 당시의 여론을 다음과 같이 표현한다:

"만약 그대에게 겸손이 부족하여 삼위일체 하나님을 모욕하게 된다면, 그대가 심오한 사상으로 삼위일체를 논하는 것이 무슨 소용이 있는가? 참으로 아무리 고상하게 들리는 언어도 인간을 거룩하고 의롭게 만들지 못한다. 그러나 덕이 충만한 생활이 하나님이 기쁘게 받으시는 것이다.

회개를 정의할 줄 아는 것보다 이를 경험하는 것이 낫다.

만약 그대가 성경 전체를 암송할 수 있고 모든 철인들의 금언을 기억한다 할지라도 하나님의 사랑과 은혜가 없다면 무슨 소용이 있겠는가?

헛되고 헛되다. 하나님을 사랑하고 섬기는 것 외에는 모든 것이 헛되다."[1]

간단히 말해서 중세 말의 스콜라 신학은 이러한 신학을 혐오할 수밖에 없었던 많은 경건한 이들의 반발을 일으켰다. 신자들은 이러한 신학이 경건에 도움을 주기는커녕 방해물이라고 정의했다. 복음의 원래 소박한 모습으로 돌아가자는 외침이 고조되었다.

고전학문의 부흥

스콜라 신학이 계속 복잡해지는 동안, 또 다른 이들은 고전 학문의 영광을 부흥시키고자 했다. 이 때문에 르네상스(Renaissance), 즉 문예부흥이 발생했고, 문학 부문에서는 인문주의가 등장했다. "르네상스"와 "인문주의"(humanism)는 여러 가지 의미로 사용되어 왔으므로 이것들을 정의해야 할 필요성이 있다.

재생 혹은 부흥을 의미하는 "르네상스"라는 용어 자체는 전(前)시대에 대한 부정적 판단을 암시하는 역사적 기간에 적용된다. 처음 이 용어를 사용한 이들은 이러한 의미를 표현하고자 했다. 이들은 로마 함락 후

---

1) *The Imitation of Christ* 1.1.3.

1,000년의 기간을 "중세시대"(Middle Ages)라고 불렀다. 왜냐하면 그들은 이 기간을 단지 고대의 고전시대와 자기들의 시대 사이에 놓인 중간기 정도로 평가했기 때문이다. 이들이 중세 최고의 예술을 "고딕 양식"(Gothic)이라고 이름 붙인 데서도 동일한 편견을 볼 수 있다. 왜냐하면 그 단어는 이러한 예술이 야만족인 고트족의 작품이라는 것을 의미했기 때문이다. 마찬가지로 14-15세기에 이탈리아에서 시작하여 전체 서유럽에까지 확산되었던 지적, 예술적 운동을 "르네상스", 즉 문예부흥이라 명명함으로써 자기들 이전의 시대에 대한 부정적 편견을 함축함과 동시에 당시 발생하고 있는 현상이 망각되었던 고전적 영광의 재생임을 주장했다. 그런데 실제로는 르네상스 역시 고대에 근원을 두는 동시에 그 이전 시대로부터도 영향을 받고 있었다. 그들의 예술은 고딕 양식에 뿌리 박고 있었으며, 세상에 대한 그들의 태도 역시 키케로뿐만 아니라 성 프란치스코의 심대한 영향을 받아 가지고 있었다. 또 그 문학도 중세 음유시인들로부터 깊은 영향을 받고 있었다. 이 움직임을 "르네상스"라고 부를 수 있는 많은 이유들이 있다. 그 중요한 인물들은 대부분 그 이전의 시대나 그 시대를 고전 시대와 비교해 볼 때에 저급하고 방탕한 시기라고 여겼으며, 따라서 고대 문명의 재생을 위해 전력을 기울였다.

"휴머니즘"(humanism)이라는 용어는 보다 복잡하다. 이는 흔히 인간을 우주의 중심에 두고 만물의 척도로 삼은 경향에 주어진 명칭이다. "휴머니즘"이란 "휴머니티"(humanities) – 오늘날 우리가 "인문학"(liberal arts)이라고 부르는 학문의 연구 – 를 의미하기도 한다. 이러한 이유 때문에 인문 계통의 연구에 전념했던 중세 말과 16세기의 많은 학자들은 스스로를 가리켜 "휴머니스트"(humanist)라고 불렀다. 이들 중 많은 이들이 다른 의미에서 인문주의자였다. 왜냐하면 이들은 고전 학문 연구를 통하여 인간의 창조성에 대한 외경심에 사로잡혔기 때문이었다. 그러나 이러한 모습을 모든 경우에 적용할 수는 없다. 왜냐하면 휴머니스트들 중 많은 사람들은 인간의 제한성과 죄악성에 관한 깊은 이해를 가지고 있었기 때문이었다. 따라서 이 장에서 "휴머니즘"이라 언급할 때에 단지 고전 문학의 원천으로 돌아가 그 양식(樣式)을 모방하고자 했던 문학 운동을 의미할 뿐이다.

고전학문의 부흥은 처음에 이탈리아에서, 그리고 곧 서유럽 전역에서 많은 지지자들을 얻었다. 이러한 인물 중 하나가 이탈리아의 시인 페트라르카(Petrarcha)이다. 그는 젊어서 주로 이탈리아어로 소네트(sonnet)를 썼으나, 후에는 키케로의 양식을 모방하여 라틴어로 저술했다. 곧 그를 지지하는 많은 추종자들도 고전 문학 작품들을 모방하기 시작했다. 많은 이들이 고대 라틴 작가들의 필사본(筆寫本)들을 복사하여 배포하기 시작했다. 어떤 이들은 콘스탄티노플을 방문하여 헬라 작가들의 작품을 가지고 돌아왔다. 1453년 콘스탄티노플이 투르크족에게 함락되자, 이탈리아로 피신했던 비잔틴인들은 막대한 양의 고전 헬라 문학 작품들을 들여왔다. 그 결과 이탈리아에서 발생한 문예 부흥은 알프스 산맥 너머로 퍼져나갔다.

고전에 대한 그들의 관심은 미술에서도 찾아볼 수 있다. 화가들, 조각가들, 건축가들은 바로 전(前) 시대의 기독교 예술로부터 영감을 구하지 않고 고대 이교도들의 예술에서 영감을 추구하기 시작했다. 이들이 자신의 전통을 완전히 무시할 수 없었으므로 고딕 양식의 영향도 받았다. 그러나 르네상스 시대에 활동한 많은 이탈리다 예술가들의 이상은 고전적 미의 기준을 재발견하여 자신의 작품에 적용하는 것이었다.

이러한 고전 학문에 대한 관심의 부활은 1439년 구텐베르크(Johan Gutneberg)가 이동 가능한 인쇄기를 발명한 것과 동시에 이루어졌다. 그 전까지 오랫동안 인쇄는 잉크를 묻혀 종이에 찍어내는 목판화의 형식을

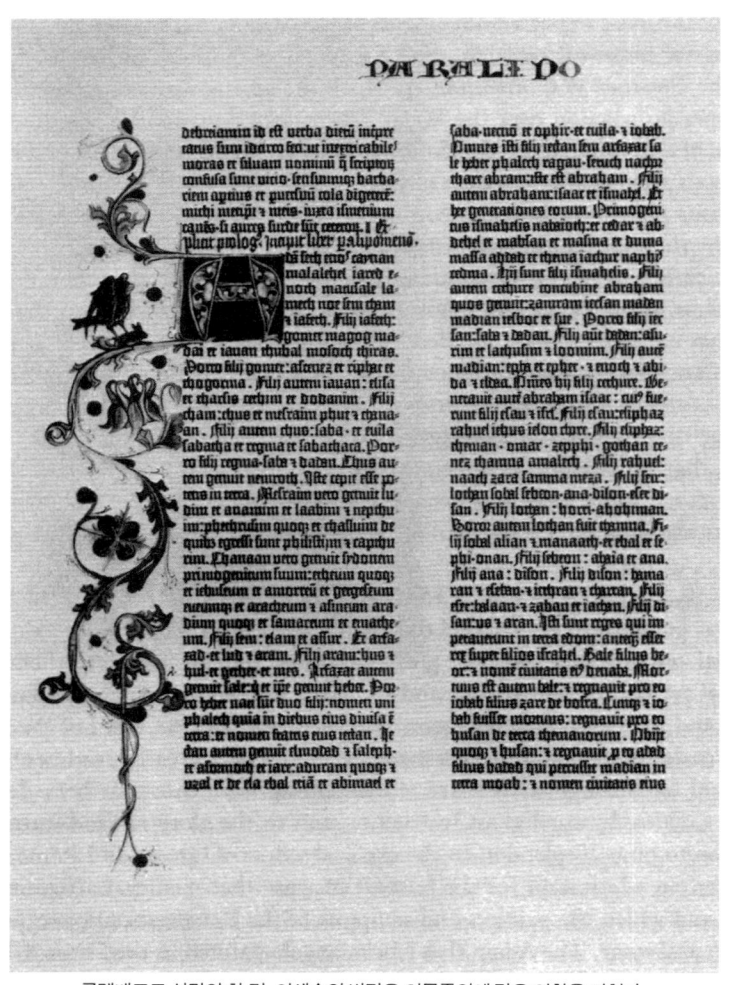

구텐베르크 성경의 한 면. 인쇄술의 발달은 인문주의에 많은 영향을 끼쳤다.

사용해왔다. 구텐베르크의 발명은 인문주의에 큰 영향을 미쳤다. 처음에는 인쇄기를 문학의 보급을 위한 수단으로 보지 않았다. 처음에 인쇄된 대부분의 서적들은 읽기 어려웠을 뿐만 아니라 대부분 라틴어나 헬라어로 되어 있었다. 활판술은 손으로 기록한 책들을 모방하여 당시 필사가들이 흔히 사용한 속기(速記) 문자들을 도입했다. (구텐베르크의 목적은 비싸게 팔 수 있는 책을 많이 출판하는 것이었으므로 인쇄기를 대중화 하려 하지 않았다. 그는 인쇄 면을 단순화하기보다 화려하게 만들기 위해서 전통적인 사본만큼 정교한 책을 만들었다.) 따라서 초기 인문주의자들에게 있어서 인쇄기는 학자들 간의 의사전달, 혹은 고대 저술들의 복사를 위한 뛰어난 수단이었을 뿐, 자기들의 사상을 대중화하기 위한 도구가 아니었다. 따라서 그러한 사상들은 상류층 지식인들의 독점물이었다. 사보나롤라를 제외하고는 종교개혁 시대 이전에 대중에게 자기의 의사를 전달하기 위해 인쇄기를 사용한 인물이 전무했다.

 그럼에도 불구하고 인쇄술은 르네상스 시대의 문학에 영향을 미쳤다. 이제 학자들은 서적을 보다 쉽게 구할 수 있었다. 또 이전에는 동일한 서적이라도 필사하는 과정에 오류가 들어가서 내용이 달라지는 경우가 많았다. 이전 세대들은 이러한 문제점을 알고 있었으나, 조심스럽게 원서를 필사하는 방법 외에는 해결책이 없었다. 그러나 이제 새로운 오류를 범하지 않고 수백 권의 동일한 책들을 생산하는 것이 가능했다. 만약 어떤 학자가 한 가지 저술의 서로 다른 몇 가지의 사본들을 비교해본 후에 믿을 수 있는 고대 서적의 원문을 밝혀내고 그 인쇄를 감독할 수만 있다면, 이 작품은 영속적 가치를 지니게 된다. 왜냐하면 또 다른 잘못을 범할 가능성이 있는 전문 필사가들의 손을 빌리지 않아도 되기 때문이었다. 이에 따라 고대 저술의 정확한 본문을 밝혀내기 위한 "본문 비평"(textual criticism)이라는 학문이 발생했다. 얼마 후 키케로와 제롬, 그리고 신약성경의 비평에 종사하는 학자들이 출현했다.

고대 저술 및 문서들의 내용에 많은 오류들이 포함되어 있음을 발견한 학자들은 일부 고대 원문들의 진정성에 의심을 갖게 되었다. 사본들을 완전히 신뢰할 수 없었으므로, 이제까지 고전으로 믿어온 저작들에 대해서도 실상은 후기의 작품이 아닌가 하는 의심이 생겼다. 중세 시대의 학자들에게서 큰 존경을 받았던 문서들 역시 역사적 탐구에 의해 위조임이 발견되었다. 콘스탄틴 대제가 교황들에게 서방 전체를 다스리는 권한을 하사했다는 내용의 『콘스탄틴의 기증 문서』(Donation of Constantine)가 그 예이다. 이 문서를 엄밀하게 조사한 학자 로렌조 발라(Lorenzo Valla)는 문서의 양식 및 그 안에 나타난 어구들을 분석해 본 결과 문제의 문서가 콘스탄틴의 시대보다 훨씬 후대의 산물임을 증명했다. 발라는 사도들이 한 구절씩을 맡아 삽입하여 사도신경(Apostles' Creed)을 저작했다는 전설을 강하게 반박했다.

이러한 연구의 결과들이 우리가 기대하는 것처럼 즉각적이고 극단적인 결과를 교회 생활에 미친 것은 아니다. 발라(Valla)는 교황의 비서였는데, 교황은 그의 이러한 연구와 결과에 괘념하지 않았다. 이는 이러한 연구 결과들이 일반 대중들과는 거의 담을 쌓고 지낸 지식인들 사이에서만 시행되고 토론되었기 때문이었다. 오랜 세월이 흐른 후에야 비로소 당시에 존재하던 기독교가 원래의 모습과는 다른 것이므로 근원으로의 귀환이 필요하다는 관념이 확산되기 시작했다. 이러한 주장은 종교개혁을 위한 중요한 요인이 되었다.

실재에 대한 새로운 시각

 이탈리아는 번영하고 있었다. 중요한 도시들은 거대한 건물들을 짓고 이를 예술품으로 장식하기에 충분한 재정을 보유하고 있었다. 이를 위해 조각가들, 미술가들, 건축가들이 모여 들었다. 귀족들과 부유한 부르주아들이 예술가들을 후원했으므로, 당시 대부분의 작품들은 천국의 영광 대신에 예술가들을 재정적으로 후원한 인물들의 영광을 표현하고 있다. 따라서 그 때까지 거의 종교교육과 하나님의 영광에 헌신했던 예술이 그 시각을 인간의 위대함에 돌렸다. 그리스와 로마의 고전적 작품들은 인간을 향한 찬양과 경탄에 충만해 있었으나 중세 예술은 이를 망각했었다. 르네상스 시대의 미술가 및 조각가들은 이를 다시 물감과 돌덩이를 통해 표현했다. 하나님의 손가락으로부터 전체 피조 세계를 통치할 권한을 위임받은 미켈란젤로가 시스틴 성당(Sistine Chapel)에 그린 아담의 모습, 즉 하나님의 손가락으로부터 피조세계를 다스릴 능력을 받는 모습은 중세 서적에 등장하는 허약한 아담의 모습과는 판이하게 다르다. 그는 창조하기 위해 태어나서 세상에 자신의 흔적을 남기는 것을 목적으로 한 르네상스의 인간관을 표현하고 있다.

 레오나르도 다 빈치(Leonardo da Vinci)에게서도 동일한 모습을 찾아 볼 수 있다. 이 위대한 르네상스의 천재는 인간이 탐구할 수 있는 거의 모든 분야에서 작업을 시도했다. 현대인들은 그를 화가요 조각가로 기억하지만, 그는 기계공학, 보석세공, 탄도학, 해부학 등에서도 중요한 업적을 남겼다. 그의 목적은 자신이 살던 시대의 이상대로 "보편적 인간"(universal man)이 되는 것이었다. 수로(水路) 건설, 신무기 개발, 잠수함과 비행기의 건조 등 그의 웅대한 발명 계획들은 생전에 실현되지 못했다.

그의 대부분의 그림들은 미완성으로 남아 있으며 초벌 스케치에 불과한 것들이 대부분이다. 그러나 현재 이것들도 위대한 예술적 보물로 간주되고 있다. 미완성의 작업에도 불구하고 그의 존재와 업적은 르네상스 시대의 특징이었던 "보편적 인간"의 상징이요 화신이 되었다.

인간이 선과 악 양쪽에 걸쳐 무한한 능력을 가지고 있다는 주장은 그 시대의 저술가들 중 하나인 피코 델라 미란돌라(Pico della Mirandola)의 중요한 주제였다. 피코의 주장에 따르면 하나님은 인간에게 온갖 종류의 씨앗을 주셨다. 그러므로 우리는 자신의 내면에 무엇을 심을 것인지, 어떤 존재가 될 것인지 결정할 수 있다. "식물성"(vegetative) 씨앗을 선택하는 자들은 화초나 하등동물보다 약간 나은 존재에 그친다. 그러나 내면에 "지성적" 씨앗을 심어 양육하는 자들은 "천사들이요 하나님의 자녀

레오나르도 다 빈치는 "보편적 인간"이라는 르네상스 시대의 이상을 구현했다.

들"이 될 것이다. 스스로 피조물이라는 사실에 만족하지 못하는 사람들은 자신의 영혼의 중심으로 침잠(沈潛)할 수 있다. 그리하여 "어두운 고독 속에서 하나님과 연합한 그들의 영혼은 만물들 위로 솟구쳐 오를 것이다." 피코는 인간의 잠재 능력에 관한 르네상스 시대의 관점을 "누가 우리들, 즉 이 신비스러운 카멜레온들에게 경탄하지 않을 수 있을 것인가?"라고 표현했다.

르네상스 시대의 교황들

이탈리아에 있어서 르네상스는 번영의 시대인 동시에 격동의 시대였다. 아비뇽의 교황청 "바벨론 유수" 및 뒤이은 대분열은 유럽의 어느 국가보다 이탈리아에 직접적 영향을 미쳤다. 서로 대적하는 대립교황들 및 그들을 지지하는 귀족들과 공국들은 이탈리아를 무대로 투쟁을 벌였다. 르네상스 시대에는 옛 귀족층과 공화정주의자들의 대결이 계속되었으며, 이에 따라 플로렌스와 베니스 등의 대도시와 그 인근에서는 군사적 대결로 이어진 대격변이 그치지 않았다. 이뿐 아니라 외국 세력들, 특히 프랑스와 독일이 이 지역의 혼란을 가중시켰다.

개혁 직전의 교황청은 이러한 번영과 음모와 격동과 르네상스의 이상을 배경으로 하여 존재했다. 에우게니우스 4세(Eugene IV)는 바젤 공의회에 대한 자신의 권위를 주장했었다. 그는 재위 기간에 로마 시를 장식하고 치장하는 데 주력하여 프라 안젤리코(Fra Angelico)와 도나텔로(Donatello) 등의 예술가들을 로마로 불러들였다. 이것은 르네상스의 풍조가 교황청에 스며들었음을 보여주는 초기의 표식이다. 그 후로 종교개혁 직전까지 대부분 교황들의 목표와 이상은 르네상스의 그것과 동일했다. 교황들의 대부분은 예술의 후원자들이었으며, 최고의 예술가들을 로마로 끌어들여 장려하고 아름다운 저택과 성당과 기념물들로 도시를 장식함으로써 기독교권의 수도다운 모습을 이루는 것을 목표로 삼았다. 이들 중 일부는 문학에 관심을 가지고 교황청의 장서를 확장하는 데 주력했다. 르네상스 시대의 교황들은 이러한 예술 사업, 특히 성 베드로 성당 건축이라는 엄청난 일에 교회의 재정 대부분을 투자했다. 이에 만족하지 못한 교황들은 로마의 세력을 강화하고 예술을 지원하기 위한 새로운 수입원을 고안해냈다.

르네상스 시대의 교황들 모두가 예술에 관심을 둔 것은 아니다. 전쟁을 즐기는 교황들은 지칠 줄 모르고 군사원정을 벌였다. 음모와 외교를 통해 세력을 강화하려 한 교황들도 있었다. 화려함, 독재, 성적 쾌락 등을 즐긴 데서 볼 수 있듯이 그들의 대부분은 그 시대의 정신의 산물이라 할 수 있다.

에우게니우스 4세를 계승한 니콜라스 5세는 재위 기간(1447-1455)의 대부분을 로마 시가 다른 이탈리아 시국들보다도 정치적으로 더 우세한 위치를 점유하도록 노력하는 데 바쳤다. 그는 또한 로마가 유럽 전체의 지적(知的) 수도가 될 수 있도록 당대의 가장 뛰어난 예술가들과 저술가들을 초청했다. 그의 개인 장서는 당시 유럽에서 가장 뛰어난 것이었다고 전해진다. 그는 적들을 잔인하게 벌했고, 그중 일부를 처형했다. 그는 재위 기간 중 발생한 콘스탄티노플의 함락을 이용하여 군대를 일으켜 전 유럽에서 자기의 영향력을 높이려 했다. 그러나 아무도 그의 요청에 귀를 기울이지 않았으므로 실패했다.

그의 계승자는 칼릭스투스 3세(Calixtus III, 1455-1458)로서 이탈리아에는 보르지아(Borgia)라고 알려진 스페인의 보르자(Borja) 가문에서 배출된 최초의 교황이었다. 그는 르네상스의 이상으로부터 위대한 세속적 군주가 되고자 하는 야망만 이어받았을 뿐이었다. 그는 투르크족의 공격을 방어하기 위해서는 이탈리아를 통일해야 한다는 구실 아래 목회자로서의 의무보다는 군사 작전에 더 큰 관심을 기울였다. 그의 재위 기간 중 족벌주의가 극에 달했다. 그는 많은 친척들을 고위 관직에 등용했는데, 자기의 손자 로드리고(Rodrigo)를 추기경에 임명했다. 로드리고는 그 후 악명 높은 교황 알렉산더 6세(Alexander VI)가 되었다.

다음 교황 피우스 2세(Pius II, 1458-1464)는 자기의 직분에 충실하려 한 마지막 르네상스 교황이었다. 그는 쿠사의 니콜라스(Nicholas of Cusa)에게 교회 개혁 계획을 맡겼으나 추기경들과 고위성직자들의 반대 때문에 수포로 돌아갔다. 그는 이렇다 할 업적을 남기지는 못했으나 최소한 교황직을 자기의 세력이나 가족들의 세력을 증가시키는 데 사용하지 않았다. 학자였던 피우스는 『우주구조론』(*Cosmography*)이라는 방대한 저술을 시작했으나 완성하지 못했다. 그의 세계관은 후일 크리스토퍼 콜럼버스가 서쪽으로 항해하여 서인도제도에 도착하려는 시도로 이어졌다.

파울루스 2세(Paul II, 1464-1471)는 삼촌이 교황(에우게니우스 4세)으로 즉위하자 교회를 통해 출세하는 것이 쉬울 것을 깨닫고 생업이던 상업을 버린 후 성직을 택한 기회주의자였다. 그의 관심은 예술품, 특히 보석들과 금은 공예품을 수집하는 데 있었다. 그의 사치와 향락은 거의 전설적인 경지에 달했으며, 그의 첩들이 공공연히 교황청에 드나들었다. 그는 고대 이교 로마의 기념물들을 복원하려는 계획을 세우고 이를 위해 막대한 자금을 쏟아 부었다. 당시의 역사가들에 의하면, 그는 지나치게 색

(色)을 탐하다가 중풍으로 사망했다고 한다.

식스투스 4세(Sixtus IV, 1471-1484)는 추기경들에게 선물과 특권을 약속하고 교황직을 매수했다. 그의 재위 기간에 부패와 족벌주의가 절정에 달했다. 그는 자기 가족, 특히 다섯 명의 조카들의 재산을 증식시키는 데 전력을 기울였다. 조카들 중 하나인 줄리아노 델라 로베레(Giuliano della Rovere)는 후일 율리우스 2세(Julius II)라는 이름으로 교황직을 차지하게 된다. 식스투스 때에 교회는 그의 가문의 기업이 되었으며, 전체 이탈리아는 교황의 조카들을 부자로 만들려는 목적으로 벌어진 전쟁과 음모에 개입되었다. 그가 총애했던 조카 피에트로 리아리오(Pietro Riario)는 26세에 추기경직, 콘스탄티노플 총대주교직, 그리고 플로렌스 대주교직을 한꺼번에 차지했다. 또 다른 조카인 지로랄모 리아리오(Girolamo Riario)는 메디치 가문의 사람을 미사 도중 성당 안에서 살해했다. 살해당한 이의 친척들이 하수인이었던 사제를 교수형에 처하여 복수하자, 교황은 플로렌스 시 전체를 파문하고 선전포고를 했다. 그는 조카들과 그 추종자들의 막대한 경비를 염출하기 위해 곡식에 과중한 세금을 부과했다. 최상급의 곡식들을 팔아서 교황 일족이 치부했으며, 이 때문에 로마 시민 전체가 굶주리게 되었다. 그럼에도 불구하고 후대인들은 식스투스를 그의 이름을 따서 명명된 시스틴 성당(Sistine Chapel)을 건축한 이로 기억한다.

인노센트 8세(Innocent VIII, 1484-1492)는 교황으로 선출되기 전 자기의 친족들 중 한 명 이상을 고위 성직에 임명하지 않을 것과 로마 시의 질서를 회복할 것을 약속했었다. 그러나 그는 교황이 되자마자 교황의 권력이 지존한 것이므로 어떤 서약에도 얽매이지 않는다고 선언했다. 그는 자기의 사생아들을 공공연히 인지(認知)하고 이들에게 막대한 재산과 관직을 하사한 최초의 교황이었다. 그의 아들 중 하나가 관리한 면죄부 판매는 창피한 줄 모르는 수입원이 되었다. 그는 1484년 기독교권에서 마녀들을 제거하겠다는 칙령을 발표했는데, 이 때문에 수백 명의 무죄한 여인들이 살해되었다.

인노센트의 사후 로드리고 보르지아(Rodrigo Borgia)가 추기경들을 매수하여 알렉산더 6세(Alexander VI, 1492-1503)라는 이름으로 교황이 되었다. 그의 시대에 교황청의 부패는 극에 달했다. 그는 모든 대죄를 공공연히 범했다고 한다. 탐식만은 예외였는데, 이는 그가 소화불량이었기 때문이다. 당시 시민들은 다음과 같이 평했다: "알렉산더는 천국의 열쇠와 제단, 심지어 그리스도까지도 돈을 받고 팔아넘길 것이다. 그것은 그의 당연한 권리이다. 왜냐하면 돈을 주고 그것들을 샀기 때문이다." 전체 유럽이 투르크족의 위협 앞에 떨 때 교황은 비밀리에 술탄과 거래했다. 그는 법적으로는 신하들의 공식 아내들인 첩들을 통하여 얻은 자녀들을 공공연히 인지했는데, 그중 가장 유명한 인물이 체사레(Cesare)와 루크레치아 보르지아(Lucrezia Borgia)이다. 그와 가족들에 관한 추악한 소문에는 과장과 허위가 섞여 있을지도 모르나, 우리가 증명할 수 있는 사례들만을 가지고도 부패의 정도와 탐욕을 짐작할 수 있다. 그가 일으킨 전쟁들과 음모들 때문에 피로 얼룩졌던 이탈리아인들은 그에 관한 나쁜 소문을 기꺼이 받아들였다. 이 따문에 교황의 권위는 땅에 떨어졌다.

알렉산더 6세는 예기치 않게 사망했다. 전하는 바에 의하면, 그는 다른 사람을 독살하려고 준비해둔 독을 실수로 자기가 먹었다고 한다. 아

악명 높은 보르지아의
알렉산더 6세

버지의 사후에 교황직을 계승하려 했던 체사레도 같은 질병—혹은 같은 독물—때문에 병석에 있었으므로 그 음모를 실천에 옮길 수 없었다. 그리하여 이탈리아에 평화를 가져오려는 개혁 의지를 지닌 피우스 3세(Pius III)가 교황으로 선출되었다. 그러나 그는 26일 만에 병명 미상으로 사망했다. 그 뒤를 이은 인물은 알렉산더 6세의 후계자가 되기에 손색이 없는 자였다.

삼촌 식스투스 4세에 의해 추기경에 임명된 율리우스 2세(Julius II, 1503-1513)는 기독교 성자가 아니라 율리우스 시저(Julius Caesar)를 모범으로 삼겠다는 의미에서 그 칭호를 택했다. 당시의 많은 교황들처럼 그도 예술의 후견인이었다. 그의 교황 재위 기간에 미켈란젤로가 시스틴 성당의 그림들을 완성했으며, 라파엘은 뛰어난 프레스코화들로 바티칸 성당을 장식했다. 그러나 율리우스가 무엇보다도 즐긴 것은 전쟁과 약탈이었다. 그는 미켈란젤로가 디자인했다고 전해지는 화려한 옷을 교황 친위대에게 입힌 후 전쟁터로 이끌고 갔다. 그는 외교적 수단과 병법에 뛰어난 인물로서 어떤 이들은 율리우스가 이탈리아를 통일시킬 것이라고 생각했을 정도였다. 프랑스와 독일은 그에게 반기를 들었으나, 율리우스는 외교와 전투를 통해 이들 모두를 패배시켰다. 그러나 그는 꿈을 이루지 못한 채 1513년에 사망했다. 그 시대 사람들은 그를 "폭군"(the Terrible)이라 불렀다.

그의 뒤를 이은 위대한 로렌조(Lorenzo the Magnificent)의 아들, 조반니 데 메디치(Giovanni de Medici)는 레오 10세(Leo X, 1513-1521)라는 칭호를 택했다. 레오도 부친처럼 예술의 후원자였다. 그는 율리우스 2세가 이룩한 정치적, 군사적 유익들을 강화하려 했지만 이에 실패하여 1516년 프랑스의 프랑수와 1세와 협정을 맺었다. 이를 통해 프랑수와 1세는 프랑스 국내의 교회에 막대한 영향력을 갖게 되었다. 레오의 관심은 교회의 복리보다 예술과 사치에 있었다. 그는 특히 로마의 성 베드로 성당을 완공하려는 야망을 지니고 있었다. 그 자금의 조달을 위한 무분별한 면죄부 판매는 결국 루터(Luther)의 저항을 맞게 된다. 어쨌든 종교개혁이 시작되었을 때, 교황위에 있었던 인물은 자기 앞에 놓인 도전을 감당할 수 없었다.

제2부 · 식민지 기독교의 시작

제10장
스페인과 신세계

> 당신들은 죄 속에서 살아가고 있고 그 속에서 죽어갑니다. 이는 당신들이 죄 없는 사람들에게 가한 잔인함과 폭정 때문입니다. 누가 당신들에게 이 원주민들에게 잔인하고 끔찍한 노역을 시킬 권리를 주었습니까? 도대체 당신들은 무슨 권리로 자기 땅에서 평화롭게 사는 원주민들에게 그토록 전쟁을 벌여왔습니까?…그들은 인간이 아닙니까?
> ─안토니오 데 몬테시노스(Antonio de Montesinos)

중세시대 말, 그리고 종교개혁이 진행되는 동안 스페인과 포르투갈은 교회의 후대 역사에 엄청난 영향을 미칠 영토확장정책을 추진했다. 프로테스탄트 교회사가들은 당시 유럽에서 발생하고 있었던 중요 사건들에 몰두하여 이 기간이 가톨릭교회가 가장 급격한 성장을 누렸던 시기임을 망각하곤 한다. 이 점에 있어서는 많은 가톨릭 역사가들도 마찬가지이다. 왜냐하면 그들은 흔히 반동종교개혁(Counter-Reformation)이라고 불리는 가톨릭 종교개혁을 중시했기 때문이다. 이러한 태도가 이전에는 큰 문제가 아니었을지 모르나, 20세기, 특히 제2차 바티칸 공의회(Second Vatican Council) 이후와 21세기에는 용납할 수 없는 태도라고 하겠다. 제2차 바티칸 공의회와 그 후의 교회 생활에서 라틴 아메리카, 아시아 그리고 아프리카 출신 가톨릭 신자들의 영향은 막대한 것이었다.

따라서 오늘날 가톨릭교회의 행로를 이해하기 위해서는 그 지역 가톨릭교회의 모습을 형성한 당시의 사정을 살펴보아야 한다.

스페인 정복의 본질

1492년 10월 12일 크리스토퍼 콜럼버스(Christopher Columbus) 일행이 신세계에 발을 들여놓았을 때 아무도 그 사건의 중요성을 인식하지 못했다. 그러나 이 지역의 광대한 토지와 막대한 자원에 대해 약간의 지식을 얻은 이사벨라와 페르디난트는 콜럼버스의 세력을 제한하기 시작했다. 그 이유는 탐욕만은 아니었고, 스페인 본토에서 얻은 쓰라린 경험 때문이었다. 그들은 이곳에서 부르주아들의 도움을 얻어 이사벨라의 오빠인 카스티야의 헨리 4세(Henry IV)의 통치를 무력하게 한 고위 호족들이 신세계에 출현하는 것을 두려워할 수밖에 없었다. 함대 사령관이자 후작이었으며 총독으로서 신세계 교역에서 발생하는 이익의 10분의 1을 차지할 콜럼버스가 반항할 가능성이 있었으므로 왕실은 그에게 부와 권력을 허용할 수 없었다.

신세계에서 이러한 황실의 정책은 콜럼버스가 "인디언들"이라고 부른 원주민들을 보호하는 법령 제정이라는 결과를 낳았다. 페르디난트와 이사벨라는 스페인 출신 정복자들이 인디언들을 착취하도록 내버려둘 경우, 이들이 곧 스페인의 대 귀족들처럼 독립성을 주장하는 유력한 영주들로 변할 것을 두려워했다. 이 때문에 왕실과 스페인 이주민들 사이에는 분쟁이 그치지 않았다. 왕실의 간섭을 혐오한 이주민들이 본국에서 제정한 법령들을 신세계에서 준수하지 않는 경우가 속출했다. 그 결과 대양을 사이에 둔 스페인 사람들이 각자의 입장을 고집하는 가운데 인디언들은 착취당하고 살해되었다.

신대륙에서의 종교정책은 중세시대에 확립된 방식을 그대로 적용했다. 스페인 내의 무어 족에 대항하여 싸운 경험이 있는 스페인 기독교인들은 그때 사용했던 호전적인 교화 방법을 인디언 "불신자들"의 정복에 적용했다. 신세계 발견 직전 카스티야 왕국은 카나리아 제도(Canary Islands)와 그라나다(Granada)를 정복했는데, 교황들은 새로 정복한 지역의 교회를 통괄할 수 있는 특별한 권한을 왕실에게 하사했었다. 이러한 전례가 신세계에도 적용되었다. 교황 알렉산더 6세와 율리우스 2세는 1493년부터 1510년까지 일련의 칙령을 통해 스페인 왕들에게 막대한 권한을 부여했다. 스페인 국왕들은 새로운 영토의 교회들에 대한 "국왕 교회 보호권"(patronato real)을 소유했다. 이 제도가 발전함에 따라 국왕들은 신세계의 주교들 및 고위 성직자들을 지명하고 임명하는 권리를 가지게 되었다. 또 거의 예외 없이 왕실은 십일조 및 기타 헌금을 관리함과 동시에 교회의 경비를 책임지게 되었다. 그 결과 중남미의 교회는 로마와의 직접적인 관계없이 스페인 국왕들 및 그들이 임명한 성직자들의 지도 아래 놓인 민족교회가 되었다. 이처럼 국왕들에 의해 선출된 주교들 중에는 성실한 목회자들도 있었으나 특히 후기에 임명된 자들은 대부분 중남미에 거주하는 대중의 곤경을 이해하지 못하고 관심도 갖지 않는 정무관(political appointee)들이었다.

그러나 신세계의 교회에는 또 다른 측면이 있었다. 선교 사역에 종사했던 이들-주로 프란치스코회 수도사들, 도미니크회 수도사들, 예수회 수도사들-은 주민들과 함께 살았으므로 그들의 고통을 충분히 이해했다. 이 선교사들의 청빈 서원과 단순한 생활방식은 그들로 하여금 인디

이사벨라와 페르디난트는 그라나다에서 콜럼부스를 만나 큰 권력과 특혜를 주었으나, 후에 그것을 취소했다.

언들 사이에 거하면서 식민정책이 초래한 참혹한 결과를 직접 목격할 수 있게 했다. 따라서 많은 수도사들이 유럽 정착민들의 착취에 대항하여 인디언들의 권리를 옹호하는 편에 섰다. 이 사업의 초기 단계에서 도미니크회 수도사들이 인디언 보호를 주도했다. 18세기에 유럽에서 예수회가 스페인 및 다른 지역의 통치자들에 의해서, 그리고 결국 교황에 의해 억압받게 된 이유들 중 하나가 인디언 보호였다. 그러나 이처럼 가난한 자들에게 관심을 두는 이 교회 위에 스페인 왕실과의 유착을 통해 고위직들을 획득한 자들이 이끄는 계급 교회가 군림하고 있었다. 따라서 중남미의 가톨릭교회는 처음부터 양면을 가지고 있었다: 하나는 지배계층, 교구 주교나 재속 성직자들, 그리고 스페인 정착민들의 이익을 위해 원주민 착취를 지원한 일부 수도사들로 이루어졌고, 나머지 하나는 그러한 착취를 비판하며 학대받는 원주민들을 옹호한 많은 수도사들로 이루어졌다.

식민지들이 독립운동을 시작한 19세기에 교회는 이와 비슷한 모양으로 양분되었다. 이러한 이유 때문에 대부분의 주교들이 본국 정부를 지지했지만, 많은 교구 사제들과 수도사들은 반란자들과 운명을 함께 했다. 20세기 후반부터 21세기에 이르기까지 라틴 아메리카에서 로마 가톨릭교회가 부흥한 것, 그리고 많은 사회적 투쟁에서 지도적 역할을 할 수 있었던 것은 가난한 자들의 교회가 계급 고회 속에 침투해 들어가는 데 성공한 데 기인한다. 따라서 식민지화의 초기 단계에서 형성되기 시작한 "교회의 양면"은 수세기 동안 공존하게 된다.

저항

인디언 착취를 고발한 최초의 공개적 저항은 1511년에 도미니크회 수도사 안토니오 몬테시노스(Antonio Montesinos)가 산토도밍고(Santo Domingo)에서 행한 설교였다. 이 장 서두에 인용된 이 설교에서 그는 스페인 정착민들이 "무어인들이나 투르크인들"과 마찬가지로 구원받을 수 없다고 결론지었다. 이 설교는 몬테시노스의 견해만 표현한 것이 아니었다. 왜냐하면 동료 도미니크회 수도사들이 그에게 원주민 착취에 대해 경고하고 항의하는 일을 맡겼기 때문이다. 이 지방 관리들은 몬테시노스를 침묵시키려 했으나 동료 도미니크회 수도사들이 그를 지지했으며, 결국 이 분쟁은 스페인 왕실에 알려졌다.

몬테시노스의 설교를 들은 사람들 중에 바르톨로메 데 라스 카사스(Bartolome de las Casas)가 있었다. 그는 10년 전 산토도밍고에 정착했고 그 후 사제에 임명되었는데, 이것은 신세계에서 성직임명을 받은 최초의 사례일 것이다. 그러나 그는 인디언 착취에 대해 그다지 양심의 가책을 느끼지 않았다. 사실상 그는 "엔코미엔다"(*encomienda*: 인디언 보호를 조건으로 왕으로부터 위탁받은 토지·인민사용권) 아래 몇 명의 인디언을 거느리고 있었다.

일종의 신탁제도인 "엔코미엔다" 체제는 도미니크회 수도사들이 반대한 가장 중요한 착취 형태였다. 공식적으로는 인디언들을 노예로 삼는 것이 금지되어 있었지만, 이들을 개화시키고 기독교 교리를 가르친다는 미명 하에 집단적으로 이주 정착민들에게 "신탁"했다. 정착민들이 지도해 주는 대가로 인디언들이 노동을 제공한다는 이론이었다. 그 결과는 노예제도보다 더 참혹했다. 이는 신탁 받은 인디언들을 소유한 엔코멘데로스(encomenderos)들이 인디언들에게 투자하지 않았고, 따라서 그들의 복지에 관심을 가질 이유가 없었기 때문이다.

몬테시노스가 이를 비난하는 설교를 시작했을 때 라스 카사스는 엔코미엔다를 소유하고 있었다. 이에 관한 논쟁이 벌어지기 시작했을 때 그는 침묵했다. 그러나 1514년 오순절에 그의 심경은 크게 변화되었다. 그는 자기 소유의 엔코미엔다를 포기하고 공개적으로 기독교 신앙이 스페인인에 의한 인디언 착취와 공존할 수 없다고 선언했다. 그는 몬테시노스와 함께 스페인에 가서 당국자들에게 이 문제를 조사할 위원회를 구성하도록 탄원했다. 그러나 지명된 위원들이 엔코멘데로스(encomenderos)의 말에만 귀 기울였으므로 그는 이들과 결별하고 스페인으로 돌아갔다. 그리하여 대서양을 무수히 넘나드는 그의 생애가 시작되었다. 그가 스페인 본국에서 인디언들을 보호할 법을 겨우 마련하더라도 신세계에서는 사직 당국이 그 법을 시행하기 싫어하거나 그렇게 할 능력이 없음을 몇 번이고 발견하는 절망을 맛보았다. 한 때 그는 베네수엘라에서 평화로운 복음화를 통한 모범을 보이려 했다. 그러나 인근의 정착민들이 인디언들을 선동하여 반란을 일으키도록 만들었다. 그는 산토도밍고로 돌아와 도미니크 수도회에 가입했다. 그는 그 후에도 인디언들을 위해 중앙아메리카, 멕시코, 그리고 또다시 스페인 등을 여행했다. 스페인 궁정에 많은 후원자들을 가지고 있었던 그는 남부 멕시코 치아파스(Chiapas)의 주교에 임명되었다. 그는 이곳에서도 교구민들 중의 엔코멘데로스들과 많은 다툼을 겪은 후에 직위를 사임하고 스페인으로 귀환했다. 그는 이곳에서 39년 동안 직접적인 호소와 저술들을 통해 인디언 인권운동을 벌이다가 1566년에 92세로 사망했다.

라스 카사스의 책들이 큰 자극을 주는 데 성공하여 많은 이들이 신세계에서의 스페인 식민정책의 도덕성을 의심하게 되었다. 그러나 결국 식민지에서 막대한 경제적 이익을 향유하던 자들의 영향력이 득세했다. 라스 카사스의 생전인 1552년 그의 책들은 페루에서 금지되었다. 17세기의 중반에는 그의 책들이 종교재판소가 발행한 금서목록에 포함되었다.

신세계에서의 스페인 식민정책에 대해 의문을 제기한 도미니크회 수도사들 중에는 살라망카 대학교의 신학교수인 프란치스코 데 빅토리아(Francisco de Victoria)가 있다. 페루 정복 및 원주민과 토지와 광산 등과 관련하여 자행된 스페인인들의 무자비한 착취 소식을 들은 빅토리아는 과연 인디언들의 영토를 점령할 권리가 스페인인들에게 있는가라는 의문을 제기하는 일련의 강의를 행했다.

라스 카사스와 빅토리아 등 많은 이들의 저항의 중요한 결과가 1542년 카를 5세에 의해 반포된 "서인도제도의 신법"(New Laws of Indies)이다. 이 법은 인디언들에 대한 스페인인들의 권한을 제한했으며, 스페인인들과 평화롭게 공존하기를 원하는 인디언들에 대한 전쟁 행위를 금지했다. 그러나 이 법률은 신세계에서 거의 무시되었다. 페루에서는 정착민들이 공공연히 반란을 일으켰다. 결국 신법은 사람들의 뇌리에서 망각되었다. 그러나 식민지 시대 내내 인디언 착취를 반대하고 그들을 위해 목숨을 바친 많은 중남미 기독교인들이 있었다.

카리브 지방

콜럼버스는 제2차 항해 때 일곱 명의 선교사들을 동반했는데, 이들의 임무는 인디언들을 개종시키는 것이었다. 그러나 콜럼버스가 1차 항해 때 세운 히스파니올라(Hispaniola) 요새에 도착한 스페인인들은 예기치 못한 소식에 접했다. 이곳에 주둔했던 스페인 병사들의 학대와 착취, 그리고 약탈과 강간에 견디다 못한 인디언들이 반란을 일으켜 요새를 파괴하고 전체 수비대를 살해했던 것이다. 콜럼버스는 섬의 평정을 명령하고 장교들에게 반항하는 자들의 귀와 코를 자르도록 지시했다. 그러나 얼마 후 스페인 병사들 중에서도 반란자들이 나타났다. 식민지에서 발생한 폭정과 압제의 소식을 들은 이사벨라는 콜럼버스의 직위를 박탈하고 스페인으로 압송했다.

그러나 콜럼버스의 후임자들 아래서도 인디언들에 대한 대우는 개선되지 못했다. 이들은 매 사분기마다 황금이나 면화로 스페인인들에게 세금을 바쳐야 했다. 세금 바치기를 거부하거나 바칠 능력이 없는 자들은 노예가 되었다. 이를 피해 산으로 도망친 인디언들은 사냥개들을 앞세운 병사들에게 살해되었다. 이에 대해 선교사들이 취한 태도는 겨우 추장들의 자녀 몇몇을 데려다가 교육을 시킨 것에 불과했다. 1503년 스페인 본국으로부터 인디언들을 자기들의 마을에 거주하게 하고 그곳에 스페인 정부 대표 하나와 목회자를 상주시키라는 명령이 도착했다. 이 명령이 준수된 경우도 있었다. 그러나 노동력이 있는 인디언들은 금광으로 잡혀가 노동했으며 몇 달 동안 가족들조차 만나지 못했다. 결국 강제 노동, 스페인인들에게서 퍼진 각종 질병, 집단자살 등으로 말미암아 원주민 대부분이 멸종했다. 푸에르토 리코(Puerto Rico), 쿠바(Cuba), 자메이카(Jamaica), 그리고 인근의 작은 섬들에서도 비슷한 사건들이 발생했다.

인디언들이 감소되자 스페인인들은 흑인 노예들을 수입했다. 최초의 흑인 노예들이 1502년에 스페인에서 도착했으나, 당시만 해도 인디언들의 노동력이 값쌌으므로 흑인 노예들이 대량 수입되지는 않았다. 1516년에 라스 카사스는 인디언 보호라는 사명감을 가지고서 인디언 대신 아프리카로부터 노예들을 수입할 것을 제안했다. 그러나 그는 곧 자신의 의견을 철회하고 인디언들뿐만 아니라 흑인들의 인권과 생명을 보호할 것을 주장했다. 그러나 1553년부터 수만 명의 아프리카인들이 노예로 수입되었다. 당시 이를 반대한 소수 신학자들도 노예제도 자체를 거부한 것이 아니라 이익분배의 시각에서 반대이론을 전개했다는 것은 흥미로운 사실이다. 어쨌든 카리브 지방에서 발생한 사건은 그 후 스페인령 식민지 전체에서 반복되었다. 인디언들이 감소하는 지역에서는 예외 없이 흑인 아프리카 노예들로 이를 대체했다. 오늘날에까지도 16세기에 인디언 인구가 격감했던 지역에서는 흑인들이 다수를 차지하고 있다.

멕시코

코르테스(Cortez)는 아즈텍 왕국의 수도 테노치티틀란(Tenochtitlan)으로 진군하는 도중에 만난 여러 부족들의 우상을 파괴했다. 그러나 그가 아즈텍 왕국을 정복하기 위해 도움을 받아야 했던 강력한 부족 틀라스칼라(Tlascala) 족에게는 이러한 파괴 행위를 삼갔다. 그리하여 편의성과 광신적 열정이 묘한 결합을 이루는 멕시코에서의 스페인 종교정책이 그 근본적 모습을 드러내게 된다.

제1차 원정에는 두 명의 사제가 동반했으나 이로서는 충분하지 못했다. 코르테스는 탐욕과 무자비한 폭력으로 유명했지만 성실한 가톨릭 신자였다. 그는 카를 5세에게 고위 성직자들이나 사제가 아닌 탁발수도회 수도사들을 멕시코에 파견해 달라고 요청했다. 그 이유는 수도사들이 가난에 익숙하여 원주민들에게 좋은 모범을 보여주는 반면, 일반 사제들이나 고위 성직자들은 사치와 향락만을 추구할 뿐 인디언들의 개종에는 관심이 없을 것이라는 것이었다. 그의 요청에 따라 열두 명의 프란치스코회 수도사들이 멕시코로 파견되었다. 코르테스는 도착한 그들 앞에 무릎을 꿇고 손에 입을 맞추었다. 그러나 이 선교사들의 작업은 용이하지 않았다. 왜냐하면 인디언들이 스페인인들과 그들의 종교에 대해 적개심을 가지고 있었기 때문이다. 그러나 인디언들이 볼 때 기독교의 신이 자기들의 신들을 패배시킨 것은 명백했으므로 많은 인디언들이 스페인인들에 대한 증오를 품고서도 세례를 베풀어 줄 것을 자청했다. 이를 통해 강력한 기독교 신의 가호를 받으려 한 것이다.

열두 명의 수도사들을 비롯한 많은 사람들은 점차 인디언 신자들의 존경과 사랑을 받게 되었다. 자기들을 맡았던 수도사들이 다른 곳으로 배치된 사실을 알고 인디언들이 소동을 일으켜 당국자들이 그들의 계획을 바꾸는 일도 있었다.

초기 멕시코 교회 내에는 분쟁과 논란들이 그치지 않았다. 프란치스코회 수도사들은 유일하신 하나님의 존재를 믿고 예수를 구세주로 인정하며 주기도문과 마리아 송가를 암송할 수 있는 자들에게는 누구에게나 세례를 베풀었다. 어떤 경우에는 이러한 조건들조차 지켜지지 않았다. 선교사들이 하루에 수백 명에게 세례를 베푼 경우도 흔했다. 어떤 경우에는 한꺼번에 여러 명에게 성수를 끼얹는 것으로 만족해야 했다. 일반 사제들은 이러한 수도사들의 성공을 질투하기 시작했다. 이들은 수도사들이 세례를 지나치게 단순화시켰다고 비난했다. 그 내용은 필요한 기준을 낮추었다는 것이 아니라 세례식 자체의 시행에 필요한 특정 요소들을 삭제했다는 것이었다. 결국 이 논쟁은 교황 바울 3세에 의해 정리되었다. 교황은 이전에 시행된 단순화된 약식 세례식에 잘못이 없다고 선언하는 동시에 그 후부터는 그의 특정한 지시를 따를 것을 명령했다. 그러나 교황의 중재 이후에도 수세대 동안 수도사들과 일반 성직자들 사이에 갈등이 그치지 않았다.

멕시코 최초의 주교이자 초대 대주교는 프란치스코 수도회 출신인 후앙 데 주마라가(Juan de Zumarraga)였다. 그는 당시 교회에 개혁이 필요함을 확신했으며, 이러한 개혁은 성직자 교육 강화를 통하여 신자들을 올바로 교육시킴으로써 이루어질 것이라고 생각했다. 그는 이러한 신념으로 멕시코에 인쇄기를 도입했다. 서반구에 최초로 등장한 인쇄기를 통하여 인디언들을 가르칠 많은 서적을 인쇄했다. 이 서적들 중에는 주마라가가 저자를 밝히지 않았으나 후일 스페인 종교재판에서 프로테스탄트 서적으로 금지된 것들이 포함되어 있었다. 주마라가는 지위 고하를 가리지 않고 인디언을 착취하는 자들에 대항한 용감한 인물이었다.

당시 대부분의 기독교인들처럼 그는 이단이라고 생각되는 사상을 용납하지 못했다. 그는 1536년 뉴스페인(New Spain:당시 멕시코에 붙여진 명칭) 주재 종교재판소장에 임명되었다. 이때부터 1543년 사이에 131명이 이단이라는 죄목으로 재판을 받았다. 기소된 사람들은 대부분 스페인인이었으나 13명은 인디언이었다. 이들 중 가장 유명한 인물이 추장 칼로스 치치멕테코틀(Carlos Chichimectecotl)로서 프란치스코 수도사들과 함께 공부한 인물이었다. 그는 우상숭배, 축첩, 사제들에 대한 존경심의 부족 등의 죄목으로 고발되었다. 그는 조카딸과 동거했음을 자백했다. 그의 자택을 수색한 결과 몇 개의 우상이 발견되었는데, 그는 이를 역사적 유물로 간직했다고 주장했다. 그가 이러한 우상들을 숭배하는 모습을 직접 본 사람이 없었다. 그런데 이때 증인이 나타나 치치멕테코틀이 대부분의 기독교 신자들은 주정뱅이일 뿐만 아니라 사제들이 이를 통솔하지 못하는 것을 보면 기독교 신자들의 종교에 의심의 여지가 있다고 말하는 것을 들었다고 증언했다. 이 때문에 그는 화형에 처해졌다.

치치멕테코틀은 교육받은 자였으므로, 그 재판으로 인하여 인디언들을 교육시키는 데 반대했던 이들이 다시 들고 일어났다. 이들이 내세운 이유가 인디언들에게 학문의 소질이 없다는 것은 아니었다. 반대로 만약 이들이 읽고 쓰는 법을 배운다면, 대양을 건너 서로 의사를 소통할 수 있게 되므로 더욱 위험해진다는 것이었다. 이러한 이유 때문에 수세대 동안 인디언들에게는 제대로 교육이 시행되지 못했다. 인디언들에 대한 이러한 두려움 때문에 진보적인 스페인인들조차도 이들의 성직 임명을 반대했다. 1539년 주마라가의 주도 아래 모인 교회 지도자들이 인디언들에게 가장 하위 네 계급의 성직에 진출할 수 있는 길을 열어 주었으나, 이 직분들은 성례를 거행할 자격이 없는 것들이었다. 프란치스코회 수도사들보다 폐쇄적이었던 도미니크회 수도사들은 인디언들을 교육하거나 성직에 임명하면 안 된다고 선포했다. 동일한 풍조가 수도원에도 만연했다. 이러한 문제에 관한 한 가장 개방적이었던 프란치스코회 수도사들은 자기들의 수도원 공동체에 인디언들이 함께 거주하는 것을 허락하고 특별한 갈색 두건을 쓰게 했지만, 그들이 정식 수도사가 되거나 세속 수사가 되는 것을 허락하지 않았다. 스페인인 프란치스코회 수도사들이 볼 때 마땅치 못한 점이 있는 사람은 아무리 오랫동안 공동체의 일원으로 머물러 있었더라도 즉각 추방될 수 있었다. 1588년 국왕 필립 2세의 명령에 의하여 인디언들에게도 사제직과 수도원 입회의 길이 열렸다. 그러나 1636년에 필립 2세는 "많은 혼혈아들과 사생아들과 결함 있는 자들이 성직에 임명되고 있다"라고 개탄했다.

  이러한 배경에서 과달루페의 동정녀(Virgin of Guadalupe) 숭배와 전설이 이해되어야 한다. 전설에 의하면 동정녀 다리아가 주마라가에게 주는 메시지를 가지고 후앙 디에고(Juan Diego)라는 인디언에게 나타났다고 한다. 주교는 처음에는 인디언의 말을 믿지 않았으나 일련의 기적들을 보고 이를 인정치 않을 수 없었다. 그 결과 동정녀의 직접 지시에 의하여 그녀가 나타난 장소에 예배당을 세웠다. 역사가들은 이 이야기의 사실 여부를 밝히기 위해 주마라가 및 동시대인들의 기록을 찾아보았으나 해답을 얻지 못했다. 뿐만 아니라 학자들은 동정녀가 나타났다고 주장되는 장소는 원래 인디언들이 "토난친"(Tonantzin, 신들의 어머니) 여신

과달루페의 동정녀는 외세의 침략에 대항하는 멕시코 국민들의 상징이 되었다.

을 섬기던 장소였으며, 인디언들이 이름만 바꾼 채 옛 여신을 계속 숭배했다고 선언했다. 사실 여부를 불문하고, 그 전설은 학대받던 인디언들의 스페인 주교에 대한 복수극이라 할 수 있다. 이 전설은 주교가 인디언의 명령에 따르지 않을 수 없었다는 데 초점이 있다. 그 이후 과달루페의 동정녀는 숭배의 대상 이상의 존재가 되었다. 그녀는 외부 침략에 대항하는 멕시코 민족주의의 표상이요 상징이 된 것이다.

아즈텍 왕국에 현재의 멕시코 전체가 포함되지는 않았다. 그러나 그 몰락과 함께 인근의 많은 국가들이 스페인 정부에 예속되었다. 남쪽 지방에는 고대 마야 문명의 유민들이 남아 있었다. 울창한 산림과 험한 계곡 때문에 이들을 굴복시키는 데는 여러 해가 소요되었다. 스페인은 1560년에 비로소 유카탄(Yucatan) 지방을 통솔할 주교를 임명할 수 있었다.

1차 정복에 성공한 스페인인들은 두 가지 불가능한 목표를 가지고 북진했다. 첫째는 대서양과 태평양을 연결하는 해협의 발견이었다. 그리하여 캘리포니아 만(Gulf of California)을 탐사했는데, 그 이유는 오랫동안 바하칼리포르니아(Baja California)가 섬이며 캘리포니아 만이 대서양으로 연결되어 있다고 믿었기 때문이었다. 두 번째는 일부 인디언들이 스페인인들에게 알려 준 "일곱 개의 황금 도시"의 정복이었다. 이 때문에 이들은 뉴멕시코를 향해 진출했다. 그 후 루이지애나로부터 프랑스인들이 진격해 오고 태평양 해안을 따라 러시아인들이 남진해 왔기 때문에, 스페인인들은 텍사스와 캘리포니아에 정착할 수박에 없었다.

바하칼리포르니아에서는 선교사들이 식민들이나 탐험가들보다 더 큰 성공을 거두었다. 처음 캘리포니아 만의 동부 해안에, 그 후 반도 자체에 정착한 것은 예수회 수도사들이었다. 이들 중 가장 뛰어난 인물은 유세비오 프란치스코 키노(Eusebio Francisco Kino)였다. 이탈리아 출생인 그는 스페인 북방 한계선을 훨씬 넘어 오늘날의 아리조나 지방에까지 포교소들을 설치했다. 1711년 임종 당시 그는 아파치족 선교를 계획하고 있었다. 이들의 선교 사역들 중 일부는 프란치스코 수도회, 도미니크 수도회 등에게 위임되었다. 그 밖의 사역들은 방치되고 포기되었다.

캘리포니아 지방에서 프란치스코회 선교사들은 주로 알타 캘리포니아(Alta California), 즉 현재의 캘리포니아 주에 노력을 기울였다. 18세기 스페인 당국이 이 지역 탐험과 정착을 위한 선발대를 조직했을 때, 프란치스코회 수도사인 주니페로 세라(Junipero Serra)가 이에 참여했다. 그는 후에 스페인 정부가 보호할 수 있는 한계를 크게 넘어선 곳에까지 많은 포교소들을 설치했다. 세라는 이 지역에서 스페인인들에 대항하여 인디언들의 권리를 강력히 보호했다. 그러나 그가 스페인 정복자들의 특징인 편견과 간섭주의와 잔인함에서 벗어나지 못했으므로, 오늘날 많은 사람들이 세라의 업적을 찬양하지만 일부에서는 그를 종교적 집단 학살을 정당화한 인물로 간주한다.

프란치스코 수도회가 주력한 곳은 정복자들이 전선의 일곱 도시들을 향해 떠났던 북부였다. 프란치스코회 수도사들은 정복자들과 앞뒤를 다투면서 멕시코 중앙을 돌파하여 뉴멕시코에 진출했다. 스페인인들은 1610년 이곳에 "Villa Real de la Santa Fe de San Francisco de Asis", 즉 "산타페"(Santa Fe)를 세웠다. 20년 후 뉴멕시코에서는 50명의 선교사들이 6만 명의 인디언들에게 사역하고 있었다. 1680년의 대 인디언 반란 때에는 32명의 프란치스코회 수도사들을 포함하여 약 400명의 스페인인들이 죽었다. 스페인 인들이 그 지역을 다시 정복했을 때, 프란치스코회 수도사들도 이들과 함께 다시 돌아왔다.

스페인인들은 멕시코로부터 태평양을 건너 서쪽으로 진출했다. 1521년에 필리핀에 도착한 마젤란(Magellan)은 이곳에서 원주민들에게 살해되었다. 그 후에도 멕시코로부터 일련의 탐험대가 파견되었다. 1565년에 미구엘 로페즈 데 레가즈피(Miguel Lopez de Legazpi)의 영도 아래 본격적인 필리핀 정복이 개시되었다. 스페인인들은 이곳에서 많은 무슬림들을 발견했는데, 스페인인들은 이들을 가리켜 무어(Moor)족의 이름을 따라 "모로"(moros)라고 불렀다. 이들과 아울러 여러 섬들에 정착하고 있던 중국인들은 맹렬하게 저항했지만, 결국 군도(群島) 전체를 정복하는 데 성공했다. 스페인인들은 이곳에서도 서반구에서와 동일한 정책을 답습했으므로 원주민들의 저항에 직면했다. 스페인인들은 이곳을 기반으로 하여 극동 지역(Far East)으로 진출하려 했다. 그러나 이들은 필리핀인들을 교육하려 하지 않았으므로 결국 이러한 계획도 이 때문에 실패했다.

황금의 카스티야

스페인 당국자들은 일찍부터 현재의 중앙아메리카와 파나마에 관심을 가지고 있었다. 이미 콜럼버스가 서부로의 통로를 발견하기 위해 그 지역 해안을 항해한 바 있었다. 1509년부터 이곳을 정복하고 식민지화하려는 시도가 있었지만 실패했다. 결국 바스코 누네즈 데 발보아(Vasco Nunez de Balboa)라는 모험가가 그 일의 책임자를 타도하고 자신이 지도자로 나섰다. 발보아도 원주민들에 대한 잔혹 행위를 사양치 않았으나 다른 정복자들과는 달리 인디언들과 친선 관계를 유지할 줄 알았다. 그가 인디언들과 화친하려 한 이유는 그것이 그들에게서 황금과 여인들을 얻기 위한 최선의 방법이라고 생각했기 때문이다. 인디언들의 도움 덕분에 그는 자신의 통치를 정당화하기 위해서 스페인에 황금을 보낼 수 있었다. 역시 인디언들의 도움을 받아 태평양에 도착했다. 그는 이곳을 "남쪽 바다"(South Sea)라고 불렀는데, 이는 파나마 지역에서 보면 태평양이 카리브 남쪽에 있었기 때문이다.

그런데 스페인으로 황금을 보낸 발보아의 행동이 역효과를 낳았다. 당국에서는 이 지역을 발보아에게 맡기기에는 너무 귀중하다고 생각하여 다른 지도자를 파견하고, 이곳을 카스티야 델 오를(Castilla del Orl), 즉 황금의 카스티야라고 명명했다. 그리하여 양자 사이에 무력 충돌이 발생했는데, 결국 발보아는 새로운 총독에 의해 처형되었다. 새 총독은 인디언들의 강제노동을 통해 황금을 생산코자 했다. 엔코미엔다 제도를 통하여 많은 인디언들이 정착민들에게 분배되었다. 스페인인들이 요구하는 분량의 황금을 캐내지 못한 많은 인디언들이 살해되었다. 결국 대부분의 인디언들이 도주하여 정복자들을 상대로 게릴라전을 벌였다. 제대로 농사를 지을 수 없었으므로 식량 이 부족했다. 이때 500명 이상의 스페인인이 사망했는데, 대부분은 아사(餓死)했다. 프란치스코 수도회 출신 선교사 및 이곳을 감독하기 위해 파견되었던 주교들은 스페인으로 돌아가 이 어처구니 없는 식민정책에 항의했다. 수십 년이 지난 후 겨우 질서가 회복되었다.

중앙아메리카의 초기 교회사에서 가장 흥미로운 인물은 후앙 데 에스타라다 라바고(Juan de Estrada R?vago) 신부였다. 그는 프란치스코회에서 탈퇴한 야심적인 정복자였고 실패한 조신이요 사랑 많은 선교사였다. 탈퇴한 수도사들은 모두 식민지를 떠나라는 왕명에 따라 스페인으로 귀국하려 했을 때, 그는 코스타리카(Cost a Rica) 탐험대가 자금 부족으로 곤경에 빠졌다는 소식을 들었다. 그는 필요한 자금을 제공하고 탐험에 참가하여 결국 그 지도자가 되었다. 그는 인디언들의 언어를 배웠으며, 단 한 번을 제외하고는 이들에게 폭력을 사용치 않았다. 그는 그 지역 전체를 여행하면서 기독교 신앙을 가르치고 세례를 베풀고 예배당들을 건축했다. 그는 자신의 재산을 털어 인디언들과 정착민들을 위한 의복, 식량, 그리고 종자들을 제공했다. 멕시코에서 온 열두 명의 프란치스코회 수도사들이 합류하면서 교회는 급격히 성장했다.

16세기 말에는 중앙아메리카의 원주민 대부분이 스스로를 기독교인이라고 여겼다. 그러나 스페인인들이 침투하지 못한 광대한 지역의 인디언들은 토속 종교와 정부를 가지고 있었다. 기독교화한 지역에서는 사제들이 부족했고, 정복자들에 의해 야기된 주민들의 분노 때문에 효과적으로 사역하지 못하고 있었다. 황금의 카스티야는 기대했던 만큼의 황금을 산출하지 못했으므로, 스페인 정부는 이곳에 관심을 두지 않았다.

플로리다

일찍부터 스페인인들은 쿠바(Cuba) 북쪽에 육지가 있음을 알고 있었다. 1513년 푸에르토리코(Puerto Rico)의 총독 후안 폰세 데 레온(Juan Ponce de León)은 국왕으로부터 비미니(Bimini) 지방의 탐험 및 식민권을 하사받았다. 이곳에는 인간의 젊음을 회복시켜줄 뿐만 아니라 질병을 치유할 수 있는 분수가 존재한다는 전설이 있었다. 폰세의 탐험대는 이곳에 도착하여 플로리다(Florida)라고 명명했는데, 그 이유는 이들이 부활절(Pascua Florida)에 왕의 이름으로 그곳에 도착했기 때문이었다. 탐험대는 대서양 일대와 걸프(Gulf) 지방을 탐사하면서 인디언들과 격렬한 접전을 벌인 후 푸에르토리코로 귀환했다. 몇 년 후 폰세 레온은 제2차 원정대를 조직했다. 그러나 그는 인디언들에게서 부상을 입고 쿠바로 후퇴하여 결국 그곳에서 사망했다.

다른 탐험대들도 별다른 성과를 얻지 못했다. 1528년에 어느 탐험대는 인디언들에게 전멸되었다. 8년 후 네 명의 생존자들이 대륙의 반을 걸어서 횡단하여 멕시코에 도착했다. 에르난도 데 소토(Hernando de Soto)가 1539년과 1540년에 이 지역을 탐험했으나 식민을 시도하지는 못했다. 그로부터 20년 후에 또다시 식민이 시도되었으나, 2년 후에 포기되었다.

프랑스인들이 이 지역에 진출했기 때문에 스페인은 이 지역을 소유하기 위해 투자를 시작했다. 1562년 리보(Jean R.baut)의 지도 아래 플로리다와 사우스캐롤라이나에 프랑스인들의 정착지들이 시작되었다. 스페인의 관점에서 보면 설상가상으로 대부분의 프랑스인들이 프로테스탄트 교도였다.

원래 교황들이 스페인에게 하사했던 이 지역에 대한 침략 행위를 저지한다는 명분에서 스페인 정부는 페드로 메넨데스 데 아빌레스(Pedro Menendez de Aviles)에게 정착지들을 파괴하도록 명령했다. 그는 정예 병사들을 이끌고 프랑스인들을 공격했다. 많은 프랑스인들이 내륙으로 도주했다가 인디언들에게 잡혀 죽었다. 스페인인들은 남은 사람들을 생포하여 132명의 남성들을 칼로 찔러 죽이고 여성들과 15세 미만 아이들은 살려주었다. 당시 이곳을 떠나있었던 리보는 선박이 조난을 당하여 70명의 부하들과 함께 스페인인들에게 투항했다가 결국 처형되었다. 메넨데스 데 아빌레스는 세인트 어거스틴 시를 건설하여 장래 활동의 중심지로 삼았다.

리보와 그 동료들이 당한 일에 대한 복수가 실행되었다. 리보의 절친한 친구였던 프랑스인이 비밀리에 탐험대를 조직하여 이전의 학살 장소에 상륙하여 많은 스페인인들을 사로잡아 교수형에 처했다. 메넨데스 데 아빌레스는 리보와 그의 일행이 "프랑스인이었기 때문이 아니라 루터 파"였기 때문에 처형되었다고 선언했었다. 이제 프랑스인들은 처형된 자들이 "이들이 스페인인이었기 때문이 아니라 배반자요 강도요 살인자들이기 때문에" 처형되었다는 팻말을 남겼다. 이들은 세인트 어거스틴 시로부터 구조 병력이 도착하기 전에 프랑스로 도주했다.

스페인인들은 플로리다로부터의 위협 및 신대륙에 관심을 가지고 있었던 영국인들의 위협 때문에 구알(Guale, 현재의 조지아), 산타 엘레나

(Santa Elena, 현재의 캐롤라이나), 그리고 아자칸(Ajacan, 현재의 버지니아) 등으로 옮겨갔다.

이 방대한 지역에 거주했던 스페인인 대부분은 군인이거나 선교사들이었다. 대부분이 예수회 수도사들이었고, 일부 프란치스코회 수도사와 도미니크회 수도사 출신들이 섞여 있었던 이 선교사들은 큰 위험을 무릅쓰고 사역해야 했다. 인디언들은 스페인인들에게 적개심을 품고 있었으므로, 군대의 보호 없이 노출된 선교사들을 발견하는 즉시 살해했다. 플로리다 북부에 세워진 정착지들과 포교소들은 오래가지 못했다. 1763년 스페인은 하바나(Havana)와의 교환 조건으로 플로리다를 영국에 넘겨주었다. 20년 후 스페인이 플로리다를 다시 지배하게 되었다. 마지막으로 1819년 이곳에 침입한 미합중국(United States)에 양도했다.

이 방대한 지역에 진출한 스페인인들의 선교 사역의 결과로 남은 것은 그 시대에 대한 추억, 드문드문 남아 있는 유적들, 그리고 자기 동족들이 불가능하게 만든 이상을 실현하기 위해 목숨을 바친 선교사들의 유골뿐다.

콜롬비아와 베네수엘라

콜럼버스는 제2차 항해 도중 남아메리카 해안을 방문했다. 현재의 콜롬비아(Colombia) 해안의 정복을 1508년에 시작했으나 실패했다. 1525년에 로드리고 데 바스티다스(Rodrigo de Bastidas)가 산타 마르타(Santa Marta)를 세우면서 다시 정복이 시작되었다. 그는 인디언들을 인간적으로 다루어야 한다고 주장했기 때문에 정착민들의 반감을 사서 히스파니올라 섬으로 돌아갈 수밖에 없었다. 그 후 엘도라도(El Dorado: 정복자들이 믿었던 전설의 황금광)의 위치를 밝혀내기 위해 인디언들에 대한 학살이 시작되었다. 스페인인들은 산타 마르타를 활동의 중심지로 삼고 서부로 진출하여 카르타헤나(Cartagena)를 세웠고, 남쪽에서는 보고타(Bogotá) 추장을 패퇴시킨 자리에 산타페 데 보고타를 세웠다.

도시들이 세워진 직후에 일련의 주교좌와 종교재판이 도입되어 스페인 교회의 정착이 완성되었다. 종교재판소는 처음에는 스페인인들에게만 적용되었지만, 얼마 후 일찍이 타지역에서 수입된 흑인 노예들과 학대받는 원주민들은 주인이 자기를 벌하려 할 때에 "나는 하나님을 부인한다"라고 외침으로써 종교재판을 받는 것이 주인의 처벌을 받은 것보다 낫다는 것을 알게 되었다. 결국 극단적인 경우가 아니면 종교재판소가 원주민이나 흑인 노예의 일에 개입하지 않는다는 무언의 합의가 이루어졌다. 그 무렵 카리브 해 지방에 출현하기 시작한 영국인들에게도 종교재판이 적용되었으며, 많은 영국인들이 프로테스탄트 신앙 때문에 잡혀 죽었다.

이 지역에서 배출된 위대한 기독교인은 루이스 벨트란(Luis Beltran)과 페드로 클라베르(Pedro Claver)이다. 선교사 벨트란은 인디언들에게 기독교를 가르치고 정복자들과 이주민들의 악행을 저지하려 했다. 도미니크회 출신인 그는 고향 발렌시아(Valencia)의 도미니크 수도원에서 세운 학당의 교장을 지냈다. 신세계에서 수백만 명의 주민들에게 목회할 사역자가 필요하다는 소식을 듣고 그는 자기에게 선교사로서의 소명이 있는지 알아보려 했다. 그는 36세 때인 1562년 카르타헤나에 도착했다. 그는 거듭 엔코멘데로스들과 갈등을 겪었으며, 정의를 외치는 그의 설교는 마치 구약의 선지자들의 목소리를 방불케 했다. 그러나 선교사로서의 소명을 확신할 수 없었던 그는 스페인으로 돌아갔으며, 이곳에서 그의 경건함과 거룩함에 감동된 많은 추종자들이 생겼다. 벨트란은 1581년에 사망했다. 1671년 교황 클레멘트 10세는 그의 이름을 교회의 공식 성인 명부에 올렸다. 그는 신세계와 관련이 있는 최초의 성인이었다.

스페인 태생으로서 또 다른 콜롬비아의 위대한 성인인 페드로 클라베르는 판이한 생애를 보냈다. 그는 벨트란의 사망 직전인 1580년에 태어났으며, 어려서부터 예수회 소속으로 신세계의 선교사로 가는 것이 소원이었다. 그의 상급자들은 그가 지적인 면에서 약간 뒤진다고 생각했다. 그는 수련수사로서 1610년에 카르타헤나에 도착했다. 그는 이곳에서 흑인 노예들의 참상을 목격할 수 있었다. 그리하여 1622년에 종신서원을 할 때, 그는 자기의 서명 밑에 "*Petrus Claver, aethiopum semper servus*"라고 썼는데, 이것은 "영원한 흑인 노예들의 종, 페트로 클라베르"라는 의미였다.

콜롬비아의 카르타헤나. 이곳에서 루이스 벨트란과 페드로 클라베르가 활동했다.

그 당시 노예들이 사용한 언어는 매우 다양했으므로, 이를 다 배울 수 없었던 그는 통역으로 사용하기 위해 노예들을 빌리려 했지만 노예주들은 노동력의 상실을 싫어하여 허락하지 않았다. 그리하여 클라베르는 통역으로 일할 노예들을 구입해 달라고 그의 수도원에 요청했다. 당시 동료 예수회 수도사들 중에도 노예제도를 인정하는 자들이 있었다. 클라베르는 노예들도 그리스도 안에서 형제이므로 동등하게 취급해야 한다고 주장했다. 마침내 그는 고집과 신념으로 다른 예수회 수도사들을 최소한 이론적으로나마 납득시킬 수 있었다.

노예선이 도착하자마자 클라베르와 그의 통역들은 노예들을 향해 뛰어나갔다. 어떤 경우에는 선박 안에 들어갈 수 있었으나 대부분은 노예들이 경매에 붙여지기 전에 임시 수용되는 오두막집으로 이송될 때까지 기다려야 했다. 이 숙사들은 배처럼 비좁지 않았으며, 경매에 대비하여 식량도 넉넉히 공급되었다. 그러나 많은 노예들이 여독 때문에, 또는 백인들이 자기들을 살찌워 잡아먹으려 한다고 생각하여 음식을 거부하여 죽었다. 노예들은 벌거벗은 채 병자와 건강한 자들이 함께 바닥에 누워 있었는데, 이들 사이에는 이미 숨이 끊어진 시체들도 섞여 있었다. 클라베르와 동료들은 우선 시체들을 밖으로 운반했다. 그 후 싱싱한 과일과 의복을 가지고 와서 노예들 중 가장 쇠약한 자들을 찾았다. 중환자들은 클라베르가 인근에 세운 작은 병원으로 이송했다. 그 후 그는 숙사로 돌아가 들을 기력이 있는 자들을 상대로 복음을 전했다.

그의 방법은 매우 극적이었다. 우선 노예선에서 충분치 못했던 식수를 공급해 준 후 세례식에 사용되는 성수가 영혼의 목마름을 해소해준다고 설명했다. 클라베르는 같은 언어를 사용하는 흑인들을 한데 모아

원을 만들게 한 후 함께 앉아 복음을 전했다. 하나밖에 없는 의자는 통역에게 내 주었고, 통역자는 원의 중안에 앉아서 정신이 혼란한 상태에 있는 노예들에게 단편적이나마 복음을 설명했다. 그는 때때로 뱀이 허물을 벗으며 자라듯이 세례를 통해 그들의 삶을 변화시켜야 한다고 말했는데, 그럴 때면 마치 자기의 피부를 벗어버리듯 온몸을 꼬집으면서 옛 생활의 특징들을 벗어버려야 한다고 설명했다. 노예들 중에는 이에 대한 긍정의 표시로 스스로를 꼬집는 자들도 있었다. 때로는 손수건을 삼각으로 접어 삼위일체를 설명하기도 했다. 각은 세 개이지만 손수건은 하나라는 의미였다. 그는 우정과 유머를 동원하여 이를 설명했다.

흑인 노예들에 대한 클라베르의 관심은 노예선이 도착할 때에 처음으로 나타났고, 그 후에 여러 방식으로 나타났다. 당시 흑인들 사이에는 나병이 흔했는데, 노예 주인들은 나환자들을 내쫓곤 했다. 클라베르는 이들을 위한 수용소를 만들었고, 항구에 노예선이 들어올 때나 노예들이 경매를 기다리고 있지 않을 때에는 이곳에서 지냈다. 몸이 썩어 들어가기 때문에 다른 노예들에게서조차 경원시되는 환자들을 포옹하고 있는 그의 모습을 흔히 볼 수 있었다. 그가 사역하는 동안 카르타헤나에서는 세 차례 천연두가 유행했다. 클라베르는 그 때마다 버려진 흑인 환자들의 상처를 씻어 주었다.

비록 상급자들은 클라베르가 신중하지 못하고 우둔하다고 여겼지만, 클라베르는 사역을 계속하기 위해 카르타헤나에 거주하는 백인들과의 마찰을 피했다. 그는 백인들을 공격하거나 비난하지 않았으나, 전체 시민들은 그가 거리를 지나면서 흑인들 및 그의 사역을 지원하는 일부 백인들에게만 인사한다는 사실을 알 수 있었다. 그는 죄고백을 들을 때에도 기존 사회 질서와는 정반대의 순서를 따랐다. 그는 우선 노예들, 다음에는 가난한 자들, 마지막으로 어린아이들의 고해를 들어주었다. 이 세 범주에 속하지 않는 이들은 다른 고해신부를 찾아야 했다.

카르타헤나의 노예들은 그를 적극적으로 지지했다. 교회의 축일에는 일부 노예들이 나환자들과 노예들과 거지들을 위한 잔치를 마련하는 데 협력했다. 또 어떤 노예들은 죽은 노예들의 장례를 담당했다. 어떤 이들은 병자를 방문하고, 굶주린 자와 방금 도착한 자들을 위한 과일을 수집하고, 의복을 깁고 수집하는 등 다른 동료 노예들을 도왔다.

그가 사역하는 동안 카르타헤나의 백인 사회는 노예들에게 헌신하는 이 진지한 예수회 수도사에게 관심을 기울이지 않았다. 그와 관련된 사람들의 대부분이 그의 사역을 중지시키려 했다. 왜냐하면 노예들에게 인간으로서의 권위에 관한 자각을 심어주는 것은 위험한 일이라고 생각했기 때문이었다. 클라베르의 상급자들은 클라베르 신부가 지성과 지혜가 부족한 인물이라는 내용의 보고서를 계속 스페인으로 보냈다.

클라베르는 말년에 몸이 마비되어 수실을 떠날 수도 없게 되었다. 그는 마지막으로 외출하여 부두를 찾았는데, 고통 때문에 눈에 눈물이 가득했다. 동료 예수회 수도사들이 어느 노예에게 그를 돌보게 했는데, 클라베르는 자기 민족이 흑인들에게 가한 악행의 결과를 몸으로 당해야 했다. 이 노예가 그를 잔인하게 다루면서 자기의 배설물 속에 누워 지내게 했으므로 병상의 그는 마치 노예들이 대서양을 건너는 노예선 속에서 당하듯 모든 고통을 경험했다.

그의 임종이 가까웠을 때 그의 수실을 찾아온 카르타헤나 상류층들은 그의 유품에 욕심을 냈다. 이 불쌍한 예수회 수도사의 방에는 십자가조차 남지 않았다. 1654년에 그가 사망했을 때에는 생전에 그를 멸시했던 사람들도 그의 죽음을 애도했다. 200년 이상의 세월이 흐른 후 그의 이름은 가톨릭 성인들의 공식 명단에 올랐다.

4방위의 나라 : 잉카 제국

남아메리카의 서부는 잉카족의 통치 아래 있었다. 스페인인들은 이 지역의 중심부를 "페루"(Peru)라 불렀으나 원래 잉카인들은 자기들의 제국을 "따우안띤수유"(*Tahuantinsuyu*), 즉 "4방위의 나라"라고 불렀다. 이것은 그들의 세력이 모든 방향에 미친다는 것, 그리고 그들의 지배 아래 있지 않은 것은 실질적으로 세상에 속하지 않는다는 것을 의미했다. 확실한 경계선은 알려지지 않고 있으나 이 대제국은 페루, 에콰도르, 볼리비아, 칠레, 그리고 아르헨티나를 포함했으니, 전체 면적이 350,000평방마일에서 440,000평방마일 사이였다.

프란치스코 피사로(Francisco Pizarro)는 행운과 대담함과 배반에 의해 이 방대한 제국을 정복했다. 피사로가 168명의 무장병력으로 그 지역을 정복하려 했을 때 잉카제국은 내란으로 분열 상태에 있었다. "최고 통치자"인 수파 잉카(Supa Inca)가 천연두로 사망한 후 두 아들이 서로 왕위를 차지하기 위해 싸우고 있었다. (흥미롭게도 아메리카 대륙에서 진행된 스페인 정복의 속도와는 달리, 유럽인들에 의해 도입된 천연두는 그보다 훨씬 빠른 속도로 진행되었다.)

1532년 피사로가 마지막 황제라고 주장하는 잉카 아타우알파(Inca Atahualpa)를 생포했다. 카하마르카(Cajamarca) 사건이라고 불리는 이 사건은 정복 시기에 발생한 많은 일을 보여주는 예이다. 피사로는 카하마르카에서 아타우알파와 그의 신하들을 기다리고 있었다. 아타우알파 일행은 호기심 때문에 그들을 만나러 오고 있었다. 수파 잉카가 오고 있다는 것을 알게 된 피사로는 부하들을 도시의 중앙광장 가장자리에 숨겼다. 수천 명의 수행원들을 거느린 아타우알파는 모든 것이 자신의 통제 아래 있다고 확신했기 때문에 폭력이 벌어질 것을 예상하지 못한 채 그곳에 도착했다. 그가 자랑하는 대로 따우안띤수유에서는 새 한마리도 그의 허락 없이 날 수 없었기 때문이다. 피사로는 아타우알파 앞에까지 말을 몰고 달려감으로써 그를 위협하려 했지만 아타우알파는 위축되지 않았다. 피사로는 동행한 사제-이 사제는 정복 사역에 참여한 주요 투자자이기도 했다-에게 리콰리미엔토(*Requerimiento*)를 읽어주라고 명령했다. 이것은 스페인 정복자들(conquistadores)이 자기들이 진행하는 정복을 정당화할 필요를 얼마만큼 느꼈으며 그 일을 하기 위해 얼마나 노력했는지를 보여주는 이상한 문서였다. 그들은 전쟁과 정복과 노예화를 정당화해야 했으므로, 1514년부터 원주민들과 전쟁을 시작하기 전에 세상에서 하나님의 대리인인 교황이 이 지역을 스페인인들에게 하사했다는 사실에 기초를 두고서 원주민들에게 스페인의 통치와 기독교를 받아들이라고 권고하되 그 권고는 통역 없이 스페인어로 리코리이엔토를 읽어줌으로써 이루어져야 한다는 명령이 내렸다. 이 문서를 읽어주었는데 잉카의 왕이 무시했으므로, 피사로는 부하들에게 발포하되 왕을 다치지 않게 하라는 신호를 보냈다. 그로 인해 발생한 두려운 상태에서 수천 명이 죽었고, 아타우알파는 포로가 되었다. 피사로는 방 하나를 가득 채울 만큼의 황금을 몸값으로 주면 왕을 풀어주겠다고 제안했다. 자기 주위에서 벌어지고 있는 엄청난 사건들을 아직도 의식하지 못한 아타우알파는 자신의 몸값을 수집하는 한편, 왕권을 주장하는 자신의 이복형제-그는 아타우알파의 지지자들에게 붙잡혀 있었다-를 죽이라고 명령했다. 피사로는 몸값을 받은 후 아타우알파를 형제살해죄로 재판하여 교수형에 처했다.

내란과 저항은 계속되었다. 인디언들이 사력을 다해 저항하는 동안 스페인인들은 내분에 시달리고 있었다. 스페인 왕 찰스가 총독을 파견했으나, 현지의 정착민들이 그에게 복종하지 않았기 때문에 반란을 진압하기 위해 원군을 불러와야 했다. 인디언들의 저항운동은 1780년까지 계속되었다. 당시 마지막 잉카 왕의 후손이라고 주장한 투팍 아마루(Tupac Amaru)가 원주민의 지지를 얻어 반란을 일으켰으며, 스페인 귀족들에 의해 착취당한다고 생각한 일부 가난한 백인들도 이에 동조했다.

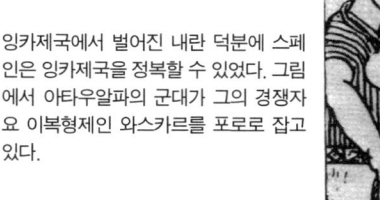
잉카제국에서 벌어진 내란 덕분에 스페인은 잉카제국을 정복할 수 있었다. 그림에서 아타우알파의 군대가 그의 경쟁자요 이복형제인 와스카르를 포로로 잡고 있다.

제10장_ 스페인과 신세계 315

당시 교회의 기능은 신세계의 다른 스페인 영토에서와 마찬가지로 두 가지로 분류할 수 있다. 한 편으로 교회는 정복과 착취를 지원했고, 또 다른 한 편으로 교회의 일부 구성원들은 강력한 저항의 목소리를 발했다. 음모와 속임수에 의해 아타우알파(Atahualpa)를 생포할 때 리콰리미엔토를 읽어주었던 사제는 그 대가로 제국의 수도인 쿠스코(Cuzco)의 주교에 임명되었다. 그런데 다른 많은 지역의 수도사들이 인디언들을 위해 헌신했던 데 반해, 페루의 막대한 부(富)는 이 지역의 수도사들까지 부패시켰던 것처럼 보인다. 이들의 방탕과 탐욕의 소식에 접한 스페인 당국에서는 이 문제를 수사하기 위해 사절을 파견했다. 그런데 그는 페루에 도착하기 전에 원인 미상의 죽음을 당했다. 백인들의 교회와 인디언들을 위한 교회를 분리하자는 결정에 반대하는 사람이 없었다. 일부 인디언 추장들은 세례 받는 자들을 죽였다. 왜냐하면 세례가 침략자들에 대한 복종의 표시로 전락했기 때문이었다. 세례 받은 자들에게 기본적 기독교 신앙을 이해시키는 데는 여러 해가 필요했다. 이러한 경우에도 식민자들로부터 엔코멘데로스(encomenderos)를 받은 사제들은 인디언들을 유순하게 만들어 복종시키기 위해 신앙을 왜곡했다.

1581년 토리비오 데 모그로베호(Toribio de Mogrovejo)가 리마(Lima)의 대주교에 임명되었다. 그의 대주교구는 현재의 니카라과, 파나마, 콜롬비아 일부, 에콰도르, 페루, 볼리비아, 파라과이, 칠레 및 아르헨티나 일부를 포함하는 방대한 것이었다. 당시 트렌트 공의회(Council of Trent)는 종교개혁에 대응하여 몇 가지 개혁 방침을 명령했는데, 모그로베호는 이것의 시행이 필수적이라 확신하고 있었다. 그러나 트렌트 공의회에서 명령한 시책들을 신세계에서 시행하는 것이 쉽지 않았다. 대주교는 교회 개혁을 위한 지방 공의회를 소집했다. 안건 중 하나는 이미 서면으로 충분하게 증거가 제출되어 있었던 쿠스코 주교의 부패 문제였다. 회의가 소집되자 피의자의 친구인 투쿠만(Tucuman)의 주교는 서류들을 대주교에게서 빼앗아 화로 속에 던졌다. 이러한 상황에서도 대주교는 몇 가지 개혁을 시행할 수 있었다. 그는 몇 개의 인디언 언어들로 번역된 요리문답을 작성했는데, 이 요리문답이 그 후 300년 이상 중남미에서 기독교 교육의 가장 중요한 수단으로 사용되었다. 특히 그는 인디언들의 처우 개선을 위해 세속 당국과 충돌했다. 그러나 그는 체제 자체의 근본적 불의에 관하여는 언급하지 않았다. 1726년 사후 120년 만에 그의 이름이 가톨릭교회의 공식 성인 명단에 수록되었다.

페루 교회는 오늘날 성인으로 꼽히는 세 사람을 배출했다. 리마의 성녀 로사(Saint Rosa of Lima, 1586-1617)는 금욕적 신비주의의 길을 걸었으며 황홀경을 경험했다. 성 마르틴 데 포레스(Saint Martin de Porres, 1579-1639)는 도미니크회 수도원에 들어갔으나 흑인과 백인 사이에서 태어난 혼혈아였기 때문에 정식 수도사가 되지 못했다. 그는 여러 해 동안 병자들뿐만 아니라 병든 동물들을 돌보았으며, 가난하고 굶주린 자들이 따 먹을 수 있도록 시골에 과수를 심었다. 마지막으로 성 프란치스코 솔라노(Saint Francisco Solano, 1549-1610)는 조용하고 겸손한 사람이었다. 1604년에 그는 갑자기 종말론적 환상을 보고서 거리를 달려가면서 만약 리마 시민들이 회개하지 않으면 하나님이 제 2의 니느웨처럼 지진으로 심판하실 것이라고 선언했다. 이 새 요나의 예언은 받아들여졌으며, 시민들은 교회로 모여들어 자기의 죄를 고백하고 보속을 행했다.

그러나 이 시대의 가장 뛰어난 인물은 도미니크회 수도사인 길 곤잘레스 드 산 니콜라스(Gil Gonzalez de San Nicolas)일 것이다. 그는 칠레의 인디언 사회에서 선교 활동을 하면서 인디언들에 대한 전쟁이 의롭지 못하다는 결론을 얻었다. 해를 끼치지 않고 평화롭게 살고 있는 이들을 단지 재산과 토지를 빼앗기 위해 공격하는 것은 용서받을 수 없는 죄이므로, 이러한 전쟁 및 약탈 행위에 가담한 자들에게는 고행을 통한 보속의 기회를 주지 말아야 한다는 것이었다. 이러한 그의 설교는 도미니크회 수도사들과 프란치스코회 수도사들의 공감을 얻었다. 그리하여 이들은 이러한 전쟁에 참가하거나 그로부터 이익을 받는 자들에게는 사죄를 베풀지 않았다. 따라서 그들은 성찬에 참여할 수 없었다.

세속과 교회 당국은 합심하여 이 설교가를 침묵시킬 방법을 찾았다. 마침내 이들은 그를 이단의 죄목으로 정죄했다. 왜냐하면 그가 당시 행해지고 있는 죄 때문에 후대의 스페인인들이 징벌을 받을 것이라고 가르쳤으므로, 이는 원죄뿐만 아니라 현재의 인간들이 짓는 죄까지도 후세에 전해진다고 주장하는 것에 해당한다는 이유였다. 이를 이유로 그는 설교권을 박탈당했고, 그를 지지했던 사람들은 공식적으로 철회해야 했다.

라 플라타

스페인에 의해 마지막으로 정복된 지역은 현재의 아르헨티나, 우루과이, 그리고 파라과이이다. 스페인은 몇 차례의 시도 끝에 1537년 파라과이의 아순시온(Asuncion)에 성채를 건설했다. 그들이 외부와 단절되어 있었을 뿐만 아니라 인디언들의 도움 없이 물자를 조달할 수 없음을 잘 알고 있었으므로 인디언들에 대한 대우는 관대했다. 프란치스코회 선교사들은 자기들이 세운 작은 마을에 모여든 많은 인디언들에게 유럽식 농경법과 기본적 기독교 신앙을 전수했다. 이 선교사들 중 한 사람은 성 토리비오의 요리문답을 이 지역 원주민들의 언어인 구아라니(Guarani)어로 번역했다.

이 방법을 가장 성공적으로 적용한 것은 예수회 수도사들이었다. 스페인 제국의 다른 지역들, 특히 멕시코 북부 지방에서 선교사들은 자기들의 감독 아래 인디언들이 거주할 수 있는 마을들을 세웠다. 그러나 인근의 스페인 정착민들이 선교사들의 사역을 방해하거나 이를 파괴하는 일이 비일비재했다. 따라서 예수회 수도사들은 프란치스코회 수도사들이 했던 것처럼 아순시온 근처에 인디언들을 위한 마을을 건설하기보다는 가능한 한 유럽인들의 영향권 밖으로 진출했다. 아순시온에서 성장했으므로 구아라니어를 능통하게 구사한 로키 곤잘레스(Roque Gonzalez)가 이 사역을 뒷받침한 장본인이었다. 그는 인디언들의 언어와 풍습에 능숙하여 이들의 적개심을 해소시킬 수 있었으므로, 스페인인들에 의한 강제가 아니라 주민들이 자발적으로 모여드는 형태의 마을들을 세울 수 있었다.

이러한 마을들은 실질적으로 소규모 신정정체(神政政體)를 채용하고 있었다. 인디언들은 자기들의 지도자들을 선출했으나 선교사들의 궁극적 권위 아래 있었으며, 선교사들의 명령과 지시는 종교 및 도덕 분야뿐 아니라 공동체의 모든 문제에서 최종적 권위를 지녔다. 이 예수회 포교소는 인디언들을 보호하고 새 곡식과 동물 사육을 소개하는 데 힘을 기울였으며, 또 모든 일을 선교사들의 지도에 의존하게 하면서 온정주의를 실천했다.

이러한 마을들의 기본 구조는 거의 동일했다. 중앙의 넓은 광장에서 각종 집회와 축제와 행진 등이 거행되었다. 정면에는 선교사들의 숙사가 딸린 교회가 위치했다. 가족들을 위한 집단 주택들이 건설되었고, 과부와 고아들을 위한 별도의 건물들이 세워졌다. 커다란 창고에는 식량, 종자 등 공동 재산이 저장되었다. 철공소와 목공소 건물들도 있었다.

주민들은 개인적으로 작은 정원을 소유할 수 있었으나, 대부분의 재산은 공동소유였다. 여기에는 토지뿐만 아니라 가축, 각종 연장, 종자 등이 포함된다. 주민들은 의무적으로 공동소유의 전답에서 일정 시간을 노동해야 했으나, 개인 시간에는 자유로이 가족 소유의 정원에서 일하거나 각자의 특별한 기술을 개발할 수 있었다. 일부 마을의 기술자들은 우수한 품질의 오르간을 생산했다.

그러나 어려움이 따랐다. 이러한 마을들 근처에는 다른 인디언들이 거주하고 있었는데, 이들은 주민들을 유혹하여 마을을 떠나게 하거나 반란을 일으키게 했다. 이러한 반란의 와중에 이러한 형태의 사역의 설립자인 로케 곤잘레스가 살해되었다. 그는 1934년에 성인으로 시성되었다. 이 선교사들의 최대의 적은 스페인인과 포르투갈인 등 백인들이었다. 브라질에 정착한 후자들은 예수회의 선교가 스페인의 침략의 선봉이 될 것을 두려워했다. 그러나 이들이 예수회 선교사들을 증오한 가장 큰 이유는 그들이 포르투갈인들의 노예 소유를 반대했기 때문이었다. 스페인 출신의 정착민들도 비슷한 이유로 예수회 선교사들의 사역에 반대했다. 이들이 볼 때 예수회 선교사들만 아니면 모든 인디언들이 엔코미엔다의 체제 아래 스페인인들을 위해 노동력을 제공하게 될 것이었다.

1628년 쌍 파울로(Sao Paulo) 출신 포르투갈인들이 예수회 포교소들을 공격하기 시작했다. 이들은 마을들을 파괴하고 주민들을 사로잡아 노예로 팔아 넘겼다. 예수회 선교사들이 주민들의 뒤를 따라갔다가 노예상들에 의해 쫓겨난 일도 있었다. 선교사들은 마을을 브라질로부터 더 멀리 이동했지만 노예상들은 끈질기게 추격했다.

상황이 이러했으므로 예수회 선교사들은 인디언들을 무장시키기로 결정했다. 이들은 철공소에서 무기를 생산하고 어느 예수회 선교사의 지휘 아래 상비군을 조직했다. 교황 우르반 8세는 인디언 사냥을 위해 예수회 영역에 침입한 자들을 파문했으며, 국왕 필립 4세는 인디언들은 자유민이므로 노예로 삼을 수 없다고 선언했다. 그러나 포르투갈 노예상들은 스페인 정착민들의 도움을 받아 집요하게 인디언들을 추격했다. 1641년 격렬한 전투 끝에 인디언들과 예수회 선교사들이 침략자들을 패배시켰다. 예수회 선교사들이 불법으로 인디언들을 무장시킨다는 고소가 되풀이되었으나, 로마(Roma)와 마드리드(Madrid)에서는 예수회 선교사들이 정당방위를 위해 스스로와 신자들을 무장시킬 권리가 있다고 선

이 그림의 파라과이 유적지가 보여주듯이, 예수회 포교소는 사실상 도시였다.

포했다. 이러한 상황에서 포교 활동은 번성했으며, 1731년에는 이들의 포교를 위한 마을에 14만 명의 인디언들이 거주했다.

그러나 예수회 선교사들에 대한 반대와 모략은 그치지 않았다. 이번에는 선교사들이 왕실의 황금들을 숨기고 있다는 소문이 퍼졌다. 몇 차례의 수사 끝에 이는 허위임이 드러났다. 그 후에는 예수회 선교사들이 독립된 공화국을 세울 음모를 꾸미고 있을 뿐만 아니라 "파라과이 국왕 니콜라스 1세"(King Nicholas I of Paraguay)를 옹립했다는 소문이 퍼졌다. 당시 유럽에서도 예수회 선교사들에 대해 비슷한 소문이 돌았을 뿐만 아니라, 스페인을 비롯하여 일부 유럽 국가를 다스린 부르봉 왕가가 예수회 반대 정책을 추진하고 있었으므로(이것은 예수회가 합스부르크가를 지원했기 때문이기도 하다), 1767년 국왕은 예수회 선교사들에게 스페인 식민지에서 떠날 것을 명령했다. 명령을 받은 스페인 총독은 반란을 우려했지만, 예수회 선교사들은 인디언들에게 새로운 상황을 받아들이라고 권면하고 평화로이 이곳을 떠났다.

원래의 계획대로 하면 프란치스코회 수도사들과 도미니크회 수도사들이 예수회 수도사들을 대체해야 했다. 그러나 스페인 제국 전역에 무수한 공석(公席)이 있었으므로 이를 채우기에는 도미니크회와 프란치스코회의 수도사들이 부족했다. 지도자를 상실한 많은 포교소들이 사라졌다. 세속 당국은 이 상황을 악용하여 인디언들을 착취했으며, 새로운 선교사들이 이를 방지하기 위한 조처를 취하지 않았으므로 인디언들은 그들을 불신하기 시작했다. 곧 포르투갈인들이 이 지역에 침투하여 노예 사냥을 시작했다. 일부 스페인인들도 그 뒤를 따랐다. 1813년에는 포교소들이 이전의 3분의 1밖에 남지 않았으며, 이러한 감소 현상은 계속되었다. 기독교가 인디언들을 억압하고 착취하는 수단으로 사용된 시대의 특이한 예외라 할 수 있었던 파라과이에서의 선교 활동도 인간의 끝없는 탐욕의 압박을 견뎌낼 수 없었다.

제11장
포르투갈의 진출

> 만약 인디언들에게 영성생활이 있어서 그들의 창조주를 인정하고 폐하에 대한 충성과 기독교 신자들에 대한 순종을 맹세한다면…사람들은 정당한 전쟁 속에서 생포한 자들을 합법적 노예로 부리고, 선교를 위해 인디언들을 사용할 수 있을 것입니다.
> – 마노엘 다 노브레가 –

아프리카

포르투갈은 카스티야보다 훨씬 앞선 13세기에 무어인들을 몰아내고 영토를 회복했다. 그런데 이 지역은 카스티야에 둘러싸여 있었으므로 외부로 진출할 수 있는 유일한 통로는 바다였다. 15세기 전반기에 항해왕 헨리(Prince Henry the Navigator)는 아프리카 서부 해안의 탐험을 장려했다. 그의 지원을 받은 포르투갈 선원들은 14차례의 시도 후에 케이프 보자도르(Cape Bojador)를 통과하여 시에라 레온(Sierra Leone)에 도착했다. 이 탐험에는 몇 가지 목적이 있었다. 그 중 하나는 유럽과 극동 사이의 직통 육로를 장악하고 있는 무슬림들을 피하여 아프리카를 통과하거나 해로로 아프리카를 돌아 동양에 도달하고자 하는 희망이었다. 또 에티오피아의 존재에 관한 막연한 소문이 유럽에 퍼졌으므로, 기독교인들은 이 기독교 왕국을 발견하고 동맹을 맺어 무슬림들을 동시에 양면에서 협공하려 했다. 또 아프리카 탐험과 식민지화에 있어서 노예교역이 중요한 요인으로 등장했다.

1487년 최초의 포르투갈 탐험대가 희망봉을 통과했다. 10년 후 바스코 다 가마(Vasco da Gama)가 아프리카 동해안을 따라 항해하여 인도양을 건넌 후 유럽으로 귀환함으로써 무슬림들을 피하여 인도와 직접 교역하는 것이 가능함을 증명했다.

이처럼 초기 탐험들이 이루어지는 동안, 포르투갈인들은 아프리카 해안에서 각종 동맹을 맺고 식민지를 건설하는 데 분주했다. 1483년 콩고 강 입구에 도착한 탐험대는 이 지역과 내륙의 방대한 영토를 다스리는 통치자 은징가 아 은쿠우(Nzinga-a-Nkuwu)가 "마니콩고"(mani congo)라는 칭호를 사용함을 알았다. 포르투갈인들은 콩고 강을 거슬러 올라가 에티오피아에 도달하고자 했으므로 마니콩고의 백성들을 깍듯이 대접했다. 네 명의 포르투갈인들이 그곳에 남고, 대신 네 명의 아프리카인들이 손님으로 리스본 궁정에 초청되었다. 이들이 돌아온 후 뛰어난 유럽 문명과 리스본에서의 융숭한 대접을 증언했으므로, 마니콩고는 포르투갈과 동맹을 맺기로 결정했다. 그 대신 포르투갈 정부는 선교사들과 기능공들을 파견했다. 은징가 아 은쿠우는 한 달 종안 기독교 복음과 설교를 들은 후 세례를 받고 당시 포르투갈 왕의 이름을 따서 주앙(Joao)이라는 세례명을 받았다.(왕의 아들도 세례를 받고 아퐁소 1세[Afonso I Mvemba a Nsingal가 되었다.) 후일 포르투갈 군대의 원조를 통해 인근 지역을 평정한 주앙 1세(Joao I Nzinga a Nkuwu)는 자신이 올바른 선택을 했다고 확신했다.

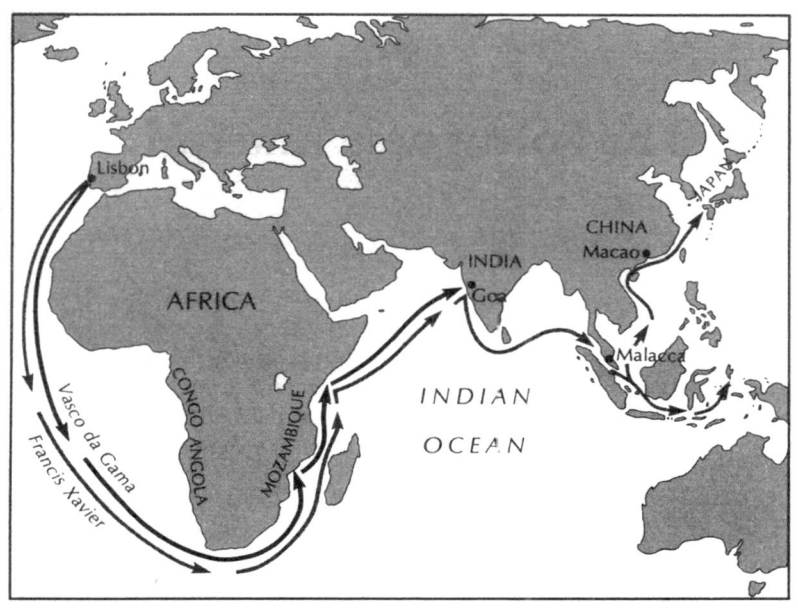

포르투갈의 동양과 아프리카 원정

차기 마니콩고인 아퐁소(Afonso)는 포르투갈인들과 선교사들에게 더욱 우호적이었다. 1520년 오랜 협상 끝에 교황 레오 10세는 아퐁소의 동생 엔히크(Henrique)를 콩고 주교에 임명했다. 그러나 많은 유럽인 성직자들은 그의 지시에 귀를 기울이지 않았다. 그는 1530년에 사망했으며, 그로부터 2년 후 콩고 교회는 인근의 상투메(Sao Tome) 섬에 주재한 포르투갈 주교의 관할 아래 놓였다. 처음에는 우호적으로 시작되었던 양국 간의 관계가 끊임없는 갈등과 대결로 변했다. 포르투갈인들의 존재와 영향력에 반발한 많은 콩고인들 때문에 아퐁소의 사후에 내란이 발생했다. 포르투갈은 군대를 파병했고, 1572년 마니콩고 알바로(Alvaro)는 포르투갈의 속국임을 선언했다. 이때 이미 양자 간의 불신과 적개심이 이전의 우호 관계를 대체하고 있었다.

콩고 남쪽에는 "은골라"(Ngola)가 다스리는 지역이 있었다. 이 지역-현재의 앙골라(Angola)-은 처음부터 노예 공급처로 간주되었다. 콩고에서는 마니콩고가 노예매매를 통솔했다. 앙골라에서는 포르투갈 상인들이 무력을 사용하여 더 많은 이권을 차지할 수 있었다. 결국 이 해안 지방은 포르투갈의 식민지가 되었다. 포르투갈은 주로 노예들을 공급할 목적으로 방대한 내륙 지방을 자기의 영토로 선포했으며, 노예 상인들은 아프리카인들을 해안으로 실어 날랐다. 이곳에도 교회가 설립되었으나 주로 포르투갈인들을 위한 것이었으며, 해안 지방에 거주한 소수의 아프리카인들만이 그 통치 하에 있었다. 포르투갈 당국이 볼 때 앙골라 교회가 별로 중요치 않았으므로 저질의 성직자들을 배정했다.

아프리카 동부 해안에 대한 포르투갈의 정복은 한층 더 폭력적이었다. 모잠비크(Mozambique)에 도착하여 그곳 주민들이 무슬림 신자들임을 발견한 바스코 다가마는 이 도시를 포격했다. 그는 몸바사(Mombasa)에서도 같은 짓을 자행했다. 그는 그 후 모잠비크와 몸바사의 적국이었던 말린디(Malindi)와 동맹을 맺었다. 1505년 포르투갈은 인도를 향해 23척의 선박으로 구성된 함대를 파견했는데, 이 함대에게는 동아프리카에 포르투갈의 통치권을 확보하라는 명령이 내려졌다. 이들은 5년 만에 전체 해안 지방을 포르투갈의 지배 아래 둘 수 있었다. 1528년 몸바사에 반란의 조짐이 보이자 포르투갈인들은 다시 이곳을 포격했다.

모잠비크에 최초의 포르투갈 사제들이 도착한 것은 1506년이었다. 이들의 주된 임무는 아프리카인들을 개종시키는 것이 아니라 포르투갈 경비대원들을 대상으로 한 목회였다. 1534년 인도의 고아(Goa) 지방에 주교좌가 설치되면서 아프리카 동부 해안 전체가 이곳에 귀속되었다.

대부분의 포르투갈 사제들은 군대들의 보호 아래 해안 지방에 남아 있었으나, 일단의 예수회 수도사들과 도미니크회 선교사들은 내륙으로 들어갔다. 이들 중 가장 유명한 인물은 예수회 출신의 곤살로 데 실베이라(Gonzalo de Silveira)로서 짐바브웨에 도착하여 국왕을 개종시키고 세례를 베풀었다. 선교사의 성공을 통하여 포르투갈 상인들이 몰려올 것을 두려워한 일부 아프리카인 상인들이 곤살로를 스파이요 마술사라고 왕에게 모함했다. 곤살로는 왕이 자기를 죽이려 한다는 것을 알면서도 도망하지 않고 남아 있다가 밤에 목 졸려 죽었다. 그 후 50년 동안 많은 선교사들이 목숨을 바쳤는데, 이들은 많은 아프리카인들의 존경을 받게 되었다. 이러한 순교자들이 있었음에도 불구하고 대부분의 성직자들은 아프리카인들에게 거의 관심을 갖지 않았다. 이는 포르투갈 정부의 태도를 반영하는 것인지도 모른다. 왜냐하면 포르투갈은 이제 극동에 눈을 돌려 아프리카 식민지에 거의 관심을 갖지 않았기 때문이었다.

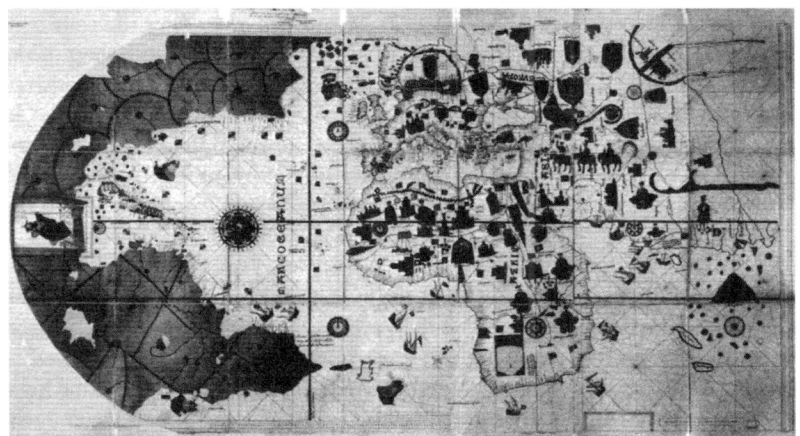

이 지도에서 보듯이 포르투갈은 아프리카를 거쳐 동방으로 항해했다.

해 돋는 곳을 향하여

콜럼버스가 신대륙을 발견한 직후 교황은 전체 비기독교 세계를 스페인과 포르투갈에게 분배해 주었다. 포르투갈은 아프리카뿐만 아니라 동양 전체를 분배받았다. 아프리카 탐험은 동양으로 진출하기 위한 중간 단계에 지나지 않았다. 바스코 다 가마의 탐험을 통하여 포르투갈인들은 인도, 일본 그리고 중국 등 동양의 면적이 방대하고 인구가 많아서 포르투갈의 힘으로는 정복할 수 없음을 깨달았다. 비단과 향료 등 동양의 상품들이 유럽 시장에서 고가로 매매되었으므로, 포르투갈은 정복보다는 교역 정책을 택했다.

동방과의 교역을 통해 수익을 올리기 위해서는 교역을 장악해야 했다. 이러한 이유 때문에 포르투갈 상선들에게 필요한 물자를 공급했고 동시에 해로를 보호하기 위한 해군 기지들이 설치되었다. 아프리카의 동서 해안을 확보한 포르투갈인들은 소코트라(Socotra) 섬 및 그 일대를 점령함으로써 홍해(Red Sea)를 봉쇄했다. 인도에서는 고아(Goa)를 탈취하여 요새화했다. 또 실론(Ceylon)에 기지를 확보하여 인도 남쪽 해안의 해운을 장악했다. 보다 동쪽으로는 말라카(Malacca)를 점령하여 유럽인들이 중국으로 통하는 길을 막았다. 마지막으로 마카오(Macao)를 통하여 거대한 중국 내륙과의 교역을 통솔했다. 그들은 이 대부분의 장소들을 무력으로 점령했다. 마카오의 경우에는 당국이 포르투갈과 교역하기를 원했으므로 평화적인 정착이 허락되었다. 그러나 원래 무력을 통해 점령한 지역에서도 포르투갈인들은 정복이 아닌 교역을 목적으로 했으므로 가능한 한 교역에 방해되는 분쟁을 피했다.

당시 창설된 지 얼마 안 된 예수회의 열심에 관한 소문을 들은 포르투갈의 왕 주앙 3세(Joao III)는 동방 식민지에 여섯 명의 예수회 수도사를 파송해 달라고 요청했다. 그러나 예수회의 창설자인 로욜라는 겨우 두 명을 보낼 수 있었다. 그들 중 하나인 프란시스 사비에르(Francis Xavier)는 명령을 받은 즉시 리스본(Lisbon)을 향해 떠났다. 그런데 이곳에서 예수회 수도사들의 모습에 감명을 받은 왕이 이들 중 한 사람을 포르투갈에 남겨달라고 강력히 요구했으므로, 결국 프란시스 사비에르 혼자 동양을 향해 떠났다.

사비에르는 1년 이상의 항해 끝에 1542년 5월 동방의 포르투갈 중심 기지인 고아(Goa)에 도착했다. 그는 현지 포르투갈인들의 방탕한 생활에 큰 충격을 받았으나, 곧 그의 설교와 권면이 소용이 없음을 깨달았다. 그는 후에 그의 특징처럼 된 방법을 고안해냈다. 그는 종을 치며 길거리를 돌아다니면서 어린아이들을 교회로 쿨러 모은 후에 요리문답과 도덕적 교훈을 가르쳤다. 그 후에 어린이들로 하여금 집으로 돌아가 자기들이 배운 것을 부모님께 전하도록 했다. 이 방법을 통해 사비에르는 어른들의 존경을 받게 되었으므로, 결국 많은 이들이 그의 설교를 들으러 모여들었다. 이어서 마치 사보나롤라 시대의 플로렌스를 연상시키는 대대적인 회개운동이 일어났다.

그러나 사비에르는 포르투갈인들에게 복음을 전하기 위해서 인도에 간 것이 아니었다. 그가 고아에 머문 것은 그리스도의 이름을 들어 보지 못한 원주민들에게 복음을 전하기 위한 준비 작업에 불과했다. 따라서 사비에르는 5개월 후에 고아를 떠나 근처의 피셔리 해안(Fishery coast)으로 향했다. 이곳에는 특히 진주 조개잡이를 하는 어부들이 많이 모여 있었으므로 이러한 이름으로 불렸다. 이 지역에는 포르투갈 상인들의 왕래가 빈번했으며, 많은 인디언들은 단지 기독교가 강력한 포르투갈인들의 종교라는 이유 때문에 이를 받아들였다. 사비에르는 현지 언어에 능통한 두 사람의 젊은 성직자들을 대동하고 이곳으로 가서 한동안 설교와 교육에 전념했다. 인근 부락에서 초청하면 이에 응하여 복음을 전했다. 그러나 이러한 요청에 일일이 응할 수 없었으므로, 사비에르는 일부 신자들을 훈련시켜 설교와 세례식을 담당하게 했다.

사비에르가 얻은 개종자들의 대부분은 인도의 다른 지역에서와 마찬가지로 가장 낮은 카스트(caste)에 속해 있었다. 카스트 제도는 인도 사회 속에 깊이 자리 잡고 있었으므로 이를 극복할 방법이 없었다. 서로 다른 카스트 출신의 사람들은 함께 식사하는 것조차 허락되지 않았다. 그런데 기독교 신자들은 함께 성찬에 참여했으므로, 하층 출신들은 기독교인이 되는 것은 곧 포르투갈인들과 동일한 카스트에 속하게 되는 것이라 믿었다. 따라서 많은 개종자들에게 있어서 회심과 세례가 사회적 해방 차원에서의 의미를 가지고 있었다. 그러나 동일한 이유 때문에 고위 카스트 출신들은 자기들이 볼 때 사회 질서를 문란케 하는 것으로 비친 기독교 복음의 전파를 반대했다. 그리하여 많은 지역에서 마치 초대 교회를 연상케 하는 순교자들이 속출했다. 사비에르도 여러 번 습격을 받았으며, 화살에 맞은 적도 있다. 한동안 그는 신자들을 보호하기 위해 포르투갈의 무력에 의존할 생각을 했다. 그러나 포르투갈 당국은 무력 사용에 반대했다. 이는 인도적 이유 때문이 아니라 무력을 사용할 경우 교역에 지장이 있다는 생각 때문이었다.

1546년 사비에르는 인도 사역을 다른 이들에게 맡기고, 보다 먼 나라들을 향해 떠났다. 여행 중에 만난 세 명의 일본인이 그를 초청했다. 사

일본에 도착한 포르투갈 상인들이 일본 관리들 및 일본 주재 프란치스코회 수도사들의 영접을 받고 있다.

비에르는 고아에 한동안 체재한 후, 1549년에 세 명의 일본인 개종자들과 두 명의 예수회 회원과 함께 일본을 향해 떠났다. 그는 이곳에서 환영을 받았고 개종자들이 많았기 때문에, 앞으로 눈부시게 성장할 교회의 기초를 놓았다고 생각했다. 그러나 얼마 후에 자기가 죽을 것이며 곧 대박해가 발생하여 새로 시작된 교회가 거의 사라질 것을 예측하지 못했다.(실제로 그 교회는 완전히 소멸된 듯했다. 그로부터 300년 후 프로테스탄트 선교사들은 나가사키와 그 일대에서 약 10만 명의 기독교 신자들을 발견했다.)

말라카로 돌아간 사비에르에게는, 예수회에서 희망봉 동편의 모든 지역들을 포함하는 선교지구를 설정했으며 자신이 그 책임자에 임명되었다는 소식이 기다리고 있었다. 이 새로운 행정적 책임 때문에 그는 고아로 돌아갈 수밖에 없었으며, 이 때문에 중국에서 복음을 전하려던 그의 꿈은 지연되었다.

1552년 그는 드디어 중국을 향해 떠났다. 그는 고아를 떠나기 직전 포르투갈 왕에게 다음과 같이 편지했다: "하나님이 우리에게 이러한 생각을 주셨음을 믿기 때문에 무한한 용기를 가질 수 있습니다.…또 하나님의 위력이 결국 왕의 그것에 비해 월등하다는 것은 의심할 필요조차 없습니다." 이러한 확신에도 불구하고 사비에르는 중국에 들어갈 수 없었다. 당시 중국 정부는 외국 세력을 혐오했기 때문이었다. 그는 중국 변방의 한 섬에서 사망했다. 그는 원래 거대한 중국을 교화하기 위한 발판으로서 이 섬에 정착했었다.

사비에르와 동료 선교사들은 유럽 문화와 기독교 신앙을 명백하게 구별하지 않았다. 이 때문에 세례를 받은 개종자들에게는 "기독교"식 이름, 즉 포르투갈식 이름들이 주어졌으며, 서구식 의복을 입을 것이 권장되었다. 실제로 많은 개종자들은 자기들이 세례를 받을 때 포르투갈 왕의 신민이 된다고 믿었다. 비슷한 이유들 때문에 이 선교사들이 방문한 여러 나라들의 지식인들과 권력자들은 기독교를 전통 문화와 기존 사회질서를 파괴하는 외세(外勢)로 간주했다.

그런데 포르투갈의 보호 아래 있었으나 이탈리아 출신인 젊은 세대의 예수회 수도사들은 기독교가 포르투갈 정부 및 문화와 동일시되는 데 대해 의문을 던졌다. 그리하여 그들은 복음의 교훈과 설교를 전통적 동양문화에 적응시킬 수 있는 길을 추구했다. 이 젊은 세대 중에 가장 유명한 인물이 로베르토 디 노빌리(Roberto di Nobili)와 마테오 리치(Matteo Ricci)이다. 디 노빌리는 최초의 인도 선교사요, 마테오 리치는 최초의 중국선교사였다.

디 노빌리는 피셔리 해안에서 선교 사역을 시작했다. 그는 이곳에서 낮은 카스트에 속한 많은 사람들이 비천한 신분에서 벗어나기 위한 수단으로 기독교에 귀의하고 있으며, 고위 카스트에 속한 사람들은 자기들의 눈에 사회의 찌꺼기로 보이는 자들과 관련된 메시지를 들으려 하지 않음을 발견했다. 이 때문에 노빌리는 다른 지역으로 전임되었을 때에 이제까지와는 다른 방법을 사용하기로 했다. 그는 자기가 고국에서는 귀족 출신이었음을 주장하면서 브라만(Brahman)처럼 의복을 입고 "교사"(teacher)라는 칭호를 사용했다. 그는 또한 힌두교도들처럼 채식을 하고 산스크리트어를 배웠다. 이러한 방법을 통해 그는 고위 카스트 사람들의 존경을 받게 되었다. 이들 중 몇 명이 회심하자 이들만을 위한 교회를 따로 세우고 하위 카스트 사람들의 출입을 금했다.

노빌리는 카스트 제도가 악한 것이지만 문화적 범주에 속하는 것으로서 종교적 문제가 아니라는 이유로 이러한 행동들을 정당화했다. 힌두교인들의 문화를 존중해야 하며 카스트 제도가 정한 범주들조차 복음을 전하는 데 필요하다고 했다. 이러한 작업이 수행된다면, 하위 카스트사람들이 고위 카스트 사람들을 본받을 것이므로 그들을 모두 개종시킬 수 있다는 것이었다. 이 이론은 정의와 사랑이 복음의 본질적인 부분이므로 이를 부인하는 것은 진정한 기독교를 전파하는 것이 아니라는 점을 지적한 이들로부터 심한 반발을 받았다. 결국 노빌리의 극단적인 입장들은 부인되었다. 그러나 인도에서는 동일 지역 내에서도 서로 다른 카스트에 속한 사람들을 위한 별개의 교회들이 그 후 오랜 기간 존속했다.

마테오 리치는 중국에서 노빌리와 유사하지만 그처럼 극단적이 아닌 정책을 좇았다. 해외 교역을 위해 허용된 마카오를 제외하고는 중국 전체가 외부로부터 고립되어 있었다. 사비에르가 죽고 나서 얼마 후 중국을 방문하려 했던 스페인 출신의 필리핀 선교사는 "병사들의 보호 여부를 막론하고 중국에 들어가려는 것은 달에 가려는 것과 같다"고 선언했다. 이러한 어려움들에도 불구하고 예수회 선교사들은 사비에르의 꿈을 버리지 못했다. 중국이 고도의 문명을 자랑하는 나라로서 다른 세계를 야만인으로 간주한다는 사실을 깨달은 예수회 선교사들은 이 거대한 나라에 영향을 미칠 수 있는 유일한 길은 그 나라의 언어와 문화를 배우는 것이라는 결론에 도달했다. 이를 목적으로 예수회 선교사들이 중국의 국경 지방에 정착하여 이러한 학문에 몰두했다. 서서히 인근에 거주하는 일부 중국인 지식인들은 이 유럽인들이 이전에 중국을 찾았던 많은 모험가들과는 달리 존경할 가치가 있다고 생각하게 되었다. 오랜 협상 끝에 예수회 선교사들은 이 지방의 수도인 톈진(天津)에 거주할 허락을 받았다. 그러나 다른 곳으로 여행하는 것은 허락되지 않았다.

톈진에 정착한 사람들 중에 마테오 리치가 있었다. 그는 중국어와 문화에 능통했을 뿐만 아니라 지리학자요 천문학자요 수학자요 시계 장인이기도 했다. 특히 중국인들 사이에서 우정이 중요한 덕목임을 깨달은 그는 중국인들의 지혜와 서양 철학의 자료들을 한데 섞어 이에 관한 논문을 집필했다. 곧 사람들은 "서양에서 온 현자(賢者)"에 관해 말하기 시작했으며, 학자들도 그를 방문하여 천문학, 철학, 그리고 종교에 관해 담론했다. 그는 중국인들에게 알려지지 않은 거대한 지역을 포함한 세계지도를 작성했는데, 이것은 곧 북경 왕실의 주의를 끌게 되었다. 또한 복잡한 수학적 원리들을 사용한 천체의 운행에 관한 그의 설명은 더욱 큰 존경심을 자아냈다. 그리하여 그는 1601년에 북경의 황궁으로 초청되었으며, 이곳에서 대규모의 천문대를 건설하고 1615년에 사망하기까

중국 옷을 입은 마테오 리치

지 거주했다.

리치는 개종자들의 수에는 관심을 기울이지 않은 채 중국 사회 깊숙이 침투해 들어가려는 전략을 세웠다. 만약 그는 자신이 종교적으로 큰 소요를 일으킬 경우 자신 및 동료 선교사들이 중국에서 추방되고 자기들의 사역이 수포로 돌아갈까 두려워했다. 따라서 그는 성당이나 포교소를 짓지 않았으며 많은 군중에게 설교하지 않았다. 그는 자기 집에서, 시계 제작과 천문학과 종교에 대해 논하기 위해 모인 소수의 친구들과 추종자들 속에서 개종자를 얻었다. 그가 사망했을 때 핵심적 신자들이 존재했는데, 이들은 모두 중국 사회에서 최고의 지식인들이었다. 세월이 흐름에 따라 이들이 또 다른 사람들을 개종시킴으로써 신자들이 크게 증가했다. 이들을 이끈 예수회 선교사들의 공식 명칭은 여전히 황궁 직속 천문학자들이었다.

노빌리의 경우처럼 리치의 방법도 다른 가톨릭 신자들의 반대를 받았다. 그런데 이 경우의 문제는 카스트 제도가 아니라 조상숭배와 유교였다. 예수회 선교사들은 유교가 진정한 의미에서 종교가 아니며, 공자의 가르침 안에 복음의 접촉점으로 사용될 수 있는 요소들이 있음을 주장했다. 또한 조상숭배가 진정한 의미의 예배가 아니라 조상에 대한 존경심을 표현하는 사회적 관습에 불과하다고 설명했다. 그러나 주로 도미니크회 수도사들과 프란치스코회 수도사들로 이루어진 반대파에서는 조상숭배가 실제로 우상숭배라고 주장했다. 또 다른 문제는 기독교의 하나님을 가리키는 데 어떤 중국어 단어를 사용할 것인가 하는 것이었다. 그런데 이 문제가 로마에 전해졌으며 교황이 이를 결정할 것이라는 사실을 알게 된 중국 황제는 중국어를 전혀 모르는 야만인이 중국인들에게 중국어를 가르치려 한다는 생각에 크게 노했다.

중국에서의 복음의 적응 문제가 주로 문화에 관한 것이었는 데 반해, 인도에서는 인간의 불의와 억압에 대한 심판이 없는 설교가 과연 복음일 수 있는가 하는 것이었다. 즉 카스트 제도를 인정하는 기독교 신앙이 진정 기독교일 수 있는가 하는 문제였다. 이 문제 및 이와 유사한 또 다른 문제들이 그 후 기독교 역사에 중요한 과제로 남는다.

브라질

　콜럼버스가 항해 소식을 가지고 유럽으로 돌아왔을 때, 포르투갈은 이미 아프리카 해안에서 동방으로 가는 새 항로를 찾고 있었다. 교황은 갈등을 피하기 위해 경계선을 설정하여 서쪽에서의 탐험과 식민지 활동의 권한은 스페인에게 주고 동쪽에서의 권한은 포르투갈에게 주었다. 아프리카 해안을 따라 남쪽으로 항해하려는 포르투갈 선원들은 종종 우세풍 때문에 서쪽으로 우회하곤 했다. 당시 아무도 남아메리카 동단이 이 경계선을 가로지를 줄 몰랐다. 1500년에 역풍을 피하기 위해 아프리카 해안을 돌아 동양을 향했던 포르투갈의 소함대가 오늘날의 브라질을 우연히 발견했다. 함대는 이곳을 탐사한 후 계속 동양을 향해 항해했으며, 그 중 선박 한 척이 리스본으로 돌아와 당시 이들이 대서양의 한복판에 있다고 생각했던 새로운 땅의 발견 소식을 알렸다. 포르투갈 당국은 여러 차례의 예비 탐사 후 이곳에서 생산되는 것 중 가치 있는 것은 물감을 만드는 데 사용될 수 있는 브라질나무(brazilwood)밖에 없다고 판단했다. 당시 포르투갈의 국왕 마노엘(Manoel)은 포르투갈 상인들에게 브라질나무의 독점권을 주었고, 이 상인들은 해안 지방을 따라 교역소들을 설치했다. 이들은 이곳에서 인디언들이 잘라 운반해 오는 브라질나무와 칼, 가위, 바늘 등을 교환했다. 브라질나무가 희귀해지자 포르투갈인들은 이곳에서 쉽게 경작할 수 있는 사탕수수에 착안했다. 당시 유럽에서는 설탕이 비싸게 거래되었으므로, 이를 통해 막대한 이익을 남길 수 있었다. 국왕은 총애하는 15명의 군신들에게 독점 경작권을 하사했다. 왕은 이들은 각각 200킬로미터에 달하는 해안 지방을 하사했는데, 그 경계가 스페인의 영토에 접하고 있었다. 이 군신들 중 10명이 이곳에 정착했으나, 8명은 농사에 실패했다. 그중에서 성공을 거둔 두 사람이 영구적인 브라질의 식민지화를 개시하게 되었다.

사탕수수를 재배하고 가공하는 작업은 막대한 양의 값싼 노동력을 요구했으므로, 포르투갈인들은 인디언들을 노예화하기 시작했다. 이론상으로는 이미 다른 인디언들의 노예로 있는 인디언들과 "정당한 전쟁"을 통해 사로잡은 자들만 노예로 부릴 수 있었다. 그러나 포르투갈인들은 각종 구실로 전쟁을 일삼았으며, 노예상인들은 해안을 항해하면서 닥치는 대로 인디언들을 잡아 노예로 삼기 시작했다. 포르투갈인들은 서로 다른 인디언 부족들 간에 전쟁을 선동했는데, 그 결과로 발생한 포로들을 각종 도구, 칼 등과 교환했다.

그러나 이러한 방법들을 통해서도 충분한 노예를 공급할 수 없었으며, 노예들은 기회만 있으면 도주했다. 그리하여 포르투갈인들은 대서양을 건너 아프리카로부터 노예들을 수입하기 시작했다. 인디언들이 포르투갈인들을 피해 내륙으로 도주하고 각종 질병과 학대로 인해 사망함으로써 인구가 격감하여 동부 브라질 지방에서는 흑인들과 포르투갈인들이 인구의 과반수 이상을 차지했다.

브라질에서 리스본에 전해진 소식은 흥미롭지 못했다. 정착민들의 잔인성과 탐욕은 강력한 반발을 야기했다. 1548년 포르투갈 왕은 현지의 질서를 회복하고 자신의 수입을 증가시키기 위해 브라질을 왕실 직속 식민지로 선포했다. 이때 초대 총독과 함께 예수회 선교사들이 도착했다. 이들의 지도자는 본장 서두에 인용한 말을 남긴 마노엘 다 노브레가(Manoel da Nobrega)였다. 그가 자신의 역할을 어떻게 이해했는지 쉽게 알 수 있다. 1551년에 임명된 초대 주교도 별로 다르지 않았다. 그는 이곳에 정착한 정착민들과 갈등이 심했으며, 인디언들과 아프리카인들의 참상에는 관심이 없었다. 그는 정착민들에 관한 불만을 토로하기 위해 포르투갈로 돌아가는 길에 파선당했고, 그와 일행은 모두 인디언들에게 잡아먹혔다.

포르투갈 왕실의 요청을 받아 파견된 예수회 선교사들은 파라과이의 것과 유사한 포교소들을 설립했다. 한 가지 차이점은 포교소들을 정착민들로부터 가능한 한 멀리 떼어 놓지 않고 인디언들이 농장에서 노역할 수 있는 거리에 설치한 것이다. 선교사들은 포르투갈인들의 도움을 고맙게 여기고 있었으므로, 그에 대한 보답으로 인디언들의 노동력을 제공했는데, 그것은 실질적으로 노예제도와 다름없었다. 한 선교사는 당시의 상황을 이렇게 기록했다: "그들은 총독 앞에서 두려워 떤다. 그 두려움 덕분에 우리는 그들을 가르칠 수 있다. 그것은 그들이 하나님의 말씀을 듣도록 도와준다."

그러나 자리를 잡은 예수회 선교사들 중 일부가 식민지 개척자들의 악습을 비판적으로 보기 시작했다. 그중 가장 잘 알려진 사람은 안토니오 비에이라(Antonio Vieira, 1608-1697)이다. 그는 바이아(Bahia)에서 성장했고 예수회에서 포르투갈 이주민들과 그 자녀들을 위해 세운 학교에서 공부했다. 그는 포르투갈 내의 유대인 보호자로 알려져 있었는데, 사제가 되기 위해 포르투갈에서 공부했었다. 그는 설교하면서 "여러분이 태양에서 멀리 떨어진 곳에서 태어났기 때문에 태양과 가까운 지역에서 태어난 사람들을 다스릴 권리가 있다고 생각하십니까?"라고 질문했다. 그는 약 150년 전 몬테시노스가 했던 말을 연상시키는 표현을 사용하여 포르투갈 정착민들이 인디언들의 피를 먹고 살아가고 있다고 말하면서 "여러분은 곧바로 지옥에 가서 이미 그곳에 가 있는 많은 사람들과 합류할 것입니다"라고 말했다. 정착민들이 격분했기 때문에 비에이라는 포르투갈로 돌아갔다. 과거 라스 카사스가 스페인에서 행했던 것처럼, 그는 포르투갈에서 삼십 년 동안 원주민 보호를 위해 노력했다. 그는 브라질로 돌아갔다가 몇 년 후에 사망했다.

비에이라를 비롯한 여러 사람들의 노력에도 불구하고, 브라질에서의 기독교 전파와 가르침은 16세기 중반 노브레가(da Nobrega)가 제안한 방식을 따랐다. 즉 식민지 사업을 정당화하고 인디언들을 길들이려 했다. 인디언들은 기독교적 요소들과 자기들의 고유 종교들을 혼합하여 메시아적 사교를 만들어 냈다. 천연두가 창궐하여 수천 명의 인디언들이 사망하자, 이들을 포르투갈인들의 압제로부터 구원해줄 구세주에 관한 소문이 나돌기 시작했다. 인디언들은 그를 "산토"(Santo)라 일컬었다. 흔히 "산티다데"(Santidade)라 불린 이 새 종교는 포르투갈인들의 보호를 받는 인디언들과 포르투갈의 영역 너머에서 자유를 누리는 인디언들 사이에 기반을 잡았으며, 이 두 집단을 연결하는 역할을 했다. 흑인 노예들도 자기들의 고유 종교와 기독교를 혼합한 각종 사교들을 발전시키기 시작했다. 이러한 움직임은 당시 압제와 학대에 시달리고 있던 흑인들과 인디언들에게 공식적인 기독교에서는 부여하지 않았던 일종의 소속감을 제공해 주었다.

개척 초기부터 프랑스인들은 브라질나무 매매에 있어서 포르투갈인들과 경쟁했으며, 이들 중 일부는 브라질에 영구적인 발판을 마련하려 했다. 이러한 소원은 1555년 니콜라스 두랑 데 빌가뇽(Nicholas Durand de Villegagnon)이 현재의 리오 데 자네이로(Rio de Janeiro) 근처인 과나바라

(Guanabara)만의 한 섬에 식민지를 시작함으로써 구체화되기 시작했다. 빌가뇽은 타모요족(Tamoyo) 인디언들과 우호 관계를 유지했으므로, 타모요족은 그가 섬을 요새화하는 것을 도왔다. 그는 칼빈(Calvin)에게 편지를 보냈는데, 그의 요청에 따라 프로테스탄트 신자인 정착민들을 돌보기 위한 프로테스탄트 목사들이 파견되었다. 이와 함께 여러 가지 이유로 정착촌에서는 각종 난제들이 등장했는데, 이 정착촌은 결국 포르투갈 인들에 의해 궤멸되었다. 타모요 인디언들과 이들 가운데 거주했던 프랑스인 패잔병들이 한동안 저항을 계속했다. 후에 이 부족은 포르투갈 인들을 피하여 내륙으로 도주했다. 16세기말 영국인 탐험가가 이들을 설득하여 해안 지방으로 돌아와 자기들의 권리를 위해 싸우게 했다. 이들은 전쟁 때문에 멸종 상태에 이르게 된다. 거의 일만 명이 살해 당했으며, 그 두 배에 달하는 사람들이 사로잡혀 노예로 팔려갔다.

전반적으로 다양한 포르투갈 식민지 기독교의 초기 역사는 그리 흥미롭지 못하다. 브라질은 농업과 광업을 위한 식민지가 되었는데, 이곳에서는 아프리카 출신 노예들이 노동력을 제공했다. 아프리카는 노예 공급원이요 동양의 보화를 향한 진출에 장애물로 간주되었다. 동양에 진출한 포르투갈은 인도의 고아와 중국의 마카오와 같은 무역기지, 그리고 선박들과 독점 판매를 보호하기 위한 요새화된 기지들을 세울 수 있었다. 이러한 상황에서 선교사역에 대한 관심은 부수적인 것에 불과했으며, 종종 식민지 개척자들, 상인들, 노예 상인들의 이익에 기여했다. 오랜 세월이 흘러서야 이때 시작된 일들의 부정적 결과들이 극복될 수 있었다.

제12장
신세계와 옛 세계

> 그들은 아무것도 자신의 사유 재산이라고 주장하지 않으며 모든 것을 공동으로 소유한다. 그들은 통치자나 권세자가 없이 조화롭게 살고 있다. 그렇기 때문에 모두가 주인 같다.
> —아메리코 베스푸치

서반구에서 이베리아인들의 정복의 영향이 크고 비극적이었으므로, 서반구가 유럽 및 그곳에서 발생하고 있는 사건들에 미친 영향이 무색해진다. 이것은 종교분야뿐만 아니라 유럽인의 삶의 다른 측면에서 적용된다. 유럽인의 삶은 신세계에 의해 급격히 변화되었다. 아메리카 대륙의 발견과 식민지화로 말미암아 유럽은 그 후 몇 세기 동안 식량 보급을 확보할 수 있었다. 그 전까지는 유럽에서 재배되는 곡물 수확량은 파종한 씨앗과 수확한 곡식의 비율에 따라 매우 한정되었다. 이것은 최소한 한 해 수확의 5분의 1이 이듬해에 파종하기 위해 비축되어야 한다는 것, 그리고 한해 농사의 실패의 결과가 여러 해 동안 영향을 미치므로 제대로 파종하기 위해서는 충분한 씨앗을 생산하고 비축해야 한다는 것을 의미했다. 아메리카의 옥수수는 수백 배의 결실을 맺었다. 옥수수

낟알 하나가 성장하면 한 줄기에 한 개 이상의 옥수수가 달리고, 각각의 옥수수에 포함되는 낟알은 수백 개가 된다. 따라서 많은 주민들에게 양식을 공급할 수 있었다. 만일 농사에 실패한다면, 이듬해 농사를 위해 비축해야 할 분량이 적어졌다.

옥수수보다는 감자가 유럽인의 삶과 음식에 더 큰 영향을 미쳤다. 감자가 최초로 경작된 곳은 안데스 산맥 고지대였다. 스페인 사람들이 도착했을 때에는 지형이 험하고 농지가 제한되어 있었음에도 불구하고 잉카 제국의 많은 주민들을 먹일 수 있는 수백 종류의 다양한 감자가 재배되고 있었다. 유럽에 도입된 감자-오늘날 이것은 "아일랜드 감자"라고 알려져 있다-는 인구 증가를 가능하게 해준 주요 곡물이 되었는데, 후일 이 새 곡물 농사가 실패함에 따라 인구증가로 말미암은 새로운 이주가 촉진되었다. 옥수수와 감자가 유럽의 음식과 삶에 영향을 준 주요 곡물이었지만, 이탈리아에서는 토마토, 스위스에서는 초콜릿이 큰 영향을 주었고, 담배는 전 세계에 영향을 주었다.

신세계는 옛 세계에 음식 외의 다른 분야에도 영향을 미쳤다. 아메리카 대륙에서 유입된 금과 보화들 덕분에 스페인은 16세기 유럽의 강대국들 중 하나가 되었다. 카를 5세는 자신의 황제 선출을 위해 진 엄청난 빚을 아메리카의 금으로 갚았다. 스페인의 금, 실질적으로는 아메리카의 금은 플랑드르와 잉글랜드와 같은 빈곤 국가들의 산업발달을 위한 재원이 되었다. 왜냐하면 부유해진 스페인 사람들은 직물을 비롯한 산물들을 직접 생산하기보다 이 국가들로부터 수입하는 편을 선호했기 때문이다. 그 결과 16세기에 스페인은 서유럽의 패권국가가 되었다. 16세기가 저물 무렵 그 패권이 영국을 비롯한 북유럽 국가로 옮겨가고 있었다. 곧 이 북유럽 국가들이 카리브 지역에서 스페인에 도전하여 자메이카와 소앤틸리스제도(Lesser Antilles)의 대부분을 빼앗기 시작했다. 이 지역의 사탕수수는 신흥 식민 국가들을 부유하게 해주었다. 그들은 북아메리카의 가난하고 개발이 더딘 지역에 정착하기 시작했다. 특히 영국은 대서양 연안에, 프랑스는 미시시피 입구에 정착했다. 이 모든 상황은 유럽의 삶을 크게 변화시켰고, 주로 개신교 선교활동의 새로운 중심지들을 만들어냈다.

종교 분야에서 옛 세계는 신세계에 큰 영향을 미쳤다. 고대의 신들이 실패하고 종교들이 사라지거나 급격히 변화되었는데, 기독교가 그 자리를 차지했다. 물론 종종 이 고대 종교들이 혼합되기도 했다. 그러나 종교적인 일에 있어서도 신세계가 옛 세계에 영향을 미쳤다. 알려지지 않았던 대륙의 "발견"은 전통적인 세계관에 도전했고, 그러한 세계관을 형성하고 강화해온 신학 전통이 도전을 받았다. 수세기 동안 신학자들은 피조세계 전체에 삼위일체의 표식이나 흔적이 있으며 그러한 표식들이 유럽과 아프리카와 아시아 등 셋으로 이루어진 세계의 본질에 나타나있다고 주장했었다. 그러나 이제 갑자기 세계의 넷째 부분, 유럽보다 훨씬 큰 부분이 등장했다. 만일 세계에 세 부분이 있다고 선언한 신학자들이 잘못을 범한 것이라면, 다른 문제에서도 잘못을 범할 수 있지 않았을까? 수세기 동안 사도들이 모든 땅에서 복음을 전파했다고 생각되어 왔다. 심지어 특정 지역을 특정 사도의 사역지로 간주하며 현재 그 지역에 살고 있는 불신자들의 조상들에게 복음을 받아들일 기회가 사도 시대에 주어졌었다고, 그리고 현재 그곳에 살고 있는 사람들은 완고한 조상들 때문에 정죄되었다고 주장하는 전설들이 있었다. 그런데 이제 사도들의 발길이 닿은 적이 없는 지역들이 등장했다. 이곳에 사는 사람들이 분명한 이유 없이 영원히 저주를 받았는가? 그들의 영혼은 구원받을 자격이 없었는가? 사도들이 온 세상을 여행했다는 이야기들이 진실이 아닐 수도 있는가?

긍정적인 태도로 신세계를 보는 사람들이 있었다. 콜럼버스는 아메리카 원주민들을 만난 직후에 자신이 잃어버린 에덴을 발견했다고 생각했다. 이는 그곳 사람들은 거의 벌거벗고 살면서도 부끄러움을 느끼지 않았기 때문이다. 인디언들이 자신의 뜻대로 행동하려 하지 않음을 발견했을 때에 콜럼버스의 생각이 바뀌었지만, 고요하고 풍요로운 땅에서 수고할 필요 없이 사는 평화로운 원주민들에 대한 보고가 있었다. 그와 같이 극찬하는 내용의 보고들로부터 문명과 탐욕에 오염되지 않았으며 "내것과 네것"이라는 단어를 알지 못하며 무구한 인간성을 지닌 고결한 야만인 개념이 등장했다. 이러한 견해에서 보면 기적적인 수확량을 지닌 듯한 아메리카 옥수수는 곡식이 수백 배의 결실을 거둘 비옥한 땅이라는 고대 천년왕국의 꿈의 성취였다. 따라서 신세계는 토마스 모어의 『유토피아』를 포함한 옛 세계의 유토피아적 꿈을 키웠다. 17세기에 신세계는 그러한 유토피아적 이상이 인류에게 새로운 출발을 부여하며 옛 세계의 탐욕과 불평들과 불신에 물들지 않는 새로운 사회를 세우려는 다양한 시도로 표현되는 장소를 제공했다.

스페인과 포르투갈이 해외에 방대한 제국을 건설하고 멀리 떨어진 지역에 가톨릭 신앙을 심고 있는 동안, 유럽에서 종교개혁이 발생하고 있었다. 루터가 보름스 종교회의에서 카를 5세에게 대항한 1521년에 코르테스(Cortez)는 테노치티틀란(Tenochtitlan)을 정복했다. 루터와 코르테스는 알지 못하고 있었지만, 이 두 사건의 결과들은 많은 방식으로 연결되었다. 예를 들어 테노치티틀란의 금 덕분에 카를 황제는 합스부르크가의 권력을 강화하고 종교개혁을 억제하는 정책을 추구할 수 있었다. 그보다 몇 년 전 교회의 개혁을 갈망하는 많은 사람들은 스페인에서 개혁이 시작될 것을 기대했지만, 스페인과 합스부르크 가가 종교개혁에 맞서 전통적인 종교를 강력히 옹호했다.

  종교개혁과 이베리아의 식민지 확장 이후 겨우 5세기가 지난 이 시대에 이 두 사건 중 어느 것이 기독교의 흐름에 더 중요한 것인지 결정하는 것은 시기상조일 것이다. 종교개혁은 오늘날까지 존재하는 주요한 분열들과 성경학과 신학의 갱신을 초래했다. 이베리아의 식민지 확장은 기독교가 발생한 이후 지리적으로나 수적으로 가장 크게 성장하는 결과를 초래했다. 20세기 말과 21세기 초에 발생한 사건들이 지향하는 방향은 아메리카의 발견과 식민지화 쪽으로 기울어졌다고 보아도 무방하다. 왜냐하면 16세기 종교개혁에 의해 확보된 지역에서 기독교가 쇠퇴하고 있는 시대에 그것은 16세기에 식민지화된 지역의 활력과 창조성을 나타내는 중요한 표식들을 보여주고 있기 때문이다.

연대표(1)

서방 황제	동방 황제	교 황	사 건
호노리우스 (396-423)	테오도시우스 II (408-450)	인노센트(401-417)	로마 함락(410) 어거스틴 사망 (430)
		셀레스틴(422-432)	에베소 공의회 (431)
		레오(440-461)	칼케돈 공의회 (451)
	마르시안 (450-457)		레오와 아틸라의 담판(453) 반달족의 로마 약탈(455)
	레오(457-474)		
로물루스 어거스툴루스 (475-476)	제노(474-491)	펠릭스(483-492)	오도아케르가 서로마 제국 멸망시킴(476) 헤노티콘(482)
	아나스타시우스 (491-518)		클로비스 세례받음(496)
	저스틴(518-527)	심마쿠스(488-514) 호르미스다스 (514-523)	
		요한(523-526)	보에티우스 사망 (524) 테오도릭 사망 (526)
	유스티니안 (527-565)		벨리사리우스에 의한 카르타고 함락(533) 제2차 콘스탄티노

	비길리우스 (537-555)	플 공의회(533) 롬바르드족 이탈리아 침공(568) 리카드의 회심 (589)
	펠라기우스 II (579-590) 그레고리(590-604)	몬테카시노 파괴 (589) 어거스틴 도영 (597)
헤라클리우스 (610-641)	호노리우스(625-638)	모하메드, 메디나로 도피(622) 모하메드 메카 점령(630) 모하메드 사망 (632) 세비야의 이시도레 사망(636) 휘트비 종교회의 (663)
콘스탄틴 IV (668-685)		제3차 콘스탄티노플 공의회 (680-681)
유스티니안 II (685-695 ; 705-711)	세르기우스(687-701)	무어족의 스페인 침략(711)
	그레고리 II (715-731)	
레오 III(717-741)	그레고리 III (731-741) 자카리아스 (741-752)	투르 대전(732)
콘스탄틴 V (741-775)	스테파누스 II	샤를마뉴의 색슨

		(752-757)	족 공격(772)
		아드리안(772-795)	
	레오 Ⅳ(775-780)		제2차 니케아 공의회(787)
	콘스탄틴 Ⅵ (780-797)		
		레오 Ⅲ(795-816)	
	이레네(797-802)		
	니세포루스(802-811)		
샤를마뉴(800-814) 경건한 루이 (814-840)			노르인의 파리공략(845) 포티우스 총대주교(857)
		니콜라스 Ⅰ (858-867)	키릴과 메소디우스가 모라비아로 감(863)
대머리 샤를 (875-877) 뚱뚱보 샤를 (881-887)			불가리아 왕 "짜르" 됨(917) 불가리아 총대주교(927) 러시아 여왕 올가의 회심(950)

하인리히(933-936)

오토(936-973)
오토 Ⅱ(973-983)
오토 Ⅲ(983-1002)
하인리히 Ⅱ
(1002-1024)
콘라드 Ⅱ

(1024-1039)		
하인리히 Ⅲ		동서방 분열(1054)
(1039-1056)		
	레오 Ⅸ(1049-1054)	
하인리히 Ⅳ	빅토르 Ⅱ	
(1056-1106)	(1055-1057)	클뤼니 수도원장
	스테파누스 Ⅸ	휴(1049-1109)
	(1057-1058)	헤스팅스 전투
	니콜라스 Ⅱ	(1066)
	(1058-1061)	카노사(1077)
	알렉산더 Ⅱ	
	(1061-1073)	
		켄터베리 대주교
	그레고리 Ⅶ	안셀무스(1093)
	(1073-1085)	클레르몽 공의회
	우르반 Ⅵ	(1095)
하인리히 Ⅴ	(1088-1099)	엘 시드 사망
(1106-1125)		(1099)
		십자군의 예루살
	파스칼 Ⅱ	렘 함락(1099)
	(1099-1113)	
		보름스 화의(1122)
		아벨라드
	칼릭스투스 Ⅱ	정죄(1141)
	(1119-1124)	에뎃사 함락(1144)
		클레르보의 베르
		나르 사망(1153)
		피터 롬바르드
		사망(1160)
		예루살렘 함락
	알렉산더 Ⅲ	(1187)
	(1159-1181)	

	인노센트 Ⅲ	나바스 데 톨로사
	(1198-1216)	의 전투(1212)
	라틴 제국	제4차 라테란
	(1204-1261)	공의회(1215)
오토 Ⅳ(1208-1215)		성 도미니크 사망
프레드릭 Ⅱ		(1221)
(1215-1250)		성 프란시스코
		사망(1226)
		보나벤투라 사망
		(1274)
	그레고리 Ⅸ	토마스 아퀴나스
	(1227-1241)	사망(1274)
		십자군 원정 종식
		(1291)
	셀레스틴 Ⅴ(1294)	
	보니파시오 Ⅷ	
	(1294-1303)	

프랑스 국왕	영국 국왕	교황	사건
필립 4세 (1285-1314)	에드워드 1세 (1272-1307)		"Clericis laicos" 칙령(1296) "Unam sanctam" 칙령(1302) 아냐니의 교황의 치욕(1303)
		베네딕트 11세 (1303-1304) 클레멘트 5세	
	에드워드 2세 (1307-1327)		교회의 바벨론 유수 시작(1309) 템플 기사단 탄압 (1312)
필립 5세 (1316-1322) 샤를 4세 (1322-1328) 필립 6세 (1318-1350)	에드워드 3세 (1327-1377)	요한 23세 (1316-1334) 베네딕트 12세 (1334-1342) 클레멘트 6세 (1342-1352)	엑하르트 사망 (1327) 백년 전쟁 (1337-1453) 오캄 사망(1349)
장 2세 (1350-1364) 샤를 5세 (1364-1380)	리처드 2세 (1377-1399)	인노센트 12세 (1352-1362) 우르반 5세 (1362-1370) 그레고리 11세 (1370-1378) 우르반 VI (1378-1389)	바벨론 유수 종식 (1377) 서방교회 대분열 (1378)

샤를 6세 (1380-1422)		클레멘트 7세 (1378-1394)	위클리프 정죄받음(1380) 루이스브렉 사망 (1381) 위클리프 사망 (1384)
		보니파시오 9세 (1389-1404) 베네딕트 13세 (1394-1423)	
	헨리 4세 (1399-1413)	인노센트 7세 (1404-1406) 그레고리 12세 (1406-1415) 알렉산더 5세 (1409-1410) 요한 23세 (1410-1415)	프라하 대학장 후스(1402) 피사 공의회(1409) 후스의 로마 소환 (1410)
	헨리 5세 (1413-1422)		롤라드의 반란 (1413-1414) 콘스탄스 공의회 (1414-1418) 후스 사망(1415)
		마르틴 5세 (1417-1431)	제1차 후스파 탄압(1420)
샤를 7세 (1422-1461)	헨리 6세 (1422-1461)		대분열 종식(1423) 잔 다르크 사망 (1431)
		유게네 4세 (1431-1447)	바젤 공의회 (1431-1449) 페라라-플로렌스 회의(1438-1445)
		니콜라스 5세 (1447-1455)	

루이 11세			
	에드워드 4세	식스투스 5세	콘스탄티노플
	(1461-1483)	(1471-1434)	함락(1453)
샤를 8세			
(1483-1498)			한스 뵘(1476)
		알렉산더 5세	
		(1492-1503)	
	헨리 7세		
	(1413-1422)		콜럼버스
		율리우스 2세	아메리카 대륙 발견(1492)
		(1503-1513)	사보나롤라 사망 (1498)
	헨리 8세		
	(1509-1547)	레오 10세	
		(1513-1521)	

연대표(2)

연 대	사 건
1460	항해왕 헨리 사망
1492	그라나다 함락: 콜럼버스의 1차 항해
1497-1498	바스코 다 가마의 인도 항해
1500	알바레스 카브랄 브라질 발견
1510	포르투갈의 고아 정착
1513	발보아 태평양 도착
1521	테노치티트란 함락
1532	아타우알파 체포
1541	드소토 미시시피에 도착
1552	프란시스 사비에르 사망
1555	빌레가뇽 브라질에 정착
1557	포르투갈의 마카오 정착
1562	장 리보의 플로리다 진입
1566	라스 카사스 사망
1581	루이스 벨트란 사망
1601	마테오 리치 북경 입경
1606	투리비오 알퐁소 데 모그로베호 사망
1654	페드로 클라베르 사망
1767	제수잇 스페인령 식민지에서 축출됨
1780	투팍 아마루의 반란

에큐메니칼 공의회

순서	연대	명 칭	중요 결정 사항
1	325	제1차 니케아 공의회	아리우스 정죄 삼위일체(성부와 성자와 동일본질) 니케아 신경
2	381	제1차 콘스탄티노플 공의회	니케아 결정 사항의 확인 성령의 신성 아폴로나리우스 정죄
3	431	에베소 공의회	네스토리우스 정죄 마리아 *theotokos*: 하나님을 잉태한 존재
4	451	칼케돈 공의회	유티케스 정죄 그리스도의 인성과 신성
5	553	제2차 콘스탄티노플 공의회	"삼장" 정죄: 몹수에스티아의 테오도레 테오도렛 에뎃사의 이바스
6	680-681	제3차 콘스탄티노플 공의회	단일의지론 정죄 교황 호노리우스 정죄
7	787	제2차 니케아 공의회	성상을 예배가 아닌 앙모의 대상으로 인정함 성상 폐지론자 정죄
8	869-870	제4차 콘스탄티노플 공의회	포티우스 분열 종식
9	1123	제1차 라테란 공의회	보름스 화의를 추인
10	1139	제2차 라티란 공의회	성직자의 의무적 독신 제도

순서	연대	명 칭	중요 결정 사항
11	1179	제3차 라테란 공의회	교황 선거제도 결정
12	1215	제4차 라테란 공의회	화체설
			매년 고해와 성찬을 의무화함
			피오르의 요아힘, 발도파, 알비파 정죄
			종교재판 규칙 제정
13	1245	제1차 리용 공의회	프레데릭3세의 폐위 선언
14	1274	제2차 리용 공의회	교황 선출을 위한 새 규칙을 제정 (오늘날까지 시행됨)
			콘스탄티노플과의 형식적 화해
15	1311-1312	비엔나 공의회	템플 기사단을 억압함
16	1414-1418	콘스탄스 공의회	대분열 종식, 존 후스 정죄
			공의회의 결정을 교황의 권위보다 우선으로 함.
			교회개혁과 기타 공의회들을 위한 계획
17	1431-1445	바젤-페라라 공의회	콘스탄티노플, 아르메니아, 야콥파 등과 형식적 재결합
18	1512-1517	제5차 라테란 공의회	분파주의적인 피사 회의를 정죄함
19	1545-1563	트렌트 공의회	프로테스탄트 정죄
			성경과 전통의 이중 권위
			가톨릭 종교개혁 강화

순서	연대	명 칭	중요 결정 사항
20	1869-1870	제1차 바티칸 공의회	교황 무오설
21	1962-1965	제2차 바티칸 공의회	예배의식 갱신 (상용어 채택) 현대 세계에 대한 교회의 응수: 국제적인 경제 불평등 핵 전쟁 종교의 자유 다른 기독교 신자들에 대한 개방

*1054년 교회가 동서방으로 분열하였으므로, 그 이후의 연대 및 회의 명칭 등은 서방 교회를 다룸

참고문헌

Atiz S. Atiya. *History of Eastern Christianity*. Notre Dame: University of Notre Dame Press, 1967. Oxford University Press, 2003.

Renate Blumenfeld-Kisinski. *Poets, Saints and Visionaries of the Great Schism, 1378-1417*. University Park: Pennsylvania University Press, 2006.

Henry Chadwick. East and West: *The Making of a Rift in the Church from Apostolic Times until the Council of Florence*. Oxford University Press, 2003.

G. R. Evans. *John Wyclif: Myth and Reality*. Downers Grove: InterVarsity, 2005.

Justo L. Gonzáles. *A History of Christian Thought*, Vol. 2. Nashville: Abingdon, 1971.

Carole Hildebrand. *The Crusade: Islamic Perspective*. New York: Routledge, 2000.

David Knowles. *From Pachmius to Ignatius: A Study of the Constitutional History of Religious Orders*. Oxford: Clarendon Press, 1966.

Gordon Leff. *Heresy in the Latter Middle Ages*. 2 vols. Manchester: Manchester University Press, 1967.

Christine Meek and Catherine Lawless. *Pawn or Players? Studies on Medival and Early Modern Women*. Dublin: Four Corners, 2003.

H. St. L. B. Moss. *The Birth of the Middle Ages: 395-814*. Oxford: University Press, 1935.

Thomas F. X. Noble and Julia M. Smith, eds. *The Cambridge History of Christianity: Volume 3: Early Medieval Christianities, c.600-c.1100*. Cambridge, UK: Cambridge University Press, 2008.

George Ostrogorsky. *History of the Byzantine State*. New Brunswick: Rutgers University Press, 1957.

Roberto Ridolfi. *The Life of Girolamo Savonarola*. London: Routledge and Kegan Paul, 1959.

Miri Rubin and Walter Simons, eds. *The Cambridge History of Christianity: Vol. 4: Christianity in Western Europe, c.1100-c.1500*. Cambridge, UK: Cambridge University Press, 2009.

R. V. Sellers. *The Council of Chalcedon: A Historical and Doctrinal Survey*. London: S.P.C.K. 1953.

Desmond Seward. *The Hundred Years War*. New York: Ateneum, 1978.

Barbara W. Tuchman. *A Distant Mirror: The Calamitous 14th Century*. New York: Alfred A. Knopf, 1978.

Hebert B. Workman. *The Evolution of Monastic Ideal*. London: Charles H. Kelly, 1913.

Germán Arciniegas. *America in Europe: A History of the New World in Reverse*. San Diego: Harcourt Brace Jovanovich, 1975.

Stephen Clissold. *The Saints of South America*. London: Charles Knight, 1972.

Vincent Cronin. The Wise Man from the West. New York: Dutton, 1955.

George H. Dunne. *Generation of Giants: The Story of the Jesuits in China in the Last Generations of Ming Dynasty*. London: Burns & Oates, 1962.

John Hemming. *Red Gold: The Conquest of the Brazilian Indians*. Cambridge, Massachusetts: Harvard University Press, 2008.

Ondina W. González and Justo L. González. *Christianity in Latin America: A History*. Cambridge UK: Cambridge University Press, 2008.

Samuel Eliot Morison. *The European Discovery of America: the Southern Voyages, A.D. 1492-1616*. New York: Oxford University Press, 1974.

Stephen Neill. *Colonialism and Christian Missions*. London: Lutterworth, 1966.

J. H. Parry. The Discovery of South America. New York: Taplinger, 1979.

John Frederick Schwaller. The Church in Colonial Latin America. Wilmington, DE: Scholarly Resource Books, 2000.

INDEX 색인

ㄱ

고울 20, 46
고딕 181, 188, 194, 270-271
고트샬크 92
곤잘레스 318
그레고리 23-24, 34, 39-45, 57, 73, 97, 113, 117-122, 214-215
그레고리 12세 222, 226
그레고리 5세 99
그레고리 6세 99, 113
그레고리 7세 113, 116-117, 122, 124, 130, 216
그레고리 8세 137
그레고리 9세 139, 156
그레고리 10세 164
그레고리 11세 212, 216
게르하르트 그루테 254
게이세리쿠스 36
겔라시우스 2세 125
과달루페 299-300

ㄴ

나지안주스의 그레고리 57
나바스 데 톨로사 141, 163
낫소의 아돌프 204
노빌리 334-335, 338

노르만디 95
노르인 87, 94-95, 102
노섬브리아 22, 25
니케아 신경 80-81, 91
니콜라스 1세 97, 322
니콜라스 2세 116
니콜라스 4세 164
니콜라스 5세 278
네스토리우스 58-61

ㄷ

다마스쿠스 49-50
다마스쿠스의 존 70-71
달리 210
도미니크 152-154
도미니크회 154-155, 184, 207, 213-214, 246, 264, 289, 291-293, 299, 303, 317-318, 322, 329
도나투스주의 17
동고트족 26-29, 37-39
동 앵글리아 22
뚱보 샤를 87, 98
디오스코루스 61-65
대 알베르트 155, 176
대 알프레드 94
대머리 샤를 89, 93

테오도릭 26
테오도라 98
테오도시우스 2세 60-62, 75
테오둘프 86
테오필락트 98
둔스 스코투스 264

ㄹ

라 플라타 318
라스 카사스 291-295, 342
라이프치히 대학 237
라드베르투스 92-93
라바누스 92
라파엘 283
라트람누스 93
로렌조 데 메디치 246-247
로욜라 331
로렌의 고드프리 114-115, 132
로케 곤잘레스 319-320
롤라드파 234-236, 257
루이스 벨트란 308-309
루이 7세 137
루이 9세 139
루이(바바리아) 197
(경건한) 루이 86-89, 137
룸바르드족 27, 34, 38-46
르네상스 263, 269-279
레카레드 18-19
리마 316
리에바나의 베아토 91

리처드 2세 236
리처드(사자왕) 137, 161
로마네스크 186-189
리마의 로사 317
루돌프 164
루이스브렉 254
제2차 라테란 공의회 116
제4차 라테란 공의회 163, 201, 232
레오 1세 35-37
레오 3세 46, 70, 83
레오 5세 98
레오 6세 99
레오 9세 81, 106, 113
레오 10세 283, 327

ㅁ

마그나 카르타 162
마르틴 루터 268
마노엘 339-340
마르시안 63, 75
마로지아 98-99
마르티누스 5세 227
마리아 59-60, 64, 92, 256, 297, 299
마야 300
마테오 리치 334-337
모그로베호 316
모하메드 47-50, 134
모하메드 2세 202-203
모라비아 77-78, 245
모라비아파 246

무슬림 6, 17, 20-21, 48-52, 70, 85, 89, 94, 98,
   117, 129-130, 134-141, 144-145, 155, 163,
   174, 183-184, 302, 325-326, 328
모잠비크 328
몬테카시노 29, 34, 97, 121-122, 177
몬테 코르비노의 존 184
몽골족 185
무어족 85, 90, 163
미켈란젤로 275, 283
메카 48
머시아 22
메로베우스 20
메로빙거 왕조 20
멕시코 293, 296-298, 300-305, 319

ㅂ 바하칼리포르니아 301
바젤 공의회 227-229, 244, 277
바실리스쿠스 66
제2차 바티칸 공의회 287
발라 274
발렌티니아누스 3세 60
반달족 16-17, 20, 36
발보아 303
발칸 17, 77-78
보에티우스 26
보고밀파 144
보헤미아 162, 197, 236-238, 242-245
보에몽 132, 135
보나벤투라 157, 175, 213, 264

보니파시오 21, 203-209
보니파시오 7세 99, 203-204
보니파시오 8세 165-166, 203, 221
보니파시오 9세 221
보름스 협약 125, 157
볼리비아 313, 316
볼드윈 132, 135
부용의 고드프리 134-135
불가리아의 보리스 78
불가리아 78, 81, 144, 162
불가리아 정교회 78
블라디미르 79
비잔틴 제국 17, 27, 38-39, 46, 49-50, 72-73,
   76, 79-81, 96, 129-131, 144, 202
빅토르 2세 115
빈센트 페러 184
백년전쟁 196, 199, 204, 212, 215, 225
베네수엘라 307
베르노 103-104
베네딕트 1세 39
베네딕트 8세 99
베네딕트 9세 99
베네딕트 11세 207
베네딕트 12세 212
베네딕트 13세 221-222, 226
베네딕트 15세 199
베가드 258
베긴 258
벨리사리우스 17, 27, 37, 39-40

ㅅ 사도신경 81, 274
사르디니아 17
사보나롤라 246-251, 273, 331
사비에르 331-336
산타 마르타 307-308
산타페 302, 308
샤를마뉴 21, 27, 51, 80, 83-90, 93, 96
샤를 6세(프랑스) 197, 221
샤를 7세(프랑스) 197, 199
샤를 8세(프랑스) 247-249
서고트족 17, 43, 141
서인도제도 신법 293
성직매매 100, 107, 109, 112, 114-118, 126, 216, 218, 221, 223, 227, 229, 244
성상숭배자들 70
성 베네딕트 27-34, 40, 86-87
성창 133-134
수도원장 30-31, 44, 86-88, 92, 102-105, 107, 109-111, 122, 166, 247
수도원운동 27-28, 32-34, 51, 109, 147-148, 258
스테파누스 2세 46
스테파누스 7세 99
스코틀랜드의 데이비드 197
스테픈 랭튼 161-162
스페인 16-17, 20-21, 43, 50, 80, 85, 89, 94, 105, 117, 139-145, 155, 162, 174, 184, 188, 195, 197, 207, 220, 226, 232, 249, 279, 287-322, 336, 339, 342, 346-349
스코트족 22

슬라브족 76-77, 96
솔라노 317
시에나의 카타리나 213-216, 220
시므온 78
시리아 49-50, 65, 69, 73, 134
심마쿠스 26
식스투스 4세 280, 282
신비주의 89, 214, 251-257, 317
신플라톤주의 174
실베스터 2세 99
세비야의 이시도르 18-19
십자군 원정 52, 111, 122, 130, 135-139, 141-145, 147, 159, 162, 174, 184, 194, 202, 209
세르기우스 3세 98-99
셀레스틴 3세 159, 164-165, 203-204
색슨족 23, 84-85
스위스 연방 196

ㅇ 아데마르 134
아드리아노플 전쟁 17
아프리카 43, 49, 51, 287, 295, 325-330, 339-343, 347
아파치 301
아폴리나리스 56-58, 69
아랍 정복 51, 76
아라비아 46-49, 73
아르헨티나 313, 316, 318
아리우스주의 18, 27, 54, 58
아리스토텔레스 145, 172, 174-175, 177,

181-183
아리조나 301
아르메니아 73-75, 132, 162
아순시온 318-319
아틸라 36
아베로에스 144, 174-175
아벨라르 170-171, 173
아비뇽 199, 210-212, 215-217, 219, 221-222, 225-226, 230, 236, 277
아일랜드 22-23, 25, 86, 89, 346
아즈텍 296, 300
아이마드 104
아이슬란드 95, 162
아이오나 23
알베르트(합스부르그) 204
알렉산더 2세 116
알렉산더 3세 158
알렉산더 5세(피사의 교황) 225, 238
알렉산더 6세 249, 279, 281-282, 289
알렉산드리아 34-35, 49-50, 55-61, 202
알렉시우스 132
알렉산드리아의 클레멘트 55
알렉산드리아의 키릴 61
안디옥의 존 60-61
안토니오 몬테시노스 291-292, 341
안셀무스 166-170, 181, 266
안디옥 35, 50, 55, 58-61, 132-133, 135, 202
야만족 15, 270
야로슬라브 79
오캄 265, 267

오딜로 104, 111
오도 104
오도아케르 26, 37
오토 1세 96
오토 3세 99
요아킴 156-157, 163-165, 204
요크의 앨퀸 86
알퐁스 2세 85
오스마의 디에고 153
올가 78
연옥 44, 205
우르반 2세 122, 131, 142
우르반 5세 212
우르반 6세 217-221, 225
우르반 8세 321
우루과이 318
우르겔의 펠릭스 89, 91
유카탄 300
유스티니아누스 17, 27, 37-39, 67-68
유대인 19, 50, 135-136, 144, 155, 163, 184, 201, 341
유티케스 61-63, 65
에우게니우스 4세 227-228, 277-229
이집트 16, 28, 49, 65, 69, 73, 134, 137-139, 183
이사벨라 141, 144, 288, 294
이슬람 6, 9, 38, 48-49, 52, 70, 76, 90, 117, 139-141, 195
이원론 144
인노센트 2세 158

인노센트 3세 137-138, 142, 144, 147, 151, 153, 159-160, 193
인노센트 5세 164
인노센트 6세 212
인노센트 7세 222
인노센트 8세 280
잉글랜드 25, 43, 94-95, 118, 137, 161, 167, 195, 251, 346
에콰도르 316
에데사 132, 135
에드워드 1세 205-206
에드워드 3세 196, 230, 233
에베소 공의회 60, 62-63, 90
에라스무스 255
에섹스 22
에델베르트 24
엔코미엔다 291-292, 303
엘리판두스 89-91
엘도라도 308
에크하르트 251-254
앵글족 22-24
요한 1세 26
요한 8세 97
요한 10세 99
요한 11세 99
요한 12세 99
요한 13세 99
요한 14세 99
요한 22세 211, 215
요한 23세 225-226, 239-240

위클리프 223-224, 229-238, 242, 257
율리우스2세 280, 282-283, 289
에티오피아 73, 184, 326
예수회 289, 301, 307, 309-313, 319-322, 329-341

자메이카 295
ㅈ 자카리아스 21, 46
잔 다르크 197, 199
저스틴 황제 66-67, 174
존 래클렌드 161
존 스코투스 에리게나 89, 92
주마라가 297
중남미 289-290, 294, 317
지브롤터 16, 49, 94, 200
지기스문트 20, 225, 227, 240-241, 244-245
지스카 244
제노 26, 66

칠데릭 3세 21, 46
ㅊ 칠레 313, 316, 318
체코 236, 238
채찍질 고행자 258

카이로 49
카노사 120

ㅋ 카누트 94-95
카리브 294-295, 303, 308
카르타헤나 308-309, 311-312
카르타고 16, 34, 49-50
카를 마르텔 21, 50
카를 5세 293, 296, 346, 348
카스티야 141, 152, 162, 197, 220, 232, 288-289, 303, 305, 325
칼릭스투스 2세 125
칼릭스투스 3세 158, 278
카롤링거 89, 92-94, 97, 101
칼케돈 공의회 63, 66-67, 73, 75
코르시카 17
코르테스 296, 348
콘스탄스 2세 69
콘스탄스 공의회 226, 230, 234, 240, 244, 267
콘라드 3세 137
콘스탄틴 5세 71
콘스탄틴 11세 202
콘스탄티노플 17, 26-27, 37-39, 40-42, 45-46, 51, 59, 61, 66-67, 76-81, 115, 117, 130, 132, 138, 194, 202-203, 227-228, 271, 278, 280
콘스탄티노플 공의회 54, 63, 68
콜룸바 23, 25, 28
콜럼버스 288, 294, 303, 307, 330, 339, 348
콜롬비아 307, 309
콜로나가 204
콥트 교회 73

콩고왕 아퐁소 327
콩고왕 알바로 327
쿠바 295, 305
크레센티우스 99
크리스토퍼 1세 98
클레르보의 베르나르 110, 136, 142, 158, 170, 253
클레르보 110
클레멘트 2세 100
클레멘트 3세 121-122
클레멘트 5세 208, 211
클레멘트 6세 212
클레멘트 7세(아비뇽 교황) 219, 221
클레르몽 공의회 131
클로비스 20-21, 83
클뤼니 103-106, 109-111, 125, 170
클뤼니의 휴 105
키노 301
키케로 270-271, 274
키릴과 메토디우스 77-78
켄트 22, 24
캔터베리의 어거스틴 24, 28
캘리포니아 301

타볼파 242-243
탄크레드 132
ㅌ 터키 51
토마스 아퀴나스 155, 174, 177, 179, 263-264

색인 371

토난친 299
토틸라 39-40
톨레도 18, 90, 141
투르 21, 50
투팍아마루 315
터툴리안 35, 56, 63
텍사스 301
템플기사단 209-211

파나마 303, 316
파스칼 2세 122-124
ㅍ 파르마의 존 157
풀케리아 63, 75
프란치스코 149-152, 154-156, 183-184, 191, 253, 270, 293
프란치스코회 154-155, 165, 184, 203-204, 264, 289, 299, 301-302, 304, 307, 318-319, 322, 338
프랑크족 20-21, 39-40, 43, 46, 80-81, 84, 90, 139
프리드리히 바바로사 137, 158
프레드릭 2세 160
프레드릭 2세(독일) 159-160
플라비안 62, 65
플로리다 305-307
포티우스 78, 80-81
포르투갈 162, 220, 320-322, 325-334, 339-343, 348
폰티우스 104

프라하 대학 236, 242
푸에르토리코 305
페드로 162, 221, 306
페드로 클라베르 308-309
페르디난드3세(카스티야) 162
펠릭스 3세 66
펠릭스 5세 228-229
페르시아 46, 49-50, 65, 72-73, 75, 184
페루 293-294, 313, 316-317
펠라기우스 39-41
피우스 2세 279
피우스 3세 282
피터 다미안 110
피터 룸바르드 171, 173
피터 발도 148
피사로 313-315
필립 2세 137
필립 6세 197
피핀(小) 21, 46

하드리안 22
하드리안 2세 97
ㅎ 한스 뵘 260
항해왕 헨리 325
헝가리 96, 162, 219
호노리우스 45, 69
호렙파 243
호르미스다스 37
후스 227, 229-230, 236-245, 257-258, 268

후앙 디에고 299
훈족 36, 96
훔베르트 81-82, 100, 106, 112, 114-115
힐라리우스 37
힌크마르 92
힙포의 어거스틴 232
헤룰리 26
헤라클리우스 69
하인리히 3세(독일) 99, 114-115
하인리히 4세(독일) 115, 118-120, 122
하인리히 5세(독일) 123-127
헨리 4세(카스티야) 288
휘트비 25